国際商事仲裁判断の
承認及び執行に関する
序説的研究

――国際立法動向及び先進国の内国法、その中国への示唆――

On recognition and enforcement of international
commercial arbitral awards
－Inspiration from international legislation trend and developed
countries' related laws and regulations to China

楊 曄
You You

クロスカルチャー出版

序文

　本書は、楊曄氏が日本国立新潟大学大学院現代社会文化研究科に提出した博士論文に基づいたものである。

　彼は1999年新潟大学大学院現代社会文化研究科博士コースに進学した。入学当時の指導教官は泉田栄一先生で、先生から学問的なご指導を受け、新潟大学より学位を授けられた。その直後に泉田先生が明治大学に移られことにより、彼は帰国し、広東外語外貿大学東方語言学院日本語学部で教鞭をとる。近年来、弊学院の日本語学部及び大学院の関連カリキュラム改革案を策定していることを考えると、彼の専門及びその研究成果は授業に大いに貢献できるものと思う。

　彼の希望で本書出版の推薦依頼を受けた。誠に恐縮している。

　彼の専門は小生には門外漢ではあるが、あえて推薦する理由は、彼の研究意欲や真剣な態度に感服し、その能力を信じたからに他ならない。

　本書の最大の特徴は、国際商事仲裁における仲裁判断の承認・執行をめぐる基本問題について体系的かつ網羅的に分析し、かつ詳細に論じた点である。

　本書と関連する資料収集やデータは充実し、そこから仲裁判断の承認及び執行のみに重点をおいて展開する方法は、相当な信憑性があると考えられる。本書の内容を以下に紹介する。

　本書は、全七章から成り立っている。

　序章は、本論文の問題提起である。

II

　まず、仲裁は国際商取引紛争の解決のための有効な手段として、他の方式より大きな機能を発揮することができる。次に、国際商事仲裁判断の承認・執行にあたり、内国法または国際条約によって判断の合法性を判定するときには、仲裁手続に適用される仲裁規則の重要性が見える。第三に、国際商事仲裁判断の承認・執行の場合、判断の承認・執行を求められた国の裁判所は、当該判断の承認・執行請求に対して、如何に助力を与えるか、または如何なる手続によって承認・執行するかは問題となる。第四に、国際商事仲裁判断の承認・執行に関して、今までの国際条約及びUNCITRALモデル法の態度はどうなるか。また、その存在している問題点を提起する。特に、幾つかの条約と国内法との競合のときには、それを検討する必要がある。

　第一章においては、まず、仲裁の「国際性」と「商事性」を検討し、判断の「国際性」に関する判定基準について、私はUNCITRALモデル法の採択した混合基準に賛成した。「商事性」については、国により概念が異なり、定義することは困難である旨を指摘した。次に、仲裁の性格について、四つの学説、すなわち、契約説、訴訟説、混合説、自治説の中で、筆者はどちらでもが妥当性が足りないと考え、つまり契約的性格、訴訟的性格、及び自治的性格を兼ねる「三者統合説」のほうが合理性があるのではないかと主張した。第三に、「承認」と「執行」の関係において、「承認」は「執行」の前提要件であり、両者の関係は相俟っているというべきである。第四に、国際条約の制定の歴史を振り返って、国際仲裁判断の承認・執行に関する困難さから容易さまでの軌跡を遡って、及び主要な条約の特徴と現在の国際商事仲裁判断の承認・執行の現況を説明する。第五に、国内立法において、イギリス及びドイツ二国の仲裁先進国の新仲裁法は、UNCITRALモデル法の導入を始め、当該モデル法の国際的な影響は世界中にますます拡大していくといえる。

　第二章においては、まず、仲裁判断の作成について、その作成の期

限、方式及び内容に関する世界重要な各常設機関の規定を比較的に分析し、その共通点と相違点を見出した上で、筆者の主張を述べた。次に、仲裁判断の効力について、各国立法上の共通なところは、「既判事項」として対処する。第三に、仲裁判断の性質について、「判決説」と「契約説」は対立している。筆者は、「判決説」を支持したい。

第三章においては、国際商事仲裁判断の承認・執行に関する要件とその手続を中心にして検討する。まず、仲裁判断の承認・執行に関する要件について、ニューヨーク条約の規定より寛大な二国間条約及び国内法が少ないので、それらの適用機会がほとんどないのは現実である。また、この点に関して、UNCITRALモデル法は、ニューヨーク条約より緩やかであるから、当該モデル法の国内法化の国は、ニューヨーク条約より国内法の優先的適用が可能である。次に、国際商事仲裁判断の承認手続について、ニューヨークにせよ、UNCITRALモデル法にせよ、いずれも具体的な規定をしておらず、各国の国内法に委ねた。その対処は判断の承認・執行を容易ならしめる立場からみれば、妥当ではないと思われる。今後、如何に国際法の範疇においてそれを統一するかは、期待されるものである。

第四章において、国際商事仲裁判断の承認・執行の拒否要件を諸国際条約の比較的アングルから検討し、及びその問題点を提起する。まず、当事者の行為能力の法律適用について、諸条約及びUNCITRALモデル法は何も具体的対策を打ち出していない。この点について、国際立法の無力さが見られる。次に、ニューヨークもUNCITRALモデルも、判断の承認・執行を容易ならしめるために、「承認・執行の拒否」に関して限定的な規定を設けている。この点については、賞賛すべきであると思われる。第三に、仲裁判断の承認・執行に関する手続について、内外仲裁判断の判定においては「属地主義」と「手続準拠法主義」は対立している。外国仲裁判断の承認・執行を容易ならしめる観点に基づき「属地主義」のほうが合理的なものであると思われ

る。第四に、外国仲裁判断の取消事由について、ニューヨーク条約の規定より、ヨーロッパ条約と UNCITRAL モデル法のほうが寛大的ものである。したがって、この点について、ニューヨーク条約は修正する必要があると思う。

　第五章においては、中国における国際商事仲裁判断の承認・執行状況を検討する。まず、渉外仲裁判断の執行について、その法的沿革、手続、拒否事由及び現行法の問題点の討論を重点におくのである。次に、外国仲裁判断の承認・執行について、国内法の規定、二国間条約、ニューヨーク条約、事例及び現存した問題点を中心にして、説明する。第三に、中国大陸、香港、澳門及び台湾との間の仲裁判断の承認・執行の現況を解明する。

　以上の議論を踏まえて、最後の終章においては、国際商事仲裁判断の承認・執行に関する状況、発展方向及び問題点を提起し、また UNCITRAL モデル法の中国法への示唆を通して、如何に中国で当該モデル法を活用すべきかは、重要な課題であると思われる。そしてその基本問題に対する主張の要旨をまとめ、本書の結論としている。

　楊氏は研究においても仕事においてもしっかりした芯を持った人で、同僚から厚い信頼を寄せられている。本書を足がかりに、楊氏が国際商事紛争解決分野の研究をさらに推し進めてくれることを心から期待するものである。

2015 年 3 月

広東外語外貿大学東方言語文化学院院長　陳多友

目次

はしがき I

序章　問題の所在 …………………………………… 1
第一節　仲裁及び仲裁規則の重要性　2
第二節　国際商事仲裁判断の承認の必要性　6
第三節　仲裁判断の承認及び執行に関する国際条約の重畳　7
第四節　UNCITRAL モデル法の重要性　11
　Ⅰ．特徴　11
　Ⅱ．各国の仲裁法に対する影響　12
　Ⅲ．UNCITRAL モデル法を採択し、またはその影響を受けている法域　13
第五節　本論の研究方法とその構成　15

第一章　国際商事仲裁判断の承認・執行に関する概説　17
第一節　仲裁に関する「国際性」と「商事性」　17
　Ⅰ．「国際」についての定義　17
　Ⅱ．商事性について　20
第二節　国際商事仲裁の性格に関する四つの学説　22

Ⅰ．契約説　22
　　Ⅱ．訴訟説（司法権説）　23
　　Ⅲ．混合説　23
　　Ⅳ．自治説　24
　第三節　「承認」と「執行」　24
　第四節　仲裁判断の承認・執行に関する国際条約及び主要国の国内
　　　　　法規定　26
　　Ⅰ．国際条約　　　27
　　Ⅱ．二国間条約　　　44
　　Ⅲ．国際商事仲裁判断の承認・執行に関する主要国家の国内立法　49

第二章　仲裁判断 ………………………………………… 59
　第一節　仲裁判断の作成　60
　　Ⅰ．判断の作成の期限　60
　　Ⅱ．仲裁判断作成の方式　61
　　Ⅲ．仲裁判断の内容　63
　第二節　仲裁判断の種類　67
　　Ⅰ．暫定的仲裁判断　67
　　Ⅱ．中間的仲裁判断　67
　　Ⅲ．一部仲裁判断　68
　第三節　仲裁判断の効力　68
　第四節　仲裁判断の性質に関する学説上の対立　72

第三章　国際商事仲裁判断の承認・執行の要件及び手続
　　　　　………………………………………… 74
　第一節　仲裁判断の承認・執行の要件　74
　　序説　74
　　Ⅰ．ニューヨーク条約の規定　76

Ⅱ. UNCITRAL モデル法の規定　84
第二節　仲裁判断の承認・執行に関する手続　84
　序説　84
　Ⅰ. 仲裁判断の承認・執行手続に関する主要国の立法規定　86
　Ⅱ. UNCITRAL モデル法上の規定　89

第四章　国際商事仲裁判断の承認・執行の拒否 …… 90
　序説　90
　第一節　仲裁合意の有効性と仲裁判断の承認・執行の拒否　92
　　Ⅰ. ニューヨーク条約中の仲裁合意無効に関する規定　92
　　Ⅱ. ヨーロッパ条約と UNCITRAL モデル法中の規定　93
　　Ⅲ. 準拠法の明示的指定と黙示的指定の対立論争　94
　第二節　デュー・プロセス (due process) 違反　99
　第三節　仲裁人の越権　102
　第四節　仲裁廷の構成または仲裁手続の違反　103
　第五節　判断の拘束力の欠缺または判断の取消　106
　第六節　取り消された国際商事仲裁判断の効力に関する二事例の
　　　　　検討　108
　　Ⅰ. Hilmarton 事件　109
　　Ⅱ. Chromalloy 事件　114
　　Ⅲ. 両判例に関する問題点についての検討　118

第五章　中国の国際商事仲裁判断の承認・執行に関する現
　　　　況 ………………………………………………… 121
　第一節　中国の国際商事仲裁制度　121
　第二節　中国における渉外仲裁判断の執行　124
　序説　124
　　Ⅰ. 渉外仲裁判断の執行に関する沿革と法源　125

VIII

 Ⅱ．渉外仲裁判断の執行に関する手続　128

 Ⅲ．渉外仲裁判断に関する法的分析　131

 Ⅳ．渉外仲裁判断の執行条件に関する法的分析　134

 Ⅴ．渉外仲裁判断の執行に関する調査状況　136

 Ⅵ．中国における渉外仲裁判断の執行に関する実例分析　138

 小括　141

第三節　中国における外国仲裁判断の承認・執行の状況　142

 序説　142

 Ⅰ．外国仲裁判断に関する中国法制度の沿革　144

 Ⅱ．二国間協定下の仲裁判断の承認・執行　148

 Ⅲ．ニューヨーク条約下の仲裁判断の承認・執行　152

 Ⅳ．中国における判断の執行状況に対する外国の法律家の評価　157

 Ⅴ．中国における外国仲裁判断の執行に関する調査状況　160

 Ⅵ．事例を通して中国における外国仲裁判断の承認・執行状況を見る
  161

 小括　170

第四節　中国大陸及び香港・澳門・台湾における仲裁判断の相互承認と執行について　171

 序説　171

 Ⅰ．大陸と返還前の香港との間における仲裁判断の相互承認と執行　173

 Ⅱ．大陸と返還後の香港との間における仲裁判断の相互承認と執行　178

 Ⅲ．大陸と澳門との間における仲裁判断の承認・執行　189

 Ⅳ．大陸と台湾との間における仲裁判断の相互承認と執行　193

 小括　199

終章　国際商事仲裁判断の承認・執行に関する主要な課題 ……………………… 202

 第一節　国際商事仲裁判断の承認・執行の発展趨勢　202

第二節　今後の課題　204
第三節　仲裁判断の承認・執行に関する中国法上の問題点　205
小括　208

主要参考文献の一覧　211
　Ⅰ．和文類（著作と論文）　211
　Ⅱ．英文類（著作と論文）　216
　Ⅲ．漢文類（著作と論文）　218
あとがき　221

序章　問題の所在

　本書の研究目的は、国際商事仲裁判断の承認・執行に関する国際的立法状況、現存の問題点及びその発展趨勢を明らかにしようとする試みのためである。すなわち、国際的立法の面から見れば、世界ほとんどの国に受け入れられたニューヨーク条約の重要性は、どこにあるのか、なおかつ成立から40年を経過した当該条約は、その後に成立したヨーロッパ条約とUNCITRALモデル法と比べて、どのような不備なところが存在するのか、そしてニューヨーク条約を含めたいくつかの条約が並存している場合、その競合問題を如何に取り扱うべきか、また現在、国際的な範囲で、UNCITRALモデル法の影響力はどこまで広がっているのか、それに当該モデル法は、国際商事仲裁判断の承認・執行を容易、順調ならしめる面において、どんな役割を果たしているのか、さらに、仲裁先進国の国内立法状況は、如何であるか、中国における国際商事仲裁判断の承認・執行に関する法制度は、どのように変遷してきたのか、国際商事仲裁判断は、中国で如何に承認・執行されるのか、他国と比べて、何の特徴を有するのか、現行法の問題点は、どこにあるのか、仲裁先進諸外国法より立ち遅れた中国法は、如何に改正すべきかを、主要な問題として以下の各章で各々に検討しようとする。

第一節　仲裁及び仲裁規則の重要性

　取引に関する紛争を、国家の訴訟の制度による強制的解決に代えて、私人である第三者に委ねて解決を図る仲裁制度は、国際商取引の発展に伴なって、商人の間で広汎に利用されている。国際商取引から生じた紛争の迅速、効率的、公平な解決を、当事者は期待する。ところが、通常の司法裁判所で解決を求めると、裁判所の厳格、かつ煩雑な訴訟手続および審級制度により、事件の解決は長引くおそれがある。また、普通の裁判所の裁判官は、商人の間で適用されている商慣習、あるいは専門性の強い商事に関する知識も乏しく、事件を迅速かつ正確に裁判することは困難であろう。特に、国際商取引に関する紛争は、当事者の国籍が相違し、また商品の移転が国境を越え、一件の取引で二国あるいは二国以上の国にかかわっている場合が多い。当事者の一方（またはその代理人）は、取引の際に、あらかじめ他方または第三国の裁判所の組織、訴訟手続および実体法を、十分に理解することは非常に難しく、さらに、一国の裁判官も、他国の手続法および実体法を熟知することは困難である。そこで、紛争をその分野に精通する専門家に委ねて裁断させることとすれば、上述したデメリットを克服することができる。したがって、この面において仲裁は紛争解決の有効な手段として、大きな機能を発揮することができる[1]。また、仲裁の契約性に基づいて、仲裁人は「社会の公平及び正義」を守護する裁判官であるわけではなく、特定分野の紛争処理の民間人である。それゆえ、この点から見れば、仲裁は司法制度に属するものではなく、商業制度に属するものといえよう[2]。

1　「国際商事仲裁システム高度化研究会報告書」は、訴訟と比較した場合の仲裁の長所として、①　当事者が選んだ、紛争事案の専門家による判断、②　具体的事案に即した妥当な解決、③　迅速性、④　廉価性、⑤　手続の柔軟さ、⑥　手続・判断の非公開、⑦　友好関係の維持、⑧　国際性、の合計8点を列挙している。『JCAジャーナル』、（社団法人―国際商事仲裁協会）、1996年6月増刊号、30~33頁参照。
2　宋連斌著『国際商事仲裁管轄権研究』、法律出版社、2000年版、36頁。　M. Saville, The Origin of the New English Arbitration Act 1996:

序章 | 3

　国際商取引が発展すればするほど、紛争も多発し、仲裁の回数も増えてゆく。商取引が繰り返し行われると、時間の推移により、商取引の様式が慣例化され、次第に商慣習が定着する。それに伴って、仲裁の手続が繰り返し行われるようになると、仲裁に適用される法規範およびその手続規則も固定されていく。その常設の仲裁機関は、一定の専門家を仲裁人名簿に登録し、一定の仲裁規則を制定する。そうすると、商人は、信頼する仲裁人を選任することができるし、仲裁の規則をあらかじめ理解することもできる。したがって、商人の仲裁に対する信頼は、ますます高くなり、紛争を仲裁に付託することも徐々に増大していく。

　常設の仲裁機関は、はじめそれぞれの特種業界で組織されていたが[3]、その後、各種各業の紛争にも対応できるようないわば「総合商社」的な一般的な常設の仲裁機関が設立された。そのもっとも有名なものの一つは、1892年に発足したロンドン仲裁院（London Chamber of Arbitration）である[4]。1923年にいたって、パリを中心とする国際商業会議所国際仲裁裁判所（International Chamber of Commerce International court of Arbitration 以下ではICC国際仲裁裁判所と略称する）が組織された[5]。ICCは、世界各国に支部をおき、商事紛争が発生したときは、ICC国際仲裁裁判所の規則により、そしてその仲裁人名簿から仲裁人を選任して仲裁を行う。それに、これらの仲裁人候補者は、法学および商慣習に精通する専門家であっ

Reconciling Speed with Justice in the Decision — making Process, in 3 (1997) Arbitration International, Vol. 13, pp. 248−251.

3　喜多川篤典著『国際商事仲裁の研究』、東京大学出版会、1978年版、45、75頁。

4　1892年に設立されたロンドン仲裁院は、1903年にロンドン仲裁裁判所（London Court of Arbitration）と名称を変更し、また1975年にThe London Court of International Arbitrationに改めた。ロンドン市、ロンドン商工会議所（London Chamber of Commerce and Industry）および仲裁人協会（Institute of Arbitrators）の三者共同で運営される。谷口安平「主要国の仲裁制度―連合王国」、小島武司＝高桑昭編『注解　仲裁法』、青林書院、1988年版、504頁。注1前掲書72頁参照。

5　陳治東著『国際商事仲裁法』、法律出版社、1998年版、79頁。

て、また事務局の事務処理も能率的であるゆえに、ICC 国際仲裁裁判所の仲裁は、世界中の商人によく利用されている[6]。2000 年に同機関に申立てられた仲裁件数は 541 件に上る[7]。ついで、1926 年に、アメリカにおいて、アメリカ仲裁協会 (America Arbitration Association 以下では AAA と略称する) が創立された。AAA は外国に支部をおかないが、1976 年にニューヨークに本部を設け、アメリカ国内に 35 の地方で支部を設置し、5 万人以上の個人名が仲裁人名簿に登載されている[8]。AAA の仲裁範囲は、商事限らず、建設工事、交通事故、労使紛争にまで及び、毎年、6 万以上の案件が AAA に係属している[9]。1996 年には、国際事件を処理する紛争解決国際センターが設立され、1999 年に、同センターに対し 458 件が申立てられている[10]。上述の 3 つの仲裁機関は、国際商事紛争を扱う仲裁機関のうち、代表的なものである。また、アジアにおいては、日本の国際商事仲裁協会 (The Japan Commercial Arbitration Association JCAA と略称)、シンガポール国際仲裁センター (Singapore International Arbitration Centre)、中国国際経済貿易仲裁委員会 (China International Economic and Trade Arbitration Commission CIETAC と略称)、香港国際仲裁センター (Hong Kong International Arbitration Centre) などがあげられる。現在のところ、世界中の主な国では、国内に少なくとも一つの総合的な常設仲裁機関を持っている[11]。

　常設の仲裁機関は、それぞれの仲裁規則を有し、その仲裁規則の内容はかなり詳しく、当事者の利用にとって、極めて便利である。一般

6　注 1 前掲書 70~71 頁参照、陳・注 5 前掲書 79~80 頁参照。
7　中村達也著『国際商事仲裁入門』、中央経済社、2001 年版、176 頁。
8　陳・注 5 前掲書 86 頁参照。
9　陳・注 5 前掲書 86 頁参照。
10　中村・注 7 前掲書 176 頁参照。
11　例えば、ドイツ仲裁協会、ストックホルム商業会議所仲裁裁判所、フィンランド中央商業会議所仲裁委員会、オーストラリア国際商事仲裁センター、クアラルンプール仲裁地域センター、インド仲裁協会、大韓商事仲裁院などである。注 1 前掲書 61~90 参照。

的には、仲裁事項、仲裁手続を自国の法規範に適わせるために、各国の仲裁に関する立法は強行法規及び公序を規定しているが[12]、その強行法規と公序に違反しない限り、仲裁手続には、常設仲裁機関の手続規定に適用される。

仲裁の国際的普及に鑑み、国連総会直属の機関である国連国際商取引法委員会（The United Nations Commission on International Trade Law 以下ではUNCITRALと略称する）は、1976年4月にUNCITRAL仲裁規則を採択した[13]。この仲裁の規則は、本来、ad hoc仲裁を前提としているが、現実には、1978年に常設仲裁機関である米州商事仲裁委員会がこれをほぼそのまま自らの仲裁規則として採用したのをはじめ、1979年には、クアラルンプール仲裁センターが、同センターの仲裁規則による仲裁の合意がある場合には、UNCITRAL仲裁規則に従って仲裁が行われる旨の規則を制定した。さらに、1982年、AAAはUNCITRAL仲裁規則における仲裁人の選定担当者となる場合の補則などを定めている[14]。その他に、ICCの仲裁規則、JCAAの仲裁規則、CIETACの仲裁規則などがある。これらの規則は、仲裁手続に適用される法の強行規定に抵触しない限り、仲裁手続に適用される[15]。したがって、国際仲裁判断の承認にあたり、国内法または国際条約によって仲裁判断の合法性について判断するとき、仲裁手続に適用する国内法の外に、その仲裁手続の依拠する仲裁規則を考慮に入れなければならない。国家権力の仲裁に対する干渉の減少に相応して、仲裁規則の重要性が増大する。国際商事仲裁判断の承認に

---

[12] 例えば、フランスの民事訴訟法第1498条、アメリカ連邦仲裁法第201条、ドイツ民事訴訟法第1044条、ジュネーブ条約第1条と第2条、ニューヨーク条約第5条、UNCITRALモデル法第36条などである。
高桑昭著『国際商事仲裁法の研究』、信山社、2000年版、193頁。

[13] 高桑・注12前掲書201頁参照。

[14] 澤田寿夫編『解説国際取引法令集』、三省堂、1994年版、452頁。

[15] 例えば、UNCITRAL仲裁規則第1条第2項は「この規則は仲裁を規律する。ただし、この規則の一部が、仲裁に適用される法律の強行規定に抵触する場合には、その強行規定が優先する」と規定している。

関する問題を考察するとき、仲裁規則の重要性を看過してはならないと思われる。

第二節　国際商事仲裁判断の承認の必要性

　国際商取引のグローバル化するにつれて、紛争の発生率が高く、これに対応して仲裁の量も増大する。仲裁の結果成立した仲裁判断は、まず当事者の自主的な履行に委ねられているが、仲裁判断の量が膨大であるゆえ、それらすべてが完全に自主的に履行されるということはほとんど不可能である。当事者の不履行に対し、業界から除名されたり、また他の関連業者からの一切の取引を停止されたりする方法で臨むのは、厳しいサンクションであるが[16]、この方法で目的を成し遂げることができない場合、国家の機関に強制執行を求める必要がある。近代国家の法制は、例外なく、紛争の解決を私人たる仲裁人の判断によることを認めているが、当事者が仲裁人のなした仲裁判断を自主的に履行しない場合、当事者が自力救済をなすことを許さない。そこで、国家の機関に仲裁判断の執行を求めるのであるが、それには、まず仲裁判断のなされた地の国家機関に執行を求めるだけで足りる。例えば、交通事故、建設工事、労使紛争などに関してなされた仲裁判断の執行は、ほとんど国内で解決することができよう。しかし、国際商取引の場合、商品の移動、当事者の財産の所在地が国境を越えるので、仲裁判断のなされた地の国家機関に執行を求めることができないこともある。そこで、仲裁判断の執行を、外国の国家機関に求める必要が出てくる。その結果、執行を求められた国の国家機関は、その国内でなされたものでない非内国仲裁判断の執行請求に対し、助力を与えるか否か、または如何なる手続によって助力を与えるかが問題となる。

16　喜多川・注3前掲書4頁参照。

第三節　仲裁判断の承認及び執行に関する国際条約の重畳

　仲裁制度が国際商取引の商人の間で広く利用されてきたにもかかわらず、20世紀の20年代まで、主要商業国家の間で、制定法をもって外国仲裁判断の執行のための要件または特別手続を規定した国はなく、英米などのコモン・ロー諸国は、仲裁判断が内国でなされたか外国でなされたかを問わず、普通の契約と同じく履行の訴えの原因（cause of action）として、通常の訴訟手続によってそれを承認していた[17]。ドイツでは、1924年の民事訴訟法改正で、執行判決を執行決定に変えたが、外国仲裁判断の承認についてもそれを同様に適用するか否かは明記していなかった[18]。1930年の民訴法改正ではじめて、その第1044条に、外国仲裁判断の承認と執行の手続を明記した[19]。イタリアの民事訴訟法では、外国仲裁判断の承認手続は、外国判決の承認手続を適用する[20]。

　しかしながら、前述の手続規定は国内法規であり、法規の内容が異なり、当事者の利用にとって極めて不便である。国際商事仲裁を利用する主な目的は、紛争の迅速な解決に求められるが、前述の手続をもってしてはこの目的を達成することができず、国際商取引の発展に対し阻害を生ずることは、明らかである。そこで、仲裁法の統一および仲裁判断の国際的承認を求める努力が続けられた[21]。しかし、仲裁に関する各国の国内法が多様であり、一部の国が自国の従来の国内法を放棄して他国に従うことは、国の体面にかかわるのでそれぞれの国

17　喜多川・注3前掲書138頁参照。
18　呉松枝「外国仲裁判断の承認と執行—1958年6月10日のニューヨーク条約を中心として—（1）」、『JCAジャーナル』、1988年6月号、10頁。
19　小山昇『仲裁法　新版』、有斐閣、1983年版、228~229頁参照。松浦馨「主要国の仲裁制度—ドイツ連邦共和国」、小島＝高桑・注4前掲書551~552頁参照。
20　1942年のイタリア民事訴訟法第800条参照。
21　宋航著『国際商事仲裁裁決的承認与執行』、法律出版社、2000年版、21頁。

内法を統一するのは、はなはだ困難であった。そこで、とりあえず条約による外国仲裁判断の承認に標的を絞るようになった。最初に登場したのは、1889年のいわゆるモンテビデオ条約である[22]。次に、1923年のジュネーブ議定書、1927年のジュネーブ条約、1928年のブスタマンテ法典などがある[23]。これらの諸条約にはさまざまな欠点があるが[24]、外国仲裁判断の承認および執行を、外国裁判所の判決の承認および執行から切り離して、独自の国際法原則に基づいて処理することとなり、外国仲裁判断の国際的承認に大いに貢献したのである。

　第二次世界大戦後、国際貿易が急激に増え、ジュネーブ条約の適用範囲の狭さ、並びに外国仲裁判断の承認および執行を求める際の申立人に課せられた挙証責任の重さゆえ、外国での執行が非常に難しく、同条約の改善を求める声が広がっていた。1953年5月、国際商業会議所が、ジュネーブ条約に代わる新条約の草案を提出し、国連経済社会理事会主催の国際商事仲裁会議の審議を経て、1958年6月10日に「外国仲裁判断の承認及び執行に関する条約」（以下ではニューヨーク条約と略称する）が同会議で可決された。ニューヨーク条約は、同条約の適用範囲を拡大し、また外国仲裁判断の承認および執行を求める申立人に課せられた立証責任は、仲裁判断および仲裁合意の提出にとどめ、被申立人がその承認および執行を免れようとするならば、同条約の規定する拒否事由の存在を立証すべきものとした[25]。

　ニューヨーク条約発効後、ヨーロッパ諸国は、戦後の東西貿易の特殊性に鑑み、ニューヨーク条約の簡略な条項はそれに対応しにくく、より詳細な条約を必要として、1961年4月21日に、ジュネーブで、「国際商事仲裁に関する欧州条約」（以下ではヨーロッパ条約と略称する）が署名された[26]。また、戦後に列強の殖民地統治から独

22　第一章第四節のⅠ（1）参照。
23　第一章第四節のⅠ（1）参照。
24　第一章第四節のⅠ（1）及び（2）参照。
25　第一章の第四節のⅠ（3）参照。
26　第一章の第四節のⅠ（4）参照。

立した諸国の経済基盤が弱く、それを援助するため、先進国が出資して国際復興開発銀行（International Bank of Reconstruction and Development 以下では世界銀行と略称する）が組織され、発展途上国に対する民間投資が奨励されるようになったが、これらの民間投資に関し発生しうる紛争について、国際的な調停または仲裁のための施設を設けるため、1966年10月に投資紛争解決国際センター（International Centre for Settlement of Investment Disputes 以下ではICSIDと略称する）が設立され、並びに同センターの調停および仲裁に関する規定を盛り込んだ「国家と他の国家の国民との間の投資紛争の解決に関する条約」（Convention on the Settlement of Investment Disputes between States and Nationals of other States 以下では投資紛争解決条約と略称する）が署名された[27]。

　ニューヨーク条約および投資紛争解決条約は、加盟国が多い。すなわち、ニューヨーク条約は、その一般的な性格のゆえ、1997年9月までに中、日、英、米、仏、独、伊を含む計136ヶ国が加盟し[28]、また投資紛争解決条約は発展途上国への援助を目的とするその特殊性に鑑み、1995年の年末まで加盟国も合計で125ヶ国に達している[29]。ラテン・アメリカの諸国は、最初にカルボ主義[30]（the Calvo Doctrine）の影響を受けて伝統的な西半球の孤立的な特性を強調し、多くの国

27　第一章の第四節のI（5）参照。

28　「連合国≪関於承認及執行外国仲裁裁決公約≫締約国名単」、『仲裁与法律通迅』、1998年8月号、71~74頁参照。

29　宋・注21前掲書46頁参照。

30　カルボ主義は、カルボ条項とも呼ばれる。19世紀末から20世紀初頭にかけて、ラテン・アメリカ諸国が、コンセッションなど外国人（企業）との間で結んだ契約に挿入した条項で、外国人の本土による外交保護の行使を封じることを目的としたもの。ただし同主旨で制定された国内法規を指すこともある。アルゼンチンの国際法学者カルボにちなんだ通称である。外国人に対し契約から生ずる如何なる問題についても本国の外交保護権の行使を求めない旨を約束させるという典型的なものから、外国人が契約に関しては内国民の同等の地位にあることを規定したもの、契約上の紛争解決手段を国内手続に限定するもの、あるいはこれらを組み合わせたものなどがあった。『国際関係法辞典』、国際私法学会編、三省堂、1995年版、151~152頁。

は、長期間にわたりモンテビデオ条約およびブスタマンテ条約の原則に固執していたが、1975年1月、米州国家組織の加盟国はニューヨーク条約にならってパナマ条約[31]を署名した。その条約の誕生を契機に、ラテン・アメリカ諸国は国際仲裁に対し「脱カルボ主義」の態度を採るようになった[32]。

旧東ヨーロッパ諸国は、ニューヨーク条約に対して熱心であるが、それらの国では、相互間の緊密な経済連携をも重んじて、1972年5月、モスクワでモスクワ条約[33]を調印した。

上述の他国間条約だけでなく、ニューヨーク条約への加盟前には、多くの国は、特定の他の国との間に、友好通商航海条約を締結した。その条約の中に相互の国民の間でなされた仲裁判断の承認と執行に関する条項が含まれている。例えば、日本は、中国、アメリカ、イギリス、アルゼンチンなどの諸国の間[34]に、仲裁判断の承認及び執行に関する条項を含む二国間条約締結している[35]。中国[36]、アメリカ[37]およびドイツ[38]などの諸国も類似の状況が見られている。一国内でなさ

---

31 第一章第四節のⅠ (7) 参照。

32 See A. Redfen & M. Hunter, Law and Practice in International Commercel Arbitration (2 nd ed. 1991), p. 467.

33 第一章第四節のⅠ (6) 参照。

34 仲裁判断の承認と執行に関して日本が締結した二国間条約は1997年3月31日まで15である。本文に掲げたの他に、旧ソビエト、パキスタン、ポーランド、旧ユーゴスラビア、旧チェコスロバキア、ペルー、エル・サルバドル、ルーマニア、ブルガリア、ハンガリー、旧東ドイツである。

35 例えば、1974年の中日間の貿易に関する協定第8条第3項、1953年の日米間の友好通商航海条約第4条第3項、第4項、1962年の日英間の通商航海条約第24条及び1966年の日本とアルゼンチン間の友好通商航海条約第7条である。

36 第五章第二節のⅡ参照。

37 アメリカは、ニューヨーク条約に加盟する前、1950年から1966年にかけて、アイルランド、ギリシャ、イスラエル、イタリア、デンマーク、日本、旧西ドイツ、イラン、オランダ、韓国、ニカラグア、パキスタン、フランス、ベルギー、ベトナム、ルクセンブルクなどの諸国との間に、同趣旨の二国間条約が締結された。呉・注18前掲論文 (1) 11頁参照。

38 旧西ドイツは、スイス、イタリア、アメリカ、旧ソビエト、ベルギー、オーストリア、オランダなどの諸国と二国間条約を結んでいる。柏木邦良「ニューヨーク条約に関する西ドイツ判例の研究」、商事仲裁研究所委託論文（社団法人　国際商事仲裁協会）、1983年3月号、3頁。

れた仲裁判断を他国内で承認と執行を求めるにあたり、二つ以上の条約の適用が可能である。例えば、ドイツとオーストリアとの間には、二国間条約が締結されているほか、二国とも、ジュネーブ議定書、ジュネーブ条約、ニューヨーク条約、ヨーロッパ条約及び投資紛争解決条約に加盟している[39]。多数の条約及び国内法が競合した場合、具体的事件について、条約のいずれを適用するか、または国内法を適用するか、裁判所が国際仲裁判断の承認を求められた具体的事件の裁判にあたり、いずれの法規を適用すべきか、その適用した法規に対して如何に解釈すべきかなどの問題を考察するにあたっては、競合した法規の内容を比較研究しなければならい。

第四節　UNCITRAL モデル法の重要性

1985年6月21日、国際商取引法委員会の第18会期では、全文36ヶ条からなる「国際商事仲裁に関する国際商取引法委員会モデル仲裁法」（UNCITRAL Model Law on International Commercial Arbitration　以下ではUNCITRAL モデル法と略称する）を採択した[40]。UNCITRAL モデル法は、仲裁契約から、仲裁裁判所、仲裁手続、仲裁判断及び仲裁判断の承認・執行と取消まで仲裁全般にわたる包括的な規定を設けた初めての立法モデルである。

Ⅰ．特徴

UNCITRAL モデル法の特徴は、以下の3点をあげることができる。
第1に、通常は当事者の合意あるいは仲裁機関の規則により定めら

39　大隈一武著『国際商事仲裁の理論と実務』の「仲裁に関する国際条約・通商条約締約国一覧表」、中央経済社、1996年版、194頁。
40　高桑・注12前掲書295頁参照。

れる仲裁手続についても基本的な規定を設け[41]、仲裁がまだ十分には普及していない国や不十分な仲裁法しか持たない国々に標準的な立法モデルを示し、結果的に国際的な仲裁の統一を実現しようとしていることである[42]。

第2に、仲裁判断の依拠すべき規範は、当事者の明示の指定またはそれを欠く場合には仲裁裁判所が適当と認める抵触規則により定まる具体的な実定法であるということを原則とし、「善と衡平」（ex bono et aequo）による仲裁は当事者の明示の合意がある場合に限ったという点である[43]。これは取引紛争の結果について当事者の予見可能性の確保をねらったものである。

第3に、各国の司法権の仲裁への介入を極力制限している点である。各国ごとに内容が異ならざるを得ない司法権の介入を制限することで、仲裁利用者の手続に対する予見可能性を増すことができるのである。

Ⅱ．各国の仲裁法に対する影響

上記のような特徴を持つこのモデル法は、各国の仲裁法に大きな影響を与えつつある。これに関して、以下の3点を指摘しておきたい。

第1に、モデル法という形が採られたという点についてである。法の統一のためには、条約という形式がもっとも強力であり、条約に従った国内法の改正を義務づけることにより、法統一を確実に達成することができる。しかし、そのような強い効力を持つために、条約に加盟することには各国国内に大きな抵抗が生まれることになる。これに対して、モデル法として推進するのが妥当であるとの見解があ

41　UNCITRALモデル法第18条から第27条まで参照。

42　岩崎一生「UNCITRAL国際商事仲裁模範法の各国国内法に与えた影響」、松浦馨＝青山善充編『現代仲裁法の論点』、有斐閣、1998年版、62頁以下。

43　UNCITRALモデル法第28条参照。

り[44]、モデル法であれば、各国が法統一に価値を見出す限り、そのモデルに合わせた国内法が徐々にではあるが制定されていくことが期待できる。仲裁は、裁判に代わるものであり、仲裁判断の執行判決や取消訴訟の局面において、国家の根幹をなす司法制度との接点を持たざるを得ない。したがって、各国国内法制に応じて、抵抗の大きな部分は適宜修正しつつ採り入れることができることは、モデル法であることの最大のメリットである。

第2に、UNCITRALという国際取引法の分野で実績ある機関が作成したものであることも、各国の立法への影響度をより大きくしているということができる。また、UNCITRALが国連の機関であることにより、先進国が勝手に作成したというイメージに汚されることなく、真に普遍的な評価を得ることができたといえよう。

第3に、UNCITRALモデル法の内容が、すでに多くの国が加盟している1958年のニューヨーク条約と整合的であり、国内法として必要な条約との調和に配慮されているという点も重要なポイントである。具体的には、ニューヨーク条約によってかなりの程度まで統一が達成された外国仲裁判断の承認・執行の要件とほぼ同趣旨の規定をこのモデル法は設けていることである。

Ⅲ. UNCITRALモデル法を採択し、またはその影響を受けている法域

第1に、コモン・ロー法システムに属している国家としては、以下の通りである。

オーストラリア（1989年）、バミューダ（1993年）、中国香港（1989年）、スコットランド（1990年）、カナダ（1988年）米国コネチカット州（1989年）、米国オレゴン州（1991年）などは、全面

44　岩崎・注42前掲論文（松浦＝青山編『現代仲裁法の論点』）69頁参照。

的に UNCITRAL モデル法を採択した[45]。

その他に、国内法の立法に際しモデル法の影響受けた法域は、米国フロリダ州、カリフォルニア州及びテキサス州である[46]。

第 2 に、大陸法システムに属している国家としては、以下の通りである。

ドイツ（1998 年）、ブルガリア（1988 年）、ハンガリー（1994 年）、ルーマニア（1993 年）ロシア連邦（1993 年）及びウクライナ（1994 年）などは、UNCITRAL モデル法を採択した[47]。

その他に、スイスとオランダの国内法の立法もモデル法の影響を強く受けている。

1986 年 12 月 1 日に、オランダ新仲裁法が施行された。本法は、旧法の近代化を目指したものであり、国際仲裁と国内仲裁を区別せず、一律に取り扱っているし、本法中には、UNCITRAL モデル法に言及した文言はない。したがって、モデル法のどの部分がどのような影響を本法に与えたのかは、本法の文言からは明確ではないが、本法の趣意書は、本法は実質的にはモデル法から逸脱したものではないと説明している[48]。

スイス連邦議会の 1987 年 12 月 18 日の議決により、国際私法に関する連邦法が成立し、これに伴いその第 12 章である国際仲裁に関する連邦法の改正も成立した。

本法は、1969 年に制定された旧法の近代化を目的としたものであるが、本法中には、上記のオランダと類似したやり方を採っており、すなわち、モデル法に言及した文言は現れず、それゆえ、モデル法のどの部分がどのぐらいの影響を本法に与えたのかは、本法の文言から

45　李虎著『国際商事仲裁裁決的強制執行―特別述及仲裁裁決在中国的強制執行』、法律出版社、2000 年版、56 頁参照。

46　岩崎・注 42 前掲論文（松浦 = 青山編『現代仲裁法の論点』）66~68 頁参照。

47　李・注 45 前掲書 51~53 頁参照。

48　貝瀬幸雄著『国際化社会の民事訴訟』、信山社、1993 年版、458 頁参照。貝瀬幸雄「主要国の仲裁制度―オランダ」、小島 = 高桑・注 4 前掲書 669 頁。

推定すればなかなか確定できないであろう。しかし、本改正案の検討に際しては、モデル法を参考されたところであるが、モデル法の全面的または部分的な採用は行われず、モデル法よりもさらに前進した内容の立法になったとの指摘が行われている[49]。

UNCITRAL モデル法の採否の結論は別として、今日の国際商事仲裁判断の承認と執行という問題を検討するにあたっては、このモデル法を無視できなくなっていることは疑いのないところである。

第五節　本論の研究方法とその構成

国際商事仲裁判断の承認と執行における基本問題に関する研究は、さまざまな視点からの検討が行われているが、今日では、ニューヨーク条約と UNCITRAL モデル法を中心にする議論が通常である。本論文の研究は、国際条約のみならず主要な仲裁先進国及び中国の国内法の比較法的アプローチをも行うことによって国際商事仲裁判断の承認と執行に関する状況及び発展方向を考察しようとするものである。

なお本論文は七章から成り立っている。

序章においては、まず国際商事紛争解決の諸方式における最も重要な仲裁に関する基本問題として、仲裁判断の承認と執行と関連した問題を提起する。その上で、本論文の研究方法と構成について述べる。

第一章においては、仲裁の「国際性」と「商事性」、国際商事仲裁の性格に関する四つの学説、「承認」と「執行」の区別、及び仲裁判断の承認・執行に関する国際立法状況を紹介する。

第二章の主要な内容は、仲裁判断を中心にするものである。すなわち、仲裁判断の作成、判断の種類、判断の効力及び判断の性質について検討する。

49　石黒一憲「スイスの新国際仲裁法について」、商事仲裁研究所委託論文（社団法人　国際商事仲裁協会）、1989 年版、2 頁参照。

16 | 序章

　第三章においては、ニューヨーク条約とUNCITRALモデル法の下で、国際商事仲裁判断の承認・執行に関する手続と要件とを説明する。

　第四章においては、仲裁判断の承認の拒否理由及び相関問題に重点を置き、検討する。

　第五章においては、中国における国際商事仲裁判断の承認・執行に関する状況を紹介し、中国の仲裁法制度上の問題点を分析・提示する。

　以上の議論を踏まえて、最後に終章において、国際商事仲裁判断の承認・執行における基本問題に対する主張の要点をまとめ、本論の結論とする。

第一章　国際商事仲裁
判断の承認・執行に関する概説

　今日の国際的取引の世界的な隆盛の時代において国際的な商取引から生じる紛争の解決手段として仲裁が国際商事仲裁の名の下に広く用いられるようになったのは当然の成り行きであった。しかし、国際商事仲裁という概念については、まだ統一的な見解が形成されておらず、争点は主に「国際」と「商事」に対し、統一的な認識が達成できないところにある。したがって、これに関し説明する必要がある。

　本章では、まず、仲裁の「国際性」と「商事性」を簡単に検討し、次に、仲裁の性格についての学説を述べ、第三に、判断の「承認」及び「執行」の関連と区別を説明し、最後に、国際商事仲裁判断の承認・執行に関する国際立法の歴史的変遷、及び主要な国の国内法を概観することにする。

第一節　仲裁に関する「国際性」と「商事性」

Ⅰ．「国際」についての定義

国際仲裁という用語は、一般的には、国際商事仲裁を指すものとして用いられることが多かったといえよう[1]。すなわち、国内仲裁と国際仲裁の区別の基準は、国際商取引の紛争に関するか否かの点に求められてきたのである[2]。紛争の生じた法律関係が渉外的性格を有する場合の仲裁を「国際仲裁」といい、そうでない場合の仲裁を「国内仲裁」という[3]。

もっとも、如何なる仲裁を国際仲裁というかは国によって異なることもあり、また、特にこのような区別をしない国もある。例えば、1998年ドイツ新仲裁法の特徴の一つは、国内仲裁と国際仲裁・国際商事仲裁との双方について統一的な規律をしている[4]。また、イギリスの1996年新仲裁法も国内仲裁、国際仲裁を分ける方式を止めて、内外統一の方式を取り入れている[5]。国内仲裁と国際仲裁では、何を仲裁判断の基準とするかに関して違いがあり、特に国際仲裁では、如何なる基準を適用するかという問題が生じる。

「国際」についての認定基準は、学説上、基本的に三つに分けられる。第一は、紛争の性格を基準とする。紛争の性格が国際商取引の利害と関連すれば、これは「国際的なカテゴリー」に属すべきである[6]。例えば、フランス1981年民事訴訟法典第1492条は、上述のように定義した。またICC仲裁規則第1条は「国際的性質を有する取引紛争」と規定している。しかし、この定義だけを見ると、それは極めて抽象的であり、同語反復の印象さえも与えうる[7]。第二は、主体を基準

---

[1] Van den Berg, The New York Arbitration Convention of 1958 — toward a uniform judicial interpretation (1981), Kluwer, p. 31.

[2] 澤木敬郎「内国仲裁・外国仲裁・国際仲裁」、松浦馨=青山善充編『現代仲裁法の論点』、有斐閣、1998年版、397頁。

[3] 高桑昭著『国際商事仲裁法の研究』、信山社、2000年版、4頁参照。

[4] 春日偉知郎「ドイツの新仲裁法について（上）」、『JCAジャーナル』、1999年7月号、13頁参照。

[5] 佐藤安信「紛争処理の民営化？ 実務家のための1996年英国仲裁法概説（1）」、『JCAジャーナル』、1998年6月号、4頁参照。

[6] 李玉泉著『国際民事訴訟与国際商事仲裁』、武漢大学出版社、1996年版、240頁。

[7] 多喜寛「主要国の仲裁制度―フランス共和国」、小島武司=高桑昭編『注解 仲裁法』、

とする。これには、人的主体があげられよう[8]。人すなわち当事者に着眼する立法例として、1987年のスイスの国際私法典第176条[9]、及び1961年の国際商事仲裁に関する欧州条約第1条第1項[10]が上げられる。まず、スイス国際私法典第176条には「本章の規定は、仲裁合意の締結に際して少なくとも一方の当事者がスイスにその住所または常居所を持っていなかったときに限り、スイスに本拠を持つ仲裁裁判所について適用される」と定めている。次に、1961年の欧州条約第1条第1項中の「国際仲裁」についての定義は、「異なる締約国に恒常的住所または所在地を有する自然人または法人の間の国際取引から生じる紛争を解決するためにそれらが仲裁契約を締結したときに、その締結された仲裁契約である」としている。

そして、第三の基準として、UNCITRALモデル法は、「国際仲裁」に関する定義について上述の二つの基準を調和して混合基準（折衷説）[11]を取り入れている。このモデル法において、国際的性格を有する仲裁とは、一般的に、仲裁を構成する要素[12]がいくつかの国に分かれている仲裁であるといえよう。しかし、如何なる基準に基づいて国際的とするかは、仲裁法が如何なることを目的としているかによって異なる。もちろん、他の分野における「国際」の概念とは必ずしも同じではない。例えば、物品売買契約に関する条約における売買の国際性[13]、海上物品運送における国際性[14]などと、仲裁において国際仲裁であるか否かを区別する基準が異なることは何ら差し支えない。

青林書院、1988年版、535頁。

8　山内惟介編『国際手続法（上）』、中央大学出版部、1997年版、40頁参照。

9　石黒一憲「スイス新国際仲裁法について」、商事仲裁研究所委託論文（財団法人国際商事仲裁協会）、1989年版、3頁。

10　小島＝高桑・注7前掲書843頁参照。

11　宋航著「国際商事仲裁裁決的承認与執行」、法律出版社、2000年版、6頁、高桑・注3前掲書317頁参照。

12　例えば、当事者の国籍、住所、営業所在地、仲裁機関の所在地、仲裁地、主たる契約契約を構成する要素である。

13　1980年国際物品売買契約に関する国際連合条約の第1条参照。

14　1978年海上物品運送条約に関する国際連合条約第2条参照。

UNCITRAL モデル法では、仲裁は次の場合に国際的性格を有するものとしている[15]。

a　仲裁契約の当事者が、仲裁契約を締結した時に、異なる国に営業所を有する場合

b　次の場所の一つが、当事者の営業所のある国の以外にある場合

　①　仲裁契約において定められまたは仲裁契約により定まる仲裁地

　②　商取引における義務の実質的な部分を履行すべき地若しくは紛争の主たる事項ともっとも密接な関連のある地

c　当事者の合意で、仲裁契約の対象となる事項が2国以上に関係することを明示した場合

なお、当事者が二つ以上の営業所を有するときは、営業所とは仲裁契約ともっとも密接な関連を有する営業所をいうものとし、当事者が営業所を有しないときはその常居所による[16]。

モデル法の第1条第3項では、国際仲裁の基準として、仲裁を構成する要素の国際的性格と仲裁の対象となる事項、すなわち、主たる契約または紛争の国際的性格の二つを用いている。3項のa及びb①は仲裁を構成する要素の国際的性格によるものであり、b②及びcは仲裁の対象となる契約または紛争の国際的性格によるものである。
上述した「国際仲裁」に 関する諸認定基準の中で、UNCITRAL モデル法に規定されている定義が一番適切であると思われる。

とにかく、如何に仲裁の国際性を確定するかは、当該仲裁と関連した国内法の規定に頼るほかなく、これが一番重要なところである[17]。

Ⅱ．商事性について

15　UNCITRAL モデル法の第1条第3項参照。

16　UNCITRAL モデル法の第1条第4項参照。

17　A. Redfern & M. Hunter, Law and Practice of International Commercial Arbitration, (2 nd ed. 1991), p. 20.

一般的に、仲裁の対象が商事にかかわる仲裁を「商事仲裁」と呼ぶとすれば、それ以外の仲裁は非商事仲裁ないし民事仲裁と呼ぶことができよう。しかし、何をもって「商事」とするかを確定することは必ずしも容易ではない。「商事仲裁」の概念については、仲裁の対象となる紛争の性質による限定であって、商取引または経済活動から生ずる紛争の仲裁をいう[18]と解されるが、それが如何なる範囲の紛争の仲裁をいうかは、それ自体では明らかではない。「商事」の概念は各国で異なるので、仲裁に関する国際条約の統一解釈に委ねるとしても、それを確定することはなかなか期待できない。1923年のジュネーブ議定書と1958年のニューヨーク条約は「商事留保」条項[19]のみを設けているが、「商事」に関する解釈は条約の起草国間で統一的な意見に達成していない。UNCITRALモデル法第1条第1項は、本法は国際商事仲裁に適用されるのを原則とする旨定めているが、結局、「商事」を定義することは断念し、「商事に含まれる事項」をいわば脚注に例示する方法を採用しているくらいである。すなわち、ここに「商事」という語は、商事的性格のすべての関係から生ずる事項を含むように広く解釈されなければならず、それが契約から生じるか否かを問わない。商事的性格を有するものとしては次の諸取引を含む。すなわち、物品または役務の供給または交換のための商取引、販売契約、商事代理、ファクタリング、リーシング、工場建設、コンサルティング、エンジニアリング、ライセンシング、投資、金融、保険、開発契約またはコンセッション、合弁事業その他の形態の産業協力または業務協力、航空機、船舶または道路による物品または旅客の運送などである。ここに列挙された商取引、経済活動が如何なるものかについては、さらに解釈の余地がある。これらの例示は、一方において、「商事」概念の確定の困難さを示唆するとともに、他方、このような方法には内容が明確となる利点はある。

---

18 高桑・注3前掲書306頁参照。
19 ジュネーブ議定書第1条とニューヨーク条約第1条第3項参照。

第二節　国際商事仲裁の性格に関する四つの学説

仲裁の法的性格に関しては、大体四つの学説に分けられている。すなわち、契約説（Contractual Theory）、訴訟説（司法権説）[20]（Jurisdiction Theory）、混合説（Mixed or Hybrid Theory）及び自治説（Autonomous Theory）である[21]。実際には、これらの諸学説は紛争事案に適用される法規則の取決めと関連する[22]。したがって、以下では、四つの学説を簡単に検討する。

Ｉ．契約説

契約説に賛成する学者たち[23]は仲裁の契約的性格を強調する。その契約的性格については、主として次の３点が理由として上げられている[24]。

① 仲裁は当事者双方の仲裁合意（契約）に基づき行なわれ、仲裁廷の管轄権は当事者の授権に由来し、その合意がなければ、有効な仲裁は存在しないこと。

② 仲裁人は当事者双方により直接、あるいは間接に選定されること。

③ 仲裁人の選定のほかにも、また当事者は仲裁機関、仲裁地、仲

20　日本では、「訴訟説」と呼ばれる。小山昇著『新版　仲裁法』、有斐閣、1983年版、34頁参照。中国では、「司法権説」または「司法権理論」と呼ばれる。趙健著『国際商事仲裁的司法監督』、法律出版社、2000年版、2頁、陳治東著『国際商事仲裁法』、法律出版社、1998年版、7頁参照。

21　韓健著『現代国際商事仲裁法的理論与実践』、法律出版社、1993年版、27~33頁、邵景春著『国際合同法律適用論』、北京大学出版社、1997年版、435~439頁参照。

22　Rene David, Arbitration in International Trade (Deventer 1985), p. 77.

23　例えば、フランスの法学者Niboyet、イギリスの法学者M. StoneとE. V. Wallace、アメリカ法学者M. Domkeは、この説の提唱者である。韓・注21前掲書28~29頁参照。

24　陳・注20前掲書7頁参照。

裁規則及び仲裁に適用される法律を選択する権利も持つこと。
　したがって、仲裁の法的性格は契約の範疇に属すべきである。

Ⅱ. 訴訟説（司法権説）

　訴訟説を唱えている学者たち[25]は、以下の二つの理由を上げている。
　①　仲裁は当事者間の仲裁合意（契約）に由来するにしても、仲裁合意の効力、仲裁廷の事案審理権力、仲裁人の行為及び仲裁判断の承認・執行は、国の法令により規制されること。
　②　現代国際社会において、民間的性格を有する仲裁機関は、国家法の授権に基づき事案を審理すること。
　したがって、仲裁は訴訟的な性格を有する。この説を主張しているフランスの法学者F. E. Klein も、「仲裁判断が裁判所の確定判決と同等の効力を有するから、仲裁の法的性格は訴訟（司法権）」の範疇に属すべきである」と述べた[26]。

Ⅲ. 混合説

　混合説の提唱者たち[27]は、仲裁の法的性格に関する以上の両学説とも偏頗なところがあると指摘して、実は、仲裁には「契約的性格」と「訴訟的性格」の混合体であると述べている。一方、仲裁は当事者間の仲裁契約に由来するから、仲裁契約は仲裁の基礎となり、他方、仲裁契約の効力と合法性は、国家法により確認されるのである。したがって、仲裁の法的性格は、二重性を有する。そしてこの説は世界の

25　この説の代表的な支持者は、イギリスの法学者F. A. Mann とフランスの法学者Klein である。宋・注11 前掲書11 頁、韓・注21 前掲書27~28 頁参照。

26　韓。注21 前掲書28 頁、陳・注20 前掲書7 頁参照。

27　法学者G. Sauser－Hall 教授は、1952 年の国際法協会会議でこの説を主張した。また J. Robert は、混合説に基づき仲裁を「自由的な司法制度」と喩えている。邵景春著『国際合同法律適用論』、北京大学出版社、1997 年版、437 頁、韓・注21 前掲書31 頁参照。

多くの法学者たちにより首肯されている[28]。

IV．自治説

この説は、仲裁の性格に関する新しい観点である[29]。自治説に基づき、仲裁は商人間の紛争解決の必要に応じて、自主的に発展してきた独立の制度である。仲裁契約の遵守と仲裁判断の履行は、国家裁判所の強制力に従うのではなく、商人間のモラル及び商慣習に服従するのである。したがって、仲裁の基本的な性格は、独立、自治の範疇に属すべきである。

以上の諸学説の中で、私は「混合説」に一定の合理性があると思うが、妥当だと思わない。何故かと言うと、仲裁の法的な性格から見れば、仲裁の基底にあるものは、当事者間の合意つまり仲裁契約なのであるが、仲裁契約は、国家法令によりその効力を確認され、仲裁判断は裁判所に強制執行されるのである。しかし、この学説には、仲裁の自治的な特徴が包含されていないから、完全に仲裁の法的な性格を表現できないと考えざるを得ない。したがって、仲裁には「契約」的、「訴訟」的、及び「自治」的三重の法的な性格が包摂されていると考えるべきである。それゆえ、筆者は、仲裁の法的性格について、「三者統合説」だと強く主張しようとする。

第三節　「承認」と「執行」

仲裁判断の承認と執行の問題を検討する前に、「承認」と「執行」の区別と関係を解明する必要がある。近代国家においては、私人間の

28　韓・注 21 前掲書 28 頁参照。
29　自治説は 1960 年代に Rubellin Devichi 女史が初めて主張したのである。韓・注 21 前掲書 32 頁参照。

紛争解決のための強制力を国家が独占しているため、国家が仲裁判断を承認し、これに強制力を与えることによって、仲裁が紛争解決の方法として認められることになる。すなわち、仲裁判断に国家法で一定の効力を認めることが仲裁判断の承認であり、そのような仲裁判断の内容を公権力によって実現することが仲裁判断の執行である。国際条約中にもこの二つの用語がしばしば出てくる[30]。「承認」と「執行」の関係は、前後関係と解釈してもよいであろう。仲裁判断の「執行」の段階に入る前には、「承認」の段階を経なければならない。したがって、「承認」は「執行」の前提要件である。さらに、1985年UNCITRALモデル法第35条第1項も、上述したように、両者の関係と区別を説明している[31]。

通常は、仲裁判断の既判事項（res judicata）が及ぶ者の間で訴訟が提起された場合に、その既判事項の効力（ただし、執行力は除く）が前提問題として争われるともに、その訴訟内で承認が行われる[32]。したがって、承認は防御手続である[33]。

これに対して国際商事仲裁判断の執行のためには、一定の手続が定められている。いわゆる執行判決を求める訴え[34]、または執行許容宣言申立[35]がこれである。執行判決、または執行許容宣言は、承認を前提としており、執行判決などが付与されるときは、承認要件[36]が欠けていないことも認定されているといってよい[37]。

---

30 例えば、1927年のジュネーブ条約と1958年のニューヨーク条約である。

31 仲裁判断は、いかなる国でなされたかにかかわらず、拘束力のあるものとして承認され、管轄裁判所に対する書面による申立によって、本条及び第36条の規定に従い、執行することができる。

32 既判事項の効力に関する訴訟は、仲裁の敗者側により提起され、仲裁の勝者側は、仲裁判断の有効性を理由にしてその判断の承認を裁判所に要求する。

33 A. Redfern & M. Hunter, Law and practice in International commercial Arbitration (2 nd ed. 1991), p. 448.

34 日本の公示催告手続及ビ仲裁手続ニ関スル法律第801条と第802条参照。

35 1998年ドイツ民事訴訟法第1041条、第1042条及び第1044条参照。

36 例えば、仲裁判断の取消事由の不存在である。

37 宋・注11前掲書27頁参照。

第四節　仲裁判断の承認・執行に関する国際条約及び主要国の国内法規定

　仲裁法の統一への努力は、20世紀に至ってはじめて最初の成果を上げた。それは1923年のジュネーブ議定書である。この議定書を補足するため、1927年にジュネーブ条約が締結された。そして、第二次世界大戦後、ジュネーブ条約に存する欠点が次々と指摘され、同条約に対する改善が強く求められ、ついに、1958年6月10日に、国連の主催で「外国仲裁判断の承認及び執行に関する条約」（ニューヨーク条約）が署名された。ニューヨーク条約は、外国仲裁判断の承認及び執行を促進するため、承認の要件をより容易にし、ジュネーブ条約の欠点を大幅に改善した。さらに、西側と旧共産圏諸国と貿易交流及び先進国の会社・個人の発展途上国への投資の特殊性に鑑み、ヨーロッパ条約及び投資紛争解決条約があいついで締結された。また、旧共産圏に属した東欧諸国には、それらの諸国の貿易協力を増強するため、モスクワ条約が締結され、さらに、ラテン・アメリカ諸国では、その地域の特殊性を重んじ、モンテビデオ条約、ブスタマンテ条約、パナマ条約が締結された。したがって、一国が同時に二つ以上の国際条約に加盟していることが多く、具体的事案の適用については、それぞれの相互関係を検討しなければならない場合も生じるのである。

　他国間条約だけではなく、友好関係及び経済交流を増進するため、同一の国際条約に加盟しているにもかかわらず、さらに、二国間において、それぞれの領域内またはその国民によってなされた仲裁判断の承認及び執行に関する条項を含む、幅広い友好通商航海条約が締結されることも稀ではない。国際条約の加盟国と非加盟国との間にも、同旨の二国間条約が締結されている場合もある。

　条約は、国際商事仲裁判断の承認及び執行に関し、ほとんど原則的な規定をおくにとどまり、特に国際条約は、留保の上に留保を加えるといった傾向がある。例えば、ニューヨーク条約は、同条約の適用範

囲を制限する留保[38]のほかに、外国仲裁判断の承認及び執行の手続を
ほとんど国内法に委ねている[39]。コモン・ローの諸国は、条約や制定
法の他に、「善と衡平（ex aequo et bono）」、「正義と公正の
一般原則」だけではなく、さらに「商人法（lex mercatoria）」と
いわれる商慣習法さえ適用する[40]。これらの法規の相互関係は、複雑
極まりないものである。以下では、その相互関係を分析してみる。

Ⅰ．国際条約

（1）モンテビデオ条約とブスタマンテ条約

中南米諸国間[41]では、1889年1月11日にモンテビデオで民事手続
に関する条約を採択した。この条約には仲裁判断の承認及び執行に関
する規定[42]がある。1940年の同条約の修正案では、判決と仲裁判断と
を同様に扱い、その承認・執行に関してかつての条約よりも詳しい
規定[43]を設けている。しかし、1940年条約はアルゼンチン、パラグア
イ、ウルグアイが批准したにとどまった。第二次世界大戦後、大部分
の中南米諸国はニューヨーク条約の締約国となったが、現在（1997年
9月まで）ではブラジル、パラグアイのみはその締約国ではない[44]。
また1928年2月20日に、ハバナで採択された国際私法に関する条約
（いわゆるブスタマンテ条約）では外国判決の執行については詳しい

---

38 ニューヨーク条約の第1条第3項は「相互留保」と「商事留保」と規定している。

39 ニューヨーク条約の第3条と第5条参照。

40 例えば、1996年イギリス仲裁法第46条第1項（b）である。佐藤・注5前掲論文（4・完）の同誌1998年9月号2頁参照。

41 主要国は、アルゼンチン、ボリビア、パラグアイ、ペルー及びウルグアイなどである。周暁燕編『解決渉外経済糾紛的法律与実務』、中信出版社、1999年版、67頁参照。

42 同条約の第5ないし第7条参照。飯塚重男「日本が締約となっていない多数国間条約」小島＝高桑・注11前掲書832頁。

43 同条約の第3編第5ないし第9条参照。周・注41前掲書67頁。

44 「連合国《関於承認及執行外国仲裁裁決公約》締約国名単」、『仲裁与法律通迅』、1998年8月号、71～74頁参照。

規定がある[45]が、仲裁に関してはほとんど何も規定していない。

(2) ジュネーブ議定書とジュネーブ条約

1923年9月24日、国際連盟の主催の下で、スイスのジュネーブで「仲裁条項に関する議定書」（ジュネーブ議定書）が署名された[46]。同議定書では、締約国はそれぞれ異なる締約国の裁判権に服する当事者間において、商事またはその他の仲裁による解決が可能な事項に関する現在または将来発生する紛争を仲裁に付託する合意の効力を、各締約国が承認する[47]。当事者双方が同一締約国の裁判権に服する場合、同議定書を適用することはできない。前記の合意（仲裁契約）が有効に存在するにもかかわらず、一方の当事者が締約国の裁判所に訴えを提起した場合に、他方の当事者が仲裁契約の存在を主張したときは、裁判所は仲裁手続による解決に付さなければならない[48]。しかし、前記の合意に基づく仲裁人の判断は、各締約国の領域内においてなされたものに限り、その締約国の法令に従って執行する[49]。この議定書は、外国での仲裁合意の承認にとどまり、同議定書の適用のある仲裁合意に基づいてなされた仲裁判断を、他の締約国の領域内おいて執行させることを取り決めておらず、この点についてジュネーブ議定書の不備といわれるところである。これに鑑みて、1927年に外国仲裁判断の執行に関する条約（ジュネーブ条約）が採択され、この点を補足することとなった。したがって、同議定書は、ジュネーブ条約の不可欠の一部分であるといえよう。

ジュネーブ議定書の締約国は、アルバニア、イラク、ノルウェー、ブラジル、ポーランド、モナコ6ヶ国を除いて、すべてジュネーブ条

---

45 同条約の432条参照、陳・注20前掲書28頁。
46 この議定書の締約国は合計で34ヶ国である。大隈一武著『国際商事仲裁の理論と実務』、中央経済社、1996年版、133頁参照。
47 同議定書第1条参照。
48 同議定書第4条参照。
49 同議定書第3条参照。

約に加盟しており[50]。さらに、ジュネーブ条約の加盟国はミャンマー、マルタ2ヶ国を除いて、すべてニューヨーク条約に加盟している[51]。そして、ニューヨーク条約第7条第2項の規定によると、加盟国がこの条約によって拘束されるときから、ジュネーブ議定書及びジュネーブ条約は、その効力を失う。したがって、今日では、ジュネーブ議定書の重要性はほとんどない。しかし、同議定書は商事仲裁に関する国際範囲における最初の成果であったことは、評価されるに値する。

上述したジュネーブ議定書の欠点を補うため、1927年9月26日、「外国仲裁判断の執行に関する条約」（ジュネーブ条約）が採択された[52]。両条約を統一するために、ジュネーブ条約は、次のような規定を設けた。すなわち、締約国の領域内においてジュネーブ議定書の規定している現在または将来の紛争に関する合意に従ってなされた仲裁判断の効力を認め、かつ、その判断は援用された領域の手続規定に従って執行される[53]。

ジュネーブ条約には、前述の承認及び執行に可能にするため、以下の要件を定めている。a．判断が関係適用法令により有効な仲裁付託に従ってなされたこと。b．判断の目的たる事項が判断の援用された国の法令により仲裁による解決が可能なものであること。c．判断が仲裁に付託に定める仲裁裁判所によって、または当事者の合意による方法で、かつその仲裁手続に適用される法令に従って構成された仲裁裁判所によってなされたものであること。d．判断が、その判断がなされた国において確定したこと。判断について異議の申立、控訴若しくは上告をすることができるとき（このような手続の形式が存する国の場合）、または判断の効力を争うための手続が係属中であることが証明されたときは、確定したものとは認められない。e．判断の承認

---

50 「国際商事仲裁システム高度化研究会報告書」、『JCA ジャーナル』、1996年6月増刊号、147~150頁参照。

51 注44前掲『仲裁与法律通迅』71~74頁参照。

52 この条約の締約国は合計で28ヶ国である。 大隈・注46前掲書134頁参照。

53 同条約第1条参照。

または執行が、判断が援用される国の公序またはその国の法の原則に反しないこと[54]。

これらの要件を備えている場合でも、裁判所が次のことを認めるときは、判断の承認及び執行の申立は拒否される。ａ．判断が、その判断がなされた国において無効にされたこと。ｂ．判断が不利益に援用される当事者が、防御をすることができる適当な時期に仲裁手続に手続について通告を受けなかったこと、またはその当事者が、無能力者であって正当に代理されていなかったこと。ｃ．判断が仲裁付託の条項に定める紛争若しくはその条項の範囲内にある紛争に関するものではないこと、または判断が仲裁付託の範囲を超える事項に関する判定を含むこと。しかし、判断が仲裁裁判所に付託されたすべての問題を包含していない場合において、判断の承認または執行を求められた国の権限ある機関は、適当と認めるときは、その承認または執行を延期し、またはその機関が定める保証を条件として承認を与え、若しくは執行を許すことができる[55]。

ジュネーブ条約の規定する外国仲裁判断の承認または執行の要件は厳しく、その要件が具備しているか否かは、仲裁判断の承認または執行を求める当事者が立証しなければならない[56]。特に、同条約第１条第２項ｄ号の「判断がそのなされた国において確定した」ことを立証するためには、事実上、仲裁判断がなされた地の司法裁判所にその判断の承認を申立てる必要がある。すなわち、仲裁地及び執行地の裁判所に承認を求める「二重の承認（double exuequatur）」の手続を必要とするのである。また同条約第２条の規定する事由の有無は、被申立人の抗弁を待たずに、裁判所が職権によって審査することができる。裁判所がその事由の存在を認めたときには、当該裁判所は、仲裁判断の承認または執行の申立を拒否すべきである。結果として、仲裁

---

54 同条約第１条第２項参照。

55 同条約第２条参照。

56 同条約第３条第３項参照。

判断の敗者が自主的に履行しないとき、仲裁判断のなされた国以外の締約国内で仲裁判断の承認及び執行を求めることは、至難なこととなる。

現在では、ニューヨーク条約の登場により、ジュネーブ議定書及びジュネーブ条約は、その重要性がほとんど失われてしまった。しかし、この二つの条約は、国際商取引の発展と国家間の協力を促進するために、国際商事仲裁法の統一を試みる方向へ大切な一歩を踏み出した[57]。さらに、両条約は、その後のニューヨーク条約の誕生のためにも、堅実な基礎を築いた。

(3) ニューヨーク条約

このように、ジュネーブ議定書及びジュネーブ条約の規定する外国仲裁判断の承認の要件は厳しく、仲裁判断の勝者に課せられた立証責任は重い。またその適用範囲は、それぞれ異なる締約国の裁判権に服する者の間で締約国の領域内においてなされた仲裁判断の承認及び執行に限られている。それぞれ異なる締約国の裁判権に服する者より生じた紛争に対し、締約国以外の国の領域内においてなされた仲裁判断、若しくは締約国の裁判権に服すると非締約国に服する者との間の紛争で、締約国または非締約国の領域内においてなされた仲裁判断には、同条約は適用されない。また「裁判権に服する者」とは、その者の国籍を意味するか、あるいはそれは居所またはその他のものを基礎とするのかが問題となる[58]。したがって、この二つの条約は、急激に増加しつつある国際貿易に対応できない。国際商取引から生ずる紛争の解決について仲裁が利用されるようになると、新条約の作成を求める気運が生じてきた。このような状況の下に、国際商業会議所（ICC）が、1953年5月に新たな条約の草案を作成し、これを国連連

---

57 A. Redfern & M. Hunter, Law and Practice of International Commercial Arbitration (2 nd ed. 1991), p. 455.
58 呉松枝「外国仲裁判断の承認と執行—1958年6月10日のニューヨーク条約を中心として—(2)」、『JCA ジャーナル』、1988年7月号、2頁参照。

合経済社会理事会に提出した[59]。同草案の意図は、以下のように要約できる[60]。

① 条約の適用範囲を拡大するために、ジュネーブ条約のもとで必要とされていた仲裁地と当事者という二重の要件を緩和すること。

② 仲裁手続は国家の手続法（仲裁地法である場合が多い）に準拠する必要はない。仲裁判断の効力は直接に当事者の仲裁契約に由来する。

③ 仲裁判断は仲裁地において最終的（final）である必要はない。少なくとも当事者に対して拘束的（binding）であれば新条約の適用があるものとする。そのことはつまり、執行を求める当事者は、仲裁判断が仲裁地において最終的であり、執行可能（enforceable）であることを証明する必要はない。

1954年の4月6日の経済社会理事会本会議で、この草案の検討のための特別委員会が設置された[61]。合計13回の討議を重ねた後[62]、この特別委員会は、1955年3月28日に「外国仲裁判断の承認と執行に関する条約案」を作成し、これを経済社会理事会に報告した。ICC草案の期待値が高すぎる[63]のに鑑みて、特別委員会の草案は多くの面でICC草案と異なっている。結局、1956年5月3日、経済社会理事会は、この「外国仲裁判断の承認及び執行に関する条約案」を基礎に、条約を締結するための国際会議を招集することを決議し、1958年5月20日から同年6月10日までの期間、ニューヨークの国連本部において、英、米、仏、独、日など47ヶ国の代表がこの条約の締結のため

---

59 宋・注11前掲書43頁参照。
60 小川秀樹「ニューヨーク条約の適用範囲について（2）」、『JCA ジャーナル』、1985年9月号、11頁参照。
61 委員会のメンバーは、オーストリア、ベルギー、エクアドル、エジプト、インド、スウェーデン、旧ソ連及びイギリスの8ヶ国から構成される。
62 宋・注11前掲書43頁参照。
63 Rene David, Arbitration in International Trade (Kluwer 1985), p, 145.

の国際会議に参加した[64]。会議最終日の6月10日、全文16ヶ条からなる新条約は採択された。現在のところ、国際商事仲裁判断の承認及び執行に関する他国間条約として、ニューヨーク条約はもっとも脚光を浴びるものである。詳細な内容は、第二章以下に譲ることとする。

(4) ヨーロッパ条約

ニューヨーク条約は、外国仲裁判断の承認及び執行の拒否事由を規定しているが、仲裁人の選定や仲裁裁判所の組織など[65]については、当事者の約定または国内法に委ねている。1990年までに、ヨーロッパは経済制度の異なった二つのグループに分かれた。そこで、当時の東西間の貿易に関する紛争をより円滑に解決しようとして、ニューヨーク条約より詳しいヨーロッパ条約の締結に至ったのである。

ヨーロッパ条約はニューヨーク条約の適用範囲と違って、国際商取引から生ずる紛争を解決するために締結した仲裁合意及びその合意に基づく仲裁手続及び仲裁判断に関する事項に限るものである[66]。またヨーロッパ条約では、仲裁契約を締結する当事者は、異なる締約国に恒常的住所または所在地を有する自然人または法人に限られている[67]が、ニューヨーク条約は、当事者の国籍、住所のいかんを問わず、締約国が相互主義を宣言した場合には、その国の領域内においてなされた判断を、また相互主義を宣言しない場合には、すべての外国でなされた判断または締約国が内国判断と認めない判断を、その適用対象としている[68]。ヨーロッパ条約の適用できる仲裁判断の範囲は、ニューヨーク条約より狭いが、ヨーロッパ条約は仲裁人の選定、仲

---

64 喜多川篤典著『国際商事仲裁の研究』、東京大学出版会、1978年版、98頁参照。
65 ニューヨーク条約第3条参照。
66 ヨーロッパ条約第1条第1項 (b) ［飯塚重男訳］小島＝高桑・注7前掲書843頁参照。
67 ヨーロッパ条約第1条第1項 (a) 参照。
68 J. A. Van den Berg, The New York Arbitration Convention of 1958 (Kluwer 1981), p. 15.

裁裁判所の組織及びその機能を規定しているので[69]、この点に関し、ニューヨーク条約より広い範囲を有する。これは、当時東西間貿易から生ずる紛争の解決を、念頭においたものであると思われる。

　ヨーロッパ条約の規定する仲裁契約は、ニューヨーク条約と同じく書面を必要としているが、往復文書、電報通信の外に、さらにテレックス通信をも明文で規定した[70]。ニューヨーク条約はテレックスを明記していないが、テレックスの作用は、電報と同じであるので、解釈上、テレックス通信も書面に含まれると解されている[71]。またニューヨーク条約は同条約の第7条第1項の解釈により、書面性を要求しない国内法の適用を認めているが、ヨーロッパ条約は、その書面性を要求しない締約国においては、その国内法によれば足りると明文化されている[72]。当事者が恒常的住所または所在地を有する異なった締約国の法律がそれぞれ書面性を要求しない場合には、別に問題にならないが、一方の当事者の国内法だけが書面性を要求しない場合、結局、同条約第7条第1項の規定によって、当事者が自由に準拠法を決めるか、または抵触規則によって妥当な法律を適用することになるであろう。

　ヨーロッパ条約が公法人の締約権を特に掲げた[73]のは、旧東欧共産圏諸国の企業体が公法的性格を有するからである。しかし、公法人の仲裁能力について各国はその留保をなしうるとされている[74]。また外国の国民を仲裁人に選定することができ[75]、すなわち、外国仲裁人の

69　ヨーロッパ条約の第3、4、5、6条参照。

70　ヨーロッパ条約第1条第2項（a）参照。

71　現在では、テレックスの外に、FAXのごとく、交信記録が残る通信手段によるものもこれに含まれると解すべきであろう。高桑昭「外国仲裁判断の承認及び執行に関する条約」、小島＝高桑・注7前掲書369頁参照。

72　ヨーロッパ条約第1条第2項（a）参照。

73　ヨーロッパ条約第2条参照。

74　一般的に国家は外国の裁判権に服することを好まないから、国家は、仲裁能力が排除されるのが通例である。飯塚重男「日本が締約国となっていない多数国間条約―国際商事仲裁に関する欧州条約」、小島＝高桑・注7前掲書836頁参照。

75　ヨーロッパ条約第3条参照。

関与は、仲裁判断の承認または執行の拒否事由とはなりえない。

ヨーロッパ条約第9条第1項によると、同条約の適用範囲とする仲裁判断は、次の理由の一つによりそれが取り消された場合にのみ、他の締約国における承認または執行の拒否事由を構成する。

（a）仲裁契約の当事者が、その当事者に適用される法律により無能力であったこと、または仲裁合意が、当事者がその準拠法として指定した法律により、若しくはその指定がなかったときは仲裁判断がなされた国の法律により有効でないこと。

（b）仲裁判断の取消を求める当事者が仲裁人、選定若しくは仲裁手続について適当な通知を受けなかったこと、またはその他の理由により防御することが不可能であったこと。

（c）仲裁判断が仲裁付託の条件に定められていない紛争若しくはその条件の範囲内にない紛争に関するものであること、または仲裁判断が仲裁付託の範囲を超える事項に関する判定を含むこと。ただし、仲裁に付託された事項に関する判定が分離できる場合、その部分に関して取り消すことはできない。

（d）仲裁機関の構成または仲裁手続が当事者の合意に従っていなかったこと、またはそのような合意がなかったときは、同条約の規定に従っていなかったこと。

また、ニューヨーク条約に加盟している同条約の締約国は、ニューヨーク条約第5条第1項（e）[76]の適用について、前記の事由による取消のみに制限する[77]。ヨーロッパ条約第10条第7項によると、同条約の規定は、締約国の締結した仲裁に関する他国間または二国間の協定の効力に影響を及ぼさない。ヨーロッパ条約とニューヨーク条約が競合した場合、ヨーロッパ条約第10条第7項を援用して、ニューヨーク条約を適用することができる。ニューヨーク条約の適用を制限

---

[76] 判断が、まだ当事者を拘束するものとなるに至っていないことまたは、その判断がされた国若しくはその判断の基礎となった法令の属する国の権限のある機関により、取り消されたか若しくは停止されたこと。

[77] ヨーロッパ条約第9条第2項参照。

しないと、ニューヨーク条約第5条第1項の適用により、ヨーロッパ条約第9条第1項の規定を排斥する可能性がある。ニューヨーク条約による承認拒否を減少しようとして、ヨーロッパ条約第9条第2項に次の制限を設けた。すなわち、両条約が競合した場合、ニューヨーク条約第5条を適用するとき、同条第1項（e）の規定する取消は、ヨーロッパ条約第9条第1項に掲げた事由によるものに限られるのである。

ヨーロッパ条約第9条第1項の（a）から（d）までの規定は、事実上、ニューヨーク条約第5条第1項の（a）から（d）までの規定と同じ内容である。同条第2項の制限は、ニューヨーク条約第5条第1項（e）号による取消が国内法違反を公序違反としてはならないとするが、ヨーロッパ条約の第10条第7項を援用してニューヨーク条約を適用し、公序違反を理由に、仲裁判断の承認または執行を拒否することは不可能ではない[78]。しかし、国際商事仲裁判断の承認にあたり、公序に関する各国の解釈は狭く[79]、この危惧はあまりないと思われる。

拒否事由に関する面においては、ニューヨーク条約よりヨーロッパ条約のほうが緩やかである。したがって、ヨーロッパ条約は、ニューヨーク条約の不備を補うことができる[80]。

(5) 投資紛争解決条約（ワシントン条約）

第二次世界大戦後、戦災からの復興及び発展途上国への投資を促進するため、国際復興開発銀行（世界銀行）が設立された。世界銀行は、戦争被災国及び発展途上国にかなりの融資を行ったが、同銀行は各国の出資によって資金を集めているので、その力に限界がある。したがって、一方では経済発展のために、国際的な民間投資に頼らなけ

---

78 呉・注58前掲論文 (2) 4頁参照。
79 朱克鵬著『国際商事仲裁的法律適用』、法律出版社、1999年版、300~301頁参照。
80 A. J. Van den Berg, The New York Arbitration Convention of 1958 (Kluwer 1981), p. 96.

ればならない。他方、発展途上国は資金が乏しく、大型の企業が少なく、多くの場合は、国自体が経済建設の責任を担わなければならない。すると、投資者は先進国の民間人であるのに対し、投資受入者は政府であることとなる。両者の間に紛争が生じたとき、その解決を国内の訴訟手続に頼ると、政府の威信にもかかわるし、投資者のほうもその公平に疑問を抱くことになろう。投資者がその本国の外交保護に頼ると、大国の強権外交になりかねない。このような事態は、国際平和と協力を促進するためには、好ましいことではない。そこで、世界銀行の提唱によって、当事者の同意の下で紛争を国際的調停または仲裁に付託できるための国際機構として、投資紛争解決国際センター（ICSID）が設立された。このセンターを利用するために、「国家と他の国家の国民との間の投資紛争の解決に関する条約」（通称は投資紛争解決条約またはワシントン条約である）が、1965年3月18日にワシントンで締結された。

投資紛争解決条約による仲裁の一方の当事者は、締約国であり、他方の当事者は他の締約国の国民である[81]。他の締約国の国民とは、仲裁に付託することに同意した日、かつ仲裁の請求が同センター事務局長に登録された日に、紛争当事者である国以外の締約国の国籍を有する自然人または法人である者をいう[82]。また紛争の内容は、投資に関するものに限る[83]。

この規定による条約適用範囲は、あまりにも狭すぎて、1978年9月に補充利用規則（additional facility）が制定された。これによると、（a）紛争の当事国若しくは当事者の本国のいずれかの一方が同条約の締約国でないという理由で、センターの管轄に属さなかった紛争の仲裁。（b）紛争が投資から直接に生じたものでないがためにセンターの管轄に属さなかったものであり、その際、当事国若しくは

81　同条約第1条第2項参照。
82　同条約第25条第2項（a）参照。
83　同条約第1条第2項参照。

当事者のいずれかの一方が条約の締約国である場合に、その紛争の仲裁。(c)事実発見の手続、などについても同規則を利用できるようになった[84]。

補充利用規則において、投資紛争解決条約の利用範囲が拡大され、一方の当事者または当事者の本国が投資紛争解決条約の締約国であれば、投資から生じたまたは投資から直接生じたものでない紛争にも、同センターは利用されうる。投資には、資金供与だけでなく、技術、特許、資材、労務などの供与も含まれる。これらの投資活動に関する権利侵害または損害賠償などに関し紛争が生じた場合には、当事者双方の同意で、同センターに仲裁を求めることができる。

ICSIDセンターの仲裁裁判所によりなされた仲裁判断に関して、各締約国は、その判断を拘束力あるものとして承認し、また、その判断を自国の裁判所の確定判決 (final judgment) とみなして、その仲裁判断によって課された金銭上の義務は、その領域において執行される[85]。その執行方法は、執行が求められている領域の属する国で現に適用されている判決の執行に関する法令に従って行われている[86]。しかし、締約国の現行法に自国または他の締約国を執行から免除する規定[87]があれば、その法令に従う[88]。次に「執行免除」と関係する事例を紹介しよう。

ICSID仲裁判断の承認及び執行が求められた一つの事例は、1986年3月31日に言渡されたLiberian Eastern Timber Corporation

---

84 小川秀樹「ICSIDにおける仲裁」、『JCAジャーナル』、1984年2月号、15頁、また呉・注58前掲論文 (2) 5頁参照。

85 同条約第54条第1項参照。

86 同条約第54条第3項参照。

87 例えば、主権免除の規定である。オランダの高名な国際商事仲裁専門家ヴァン・デン・ベルグ (Van den Berg) 教授の見解は、紛争 (軍事戦争などの特例を除いて) がICSID仲裁に付託されたときには、その当事国がすべての免除権 (仲裁判断の執行免除を含む) を放棄したとみなされるべきである。A. J. Van den Berg, "Recent Enforcement Problems under The New York and ICSID Convention", Arbitration International (1989). Vol. 5, p. 13.

88 同条約第55条参照。

（以下ではLETCOと略称）v. Government of The Republic of Liberia事件[89]の承認及び執行に関する訴訟である。この事件は、ICSID仲裁裁判所で命じられた損害賠償のリベリアによる不払いに対して、LETCOがニューヨーク南部地区連邦地方裁判所に強制執行を求めたことから生じた。連邦地方裁判所は1986年9月5日にLETCOの申立を認め、ニューヨーク南部地区連邦執行官に執行令状を発給した[90]。これに対してリベリアは、執行の対象となった財産が1976年の外国主権免除法上執行免除を享有すると主張し、9月5日の判決全体の取消または執行令状発給の取消を求めて再度提訴した。連邦地方裁判所によって1986年12月12日に言渡された判決[91]において争点は二つあった。第一の争点は、アメリカが外国主権免除法第1604条及び1605条上、仲裁判断に基づく判決登録のために、事物管轄をもつのかということである。これについて裁判所は、リベリアが投資紛争解決条約とICSID仲裁を規定したコンセッションに署名したことで、アメリカにおける裁判権免除を放棄したと判示し、9月5日の判決の取消を認めなかった。

第二の争点は、裁判権免除が否認された上で、外国主権免除法第1609条及び1610条上、強制執行令状がリベリア資産に対して発給できるかということである。裁判所は投資紛争解決条約第55条を引用した後に、執行の対象となるリベリア資産が外国主権免除法第1610条a項に執行免除例外として規定された「米国内で商業活動」に使用されたものかどうかについて検討する。裁判所は、結局当該資産を主権的であるとみなし、連邦執行官に対して資産の差押の解除を命じた。

---

89 A. J. Van den Berg, "Recent Enforcement Problems under The New York and ICSID Convention", Arbitration International (1989). Vol. 5, p. 12. 黒田英治「ICSID仲裁判断の承認・執行の法構造」、早稲田法学会誌44号（1994）、197頁〜199頁、宋・注11前掲書206〜208頁参照。

90 黒田・注89前掲論文197頁参照。

91 黒田・注89前掲論文197頁参照。

12月12日の判決は、リベリアがICSID仲裁に同意したことで裁判権免除を放棄したと述べている。そこで、このことが外国主権免除法の免除の例外に該当し、裁判所の管轄権が設定されることになる。しかし、リベリア資産に対する強制執行は、外国主権免除法第1610条a項に従ってその資産が商業用と特定できないために否認された。このように判決は主に外国主権免除法上の論点を扱い、投資紛争解決条約の解釈に直接取り組んでいない。ただこの判決も、リベリアに対する執行許可判決を取消さず、強制執行令状の発給だけを否認することによって、結果的には締約国の承認及び執行義務が執行可能性を認めることに限定され、強制執行がそれには含まれないことが示唆されている。

この事例について、アメリカの裁判所は、締約国の国内裁判所が条約によって設定された「承認及び執行」手続に従って強制執行を義務づけられることはない、とする条約の解釈を行ったのである。

また、投資紛争解決条約によると、仲裁判断は、センター事務局長の認証謄本が両当事者に発送された日に行われたものとみなし[92]、仲裁判断は両当事者を拘束し、それに対しては、同条約に規定していない如何なる上訴その他の救済手段も許されない[93]。しかし、一定期間内に当該仲裁裁判所に訂正を求め、またはセンター事務局長に書面で解釈、再審、取消を求めることができる。このような請求があった場合、当該仲裁判断を行った裁判所または新たな裁判所は、その請求の許否を決定する[94]。ここに、仲裁判断がなされた日に拘束力を生ずるのか、または判断の認証謄本が当事者に送達された日に拘束力を生ずるのか、それとも解釈、再審、取消などの請求期間の経過後に拘束力を生ずるのかが問題となる。解釈、再審、取消の要求があった場合、

---

92 同条約第49条参照。
93 同条約第53条参照。
94 同条約第49、50、51、52条参照。

その請求により、暫定的に執行が停止される[95]、などの規定からみると、仲裁判断の拘束力の発生は、解釈、再審、取消を求める期間の経過を必要としないと思われる。また、訂正、解釈の請求期間の開始は送達日ではなく、仲裁判断のなされた日に発生すると思われる。

本条約とニューヨーク条約の加盟国数は、国際条約の中でもっとも多いのである[96]が、本条約は、仲裁手続の当事者及び紛争の性格に制限があるので、国際商取引に関する仲裁判断の承認または執行に、同条約を援用することができない。したがって、投資紛争解決条約は、国際商事仲裁判断の承認・執行に対し、重要性が乏しいと考えられる。

(6) モスクワ条約

旧東欧共産圏諸国の社会経済体制の特異性に鑑み、それぞれの経済関係を強化するため、旧東欧諸国は、1972年5月26にモスクワで「経済・科学・技術協力関係により生ずる民事紛争の仲裁による解決に関する条約」（モスクワ条約）を締結した[97]。この条約に基づき、1974年に「COMECON[98]諸国の商業会議所仲裁裁判所の仲裁手続に関する統一規則」が制定され[99]、この規則の第35条によると、仲裁裁判所の判断は最終的（final）であり、控訴は許されないとされている。

モスクワ条約第6条によると、同条約の規定する事項について、締約国が以前に締結した二国間または多国間の条約は、加盟国間において適用されないとされている[100]。すなわち、旧東欧諸国間では、そ

---

95 同条約第50条第2項、第51条第4項、第52条第5項参照。

96 序章の第三節参照。

97 石川惣太郎「モスクワ仲裁条約―1972年経済及び科学・技術協力関係から生ずる民事法紛争の仲裁による解決に関する条約―」、小島＝高桑・注7前掲書860頁参照。

98 COMECON は 経済相互援助会議の英文縮写で、いわゆるコメコンである。当該組織は1991年に解散された。高桑・注3前掲書15頁参照。

99 鈴木輝二「コメコン加盟国の商業会議所仲裁裁判所統一手続規則」、小島＝高桑・注7前掲書778頁参照。

100 石川・注97前掲論文、小島＝高桑・注7前掲書862頁参照。

れぞれの商業会議所仲裁裁判所のなした仲裁判断の承認及び執行に関して、もっぱ[101]モスクワ条約が適用される。当時、COMECONの加盟国は、モンゴル を除いて、すべてニューヨーク条約に加盟していたが、本条の規定によりニューヨーク条約は、COMECONの加盟国においてもはや適用されない。

モスクワ条約は、異なる締約国の経済団体が経済・科学・技術協力に関する契約から生じたすべての紛争について、強制的に被申立人の所属する国の商業会議所の仲裁裁判所の仲裁に付託することを義務づけている[102]。仲裁裁判所のなした仲裁判断は、司法裁判所による確定判決の効力を有し、特別の登録または承認の手続を必要としないで、他の締約国において執行される[103]。その執行方法は、司法裁判所によってなされた確定判決の執行と同じ方法である[104]。また執行の拒否事由も、ニューヨーク条約及びヨーロッパ条約の規定内容と、ほとんど同じである[105]。

旧ソ連の解体、コメコンの解散に伴なって、この条約の重要性はまったく失われてしまったと考えられる。

(7) パナマ条約

ラテン・アメリカ諸国の世界的規模の国際条約に対する消極的態度[106]に鑑み、米州国家組織（Organization of American States）は、1975年6月6日からパナマで国際私法に関する特別会議を開催し、6月30日に「国際商事仲裁に関する米州国家間条約（パナマ条

---

101 モンゴルは、1994年10月24日にニューヨーク条約に加盟した。注44前掲誌71頁参照。
102 同条約第2条第1項参照。
103 同条約第4条第2項参照。
104 同条約第4条第2項参照。
105 宋・注11前掲書48頁参照。
106 ジュネーブ議定書にはブラジルしか加入しておらず、ジュネーブ条約については一国も加入してない。ニューヨーク条約に関し、ラテン・アメリカの最大国ブラジルは今まで加入していない。注50前掲誌147~150頁参照。

約)」を採択した[107]。

パナマ条約第4条によると、仲裁判断は、その適用された法律または手続規則により上訴できないときに確定判決の効力を有し、司法裁判所の判決と同じ方法で承認または執行される。第3条によると、当事者に明白な特段の合意がない限り、仲裁は、米州国家間商事仲裁委員会（Inter－American Commercial Arbitration Commission）の手続規則によって行われる。この手続規則第32条第2項は、判断が当事者に対し最終的（final）かつ拘束力を有する（binding）旨を定めている[108]。承認の拒否事由については、大筋において、ニューヨーク条約第5条の規定が採用されている[109]。この条約は、前述の米州地域間各条約[110]による「二重の承認」を廃止し、外国仲裁判断の承認及び執行を容易ならしめている。この点については、評価されるべきである。

パナマ条約は、加盟国にとって、外国仲裁判断の承認・執行の条件を改善したとはいえ、仲裁判断の国際的承認という目標については、その貢献度が少ないであろう。

(8) オーマン条約

1987年、ヨルダンの首都オーマンでは「オーマン・アラブ国家間の国際商事仲裁に関する条約（オーマン条約）」が採択された。この条約は、アラブ世界にのみ適用される[111]。加盟国は、アルジェリア、イラク、ヨルダン、レバノン、モロッコ、スーダン、シリア、リビアなどのアラブ国家である[112]。同条約は、仲裁機関、仲裁管轄の範囲及

107　岩崎一生「国際商事仲裁に関する米州国間条約（パナマ条約）」、小島＝高桑・注7前掲書871頁参照。

108　小島＝高桑・注7前掲書826頁参照。

109　パナマ条約第5条参照。

110　モンテビデオ及びブスタマンテ条約を指す。

111　オーマン条約の規定により、仲裁に使用された言語はアラブ語でなければならい。宋・注11前掲書50頁参照。

112　宋・注11前掲書49頁、周暁燕著『解決渉外経済糾紛的法律与実務』、中信出版社、

び仲裁手続の規則などについて規定しているが、仲裁判断の承認・執行については何も規定していない[113]。

オーマン条約の最大な特徴は、アラブ地域内でしか通用しないことである。したがって、この条約は国際的影響力をあまり有しないと思われる。

II. 二国間条約

前述の多国間条約のほかに、二国間の友好通商航海条約の中で、それぞれの国民の間またはそれぞれの領域内でなされた仲裁判断の承認及び執行に関する条項が、定められている場合がある。ジュネーブ条約第5条、ニューヨーク条約第7条第1項、ヨーロッパ条約第10条第7項はいずれも、加盟国の締結した仲裁に関する多国間または二国間の協定の効力に影響を及ぼさないとしている。したがって、多くの国がニューヨーク条約に加盟しているのにもかかわらず、二国間の条約が適用されることもありうる。それゆえ、二国間条約の規定内容が、ニューヨーク条約の規定内容と異なる場合、その二国間条約の内容を探求する必要もあるが、二国間条約の大部分は、締約国がニューヨーク条約に加盟する前に締約したものであり、その規定内容はほとんどニューヨーク条約の規定内容より簡単である。したがって、ニューヨーク条約の規定により、二国間条約の適用は可能であるが、実際にこれを適用する機会は少ない。

ここでは、中国との貿易関係がもっとも密接である日本とアメリカを例[114]に、検討を試みる。

1998年版、69頁参照。
113 判断の承認及び執行について、1985年「リヤド司法協力条約」の規定により行われる。周・注112前掲書69頁参照。
114 2000年まで中国の主要な貿易パートナーとして、日本とアメリカがずっと1、2位をしめている。（人民日報海外版2001年1月14日）

(1) 日本

　日本の例を見ると、日本は、合計 13 の国との間に、国際商事仲裁判断の承認及び執行に関する規定を含む二国間の条約を締結している[115]。これらの国々のうち、ニューヨーク条約の締約国でない国は二国[116]だけである。これらの国との間では二国間条約の規定が適用される。他の国々はニューヨーク条約に加盟しているので、二国間条約、ニューヨーク条約における条約間の抵触の問題ということになる。ニューヨーク条約第 7 条第 1 項は、その文言から明らかなように、同条約の締約国が締結する他の多数国間条約及び二国間条約の効力に影響を及ぼすものでなく、当事者は仲裁判断の援用する国で認められている権利を、この条約の規定によって奪われることはないという趣旨である。すなわち、二国間条約の規定によって仲裁判断の承認・執行を求めることをあえて妨げないという趣旨である[117]。また、二国間条約の効力が生じた後に両国においてニューヨーク条約が効力を生じたときには、両締約国間で二国間条約をそのまま存続させても、ニューヨーク条約が優先すると解されたり、ニューヨーク条約によって修正されたと解することは適当ではない[118]。中日貿易協定[119]を例に挙げれば、その第 8 条第 4 項に「両締約国は、仲裁判断について、その執行が求められる国の法律が定める条件に従い、関係機関によって、これを執行する義務を負う」との定めが置かれている。この規定は仲裁判断の執行手続に関する規定であり、執行の前提となる承認の要件に関する規定ではない。中日ともにニューヨーク条約に加盟して

115　高桑・注 3 前掲書 165 頁参照。

116　パキスタンとエル・サルバトルである。注 50 前掲誌 147、149 頁参照。

117　猪股孝史「外国仲裁判断の執行」、『比較法雑誌』、23 巻第 2 号（1989）、43 頁、高桑昭「外国の仲裁判断の執行の承認及び執行に関する条約」、小島＝高桑・注 7 前掲書 389 頁参照。

118　高桑・注 3 前掲書 178 頁参照。

119　全称は「中華人民共和国と日本国との間の貿易に関する協定」である。1974 年 6 月 22 日に発効した。田中信行「中国の仲裁とその展望―国際商事仲裁制度を中心として―（4 完）」、『JCA ジャーナル』、1986 年 10 月号、10 頁参照。

おり、ニューヨーク条約中の判断の執行に関する規定のほうが中日貿易協定より厳しいので、中日協定のほうが優先適用されるべきであり、承認要件限りではニューヨーク条約の要件のみを検討すればよいと解される[120]。しかし、ニューヨーク条約中の判断の承認・執行に関する規定のほうが中日貿易協定より詳細であるので、そして当該条約の執行要件もそれほど厳格なものではなく、当事者がニューヨーク条約に基づいて中国でなされた仲裁判断の承認・執行を求めてきたならば、ニューヨーク条約の要件さえ満たせば肯定してもよいであろう[121]。さらに、ニューヨーク条約は、世界のほとんどの国に受け入れられたので、普遍性を有するのに鑑みて、ニューヨーク条約のほうが優先適用されることは何も不都合ではないと思われる。

それに、CIETACが下した仲裁判断についても日本の判例[122]は、外国

---

[120] 高桑昭「日本国と中華人民共和国との間の貿易に関する協定」、小島＝高桑・注7前掲書332頁、道垣内正人＝早川吉尚「主要な外国の仲裁判断の日本における執行」、松浦＝青山・注2前掲書435頁参照。

[121] 小林秀之著『国際取引紛争（新版）』、弘文堂、平成12年版、228頁参照。

[122] 事例ⅰの事実は、次のようなものである。すなわち、原告（中国技術進出総公司西南公司）は被告（日本共栄貿易株式会社）から蓄電池製造プラントを代金1億8600万円で購入する契約を締結し、30日以内に支払保証（L／G）を差し入れることとされていたが、その差し入れをしなかったため、被告はプラントを引き渡さなかった。原告は契約中の仲裁条項に従ってCIETACに仲裁を申立てた。中国人3人により構成されるCIETACの仲裁廷は、違約による差額の損失1700万円の賠償金及び実際に生じた損失（預金と貸付金の差額）2万4811アメリカドルの賠償金を認める仲裁判断を下した。1994年1月27日に、東京地裁の判決は、以下の通りである。すなわち、日本、中国ともにニューヨーク条約の締約国であり、本件仲裁判断についてはその第3条により執行判決を求めることができる。その要件として、当該条約第4条所定の要件は認められ、第5条の拒否要件には該当しないのである。

事例ⅱの事実は以下の通りである。すなわち、原告（中国黒龍江科学技術開発総公司）と被告（日本新菱株式会社）は中国の海南省での煉瓦製造合弁事業の契約を締結した。契約の履行を巡って紛争が生じたため、原告はCIETACでの仲裁を申立て、被告は答弁書を提出したものの期日に出頭せず、また照会にも回答せず、仲裁廷は申立内容を概ね認め、原告が支出した①煉瓦工場の敷地の借賃95万元人民元の30％に相当する28万5000元人民元、②合弁事業の設立準備経費33万7327元人民元、③仲裁費用2万6144元人民元の賠償を認める仲裁判断を下した。また、原告が提訴した仲裁判断の執行の訴訟において、被告は、煉瓦製造の技術は台湾人Sがもっているが、台湾から中国大陸への直接投資が禁止されているために、原告が被告を通じて技術導入することを頼まれて契約に名義を貸したにすぎない。ところがSがその後投資せず、合弁会社が解散することになったのであり、本件契約は当初に遡って効力をもたないはずであると主張する。しかし、この点については、仲裁の答弁書においても主張し

仲裁判断の執行判決の要件の適用法令として、ニューヨーク条約の優先適用を肯定した。その優先適用の順次は、ニューヨーク条約→中日貿易協定→日本公示催告及ビ仲裁ニ関スル法律（以下では公催仲裁法と略する）である。

(2) アメリカ

アメリカは、外国仲裁判断の承認及び執行に関する多国間条約の締結に、あまり熱心でなかったが[123]、アメリカは国際的な商業関係が多いので、アメリカ政府は、二国間の条約で、国際商事仲裁判断の承認及び執行を取り決めてきた。1950年から1966年にかけて、アメリカは、合計18ヶ国との間に二国間条約を締結した[124]。しかし、これらの条約は、普通二国間の国民または会社の間でなされた仲裁判断が、

たが、仲裁判断では被告に契約締結の意思があった旨と認定されている。1995年6月19日に、東京地方裁判所の判決は、次の通りである。すなわち、日本、中国ともにニューヨーク条約の締結国であり、本件仲裁判断の執行にあたっては公催仲裁法第802条第1項により執行判決の手続をもってその執行の可否を審理し、同条約第4条以下に定める条件を充足しているか否かについて判断することになる。同条約第7条および中日貿易協定第8条第4項により、仲裁判断執行の要件とされる公催仲裁法第802条第2項、第801条のうち、ニューヨーク条約の規定より一層制限的な要件を定める部分については本件に適用はなく、本件仲裁判断がニューヨーク条約第4条以下に定める条件を充たす限り、その執行は許されるものといわなければならない。被告は、原告が国有企業法人であり、本件仲裁判断に関与した仲裁人はいずれも同国の共産党員であって、判断の公正を期待できないと主張するが、そのことから直ちに本件仲裁委員会の判断の公正が期待できないとはいえない。CIETAC仲裁規則に仲裁人選定の規定があり、選定された仲裁人が案件の利害関係を有する場合は必ず自発的に仲裁委員会に回避を申し出なければならず、また当事者は仲裁委員会に対し回避の申立をすることができる。本件仲裁判断の仲裁廷の構成その他本件仲裁事件の審理手続が同条約第5条第2項（b）に定める日本の公の秩序に反する場合にあたるということはできない。大隈一武「中国仲裁判断の承認および執行（3）—ニューヨーク条約および中国法に基づく—」、『JCAジャーナル』、1997年11月号、29~30頁参照。

123　アメリカは、ジュネーブ議定書、ジュネーブ条約及びヨーロッパ条約のいずれにも加盟しておらず、1958年に採択されたニューヨーク条約についても、1970年9月に至ってはじめて加盟した。李井杓著『仲裁協議与裁決法理研究』、中国政法大学出版社、2000年版、261頁参照。

124　アイルランド、ギリシャ、イスラエル、イタリア、デンマーク、日本、旧西ドイツ、イラン、オランダ、韓国、ニカラグア、パキスタン、フランス、ベルギー、ベトナム、ルクセンブルグ、旧ユーゴスラビア及びタイである。小島武司「主要国の仲裁制度—アメリカ合衆国」、小島＝高桑・注7前掲書526頁参照。

外国でなされたことを理由に、または仲裁人が外国人であることを理由に、執行を拒否されてはならないとしか規定しておらず、執行の要件及び手続は、執行国の国内法に委ねられていた[125]。1979年に締結された中国とアメリカ合衆国との間における貿易関係協定中の仲裁判断の執行に関する条項[126]も、上述した諸二国間条約中の規定とほぼ同じ内容であり、同協定第8条第3項は、「両締約国は、仲裁判断について、その執行が求められる国の法律が定める条件に従い、国家の関係機関によって、これを承認・執行する義務を負う」と定めている。

現在のところ、中国[127]とアメリカともニューヨーク条約の締約国であるので、中米両国間には、中米協定とニューヨーク条約が競合している。したがって、具体的事件においていずれの法規を適用するかが問題となる。ニューヨーク条約は後から締結された条約であるが、同条約第7条第1項には、同条約が締約国の間に締結された二国間の条約の効力に影響が及ばない旨が規定されている。しかし、二国間条約が優先するのは、ニューヨーク条約の規定より緩やかな要件のものに限られる。二国間条約がニューヨーク条約より厳しい要件を定めている場合には、締約国の双方がニューヨーク条約の適用を排除しようとしたことが明らかな場合に限り、二国間条約が優先されると解される。が、二国間条約は元来仲裁判断の承認・執行を容易にするためのものであるので、厳しい要件を定める二国間条約は原則として優先適用されないと解されている[128]。中米協定の規定はニューヨーク条約の規定より要件緩和であるので、中米協定のほうが優先適用すべきであろう。しかし、その反面、中米協定と比べてニューヨーク条約のほうが明瞭性を有し、また、判断の承認・執行をより容易ならしめるこ

---

125 李・注123前掲書262頁参照。

126 王一平編『企業渉外常用経済法規選輯』、中国検察出版社、1991年版、1274~1275頁参照。

127 中国は1987年1月22日にニューヨーク条約に加盟し、そして相互主義、商事留保を宣言した。注44前掲誌72頁参照。

128 松浦馨「日本における外国仲裁判断の承認・執行」、松浦＝青山・注2前掲書412頁参照。

とを考えると、援用者にとっては、後法たる条約のほうが有利であると思われ、さらに、後法優位の原則（a later law overrules an earlier one or lex posterior derogat legi priori）[129]に従って、中米それぞれの領域内でなされた仲裁判断の承認及び執行には、ニューヨーク条約の優先適用を念頭におくことが妥当であると思われる。

Ⅲ. 国際商事仲裁判断の承認・執行に関する主要国家の国内立法

(一) コモン・ローシステム諸国

(a) イギリス

イギリスにおける1979年の仲裁法の改正以降、1985年のUNCITRALモデル法の採択、経済のグローバル化のなかで、国際事業活動（国際取引及び国際投資）における仲裁の必要性、有用性[130]はますます高まり、1996年イギリス新仲裁法も含め、UNCITRALモデル法の影響を受けたこれら仲裁法制度の潮流は、紛争処理における当事者自治の原則の拡大、強化、仲裁判断の承認・執行を容易ならしめるのに向かうかのようである。次に、1996年イギリス仲裁法における仲裁判断の承認・執行に関し注目に値する要点をまとめることにする。

(1) 国内、国際仲裁の区別が無くなり、EC法、ニューヨーク条約の整合性がとれた[131]。

---

129 李宗鍔＝潘慧儀編『英漢法律大辞典』、法律出版社、1999年版、309頁、金子宏＝新堂幸司＝平井宜雄編『法律学小辞典 第3版』、有斐閣、1999年版、350頁、松浦馨「日本における外国仲裁判断の承認・執行」、松浦＝青山・注2前掲書412頁参照。

130 1979年当時の状況につき、岩崎一生「国際商事仲裁の最新動向—英国仲裁法の改正を中心として—」、『国際商事法務』、Ｖｏｌ．7、539–545頁参照。

131 1979年イギリス仲裁法は、国内仲裁における高等法院の、仲裁付託事項に対する裁量的審査権（86条）及び仲裁判断に対する審査権排除合意の制限（87）という特則を設けている。かような特則は、国内仲裁の当事者である英国国籍の者を他のEU

(2) 仲裁に付託する合意がある紛争にかかる訴訟手続の停止が裁判所の裁量で許否される余地がなくなり、ニューヨーク条約との整合性がとられた[132]。

(3) 仲裁判断を裁判所が取り消すことができる理由として、従来の「仲裁人の非行 (misconduct)」という概念の代わりにより適切な「重大な手続違背 (serious irregularity)」という概念が使われ、その具体的理由9つが限定列挙されている[133]。

(4) 仲裁判断から生じる法律問題にかかる裁判所「高等法院 (high court)」へ上訴について当事者はこれを禁じることができ、また禁じていない場合でも裁判所がこれを許可するには、判例法によるガイドライン[134]を発展させた厳格な要件を満たすこととして、裁判所への上訴をかなり制限している[135]。

(5) UNCITRALモデル法第31条第3項を参考に、仲裁判断の署名をした地を仲裁判断地とする、批判が多かった判例法を覆し[136]、仲裁地をもって仲裁判断としてニューヨーク条約との整合性をとった[137]。

(6) 外国仲裁判断の承認及び執行の規定として、1950年仲裁法によるジュネーブ条約及び1975年仲裁法によるニューヨーク条約を引用

加盟国の国民に比して不当に待遇することとなり、EC法の加盟国国民の平等原則（EC条約第59条及び第6条）に反することとなる。結局、新仲裁法は特則を除いて1997年1月31日から施行された。

132 イギリス新仲裁法第9条［佐藤安信訳］、ニューヨーク条約第2条第3項参照。

133 イギリス新仲裁法第68条第2項参照［同上］。

134 いわゆるNemaガイドライン Court of Appeal 22 May 1980 [1980] 2 All ER 117, 及び Hous of Lords 1981 [1981] 2 All ER 1030 佐藤注・5前掲論文（1）5、10頁参照。

135 イギリス新仲裁法第69条参照。

136 佐藤注・5前掲論文（1）5頁参照。

137 イギリス新仲裁法第53条参照、仲裁判断をなされた地の特定は、イギリス以外でニューヨーク条約上当該判断の承認、執行を求める際、重要な前提要件となる。同条の存在によって外国裁判所は、たとえイタリアにおいて仲裁判断が署名されたとしても、当該判断中にイギリスを仲裁地としてあれば、イギリスの仲裁判断として認定することができるであろう。佐藤注・5前掲論文（4 完）4頁参照。

している[138]。

　以上を総括すると、イギリス新仲裁法中の仲裁判断の承認・執行に関する法規定は、ニューヨーク条約と UNCITRAL モデル法の調和を目指しているということができる。

（b）アメリカ

　アメリカにおいては、コモン・ロー上の仲裁と制定法上の仲裁が区別されるが、重要なのは後者のほうである。連邦制のため、制定法上の仲裁は、連邦仲裁法と各州仲裁法とが並存している[139]。

　連邦仲裁法は1925年に制定され、ニューヨーク条約の批准を受けて1970年に改正された。その第二章として、201条から208条までの条文を加えた[140]。同法第2章は、いくつかの手続規定を含むにすぎず、国際商事仲裁判断の承認拒否の要件などの実質規定は、ニューヨーク条約の規定に従うとしている。次に、その内容を概観する。

　①　ニューヨーク条約の適用範囲は、連邦仲裁法第2条[141]の規定する取引、契約または合意を含め、商事と認められる法律関係から生ずる仲裁契約または仲裁判断である[142]。

　②　ニューヨーク条約に適用される事件が州裁判所に係属した場合、被告は、訴訟につき裁判所の審理が行われる前であれば、いつでもその訴訟を管轄権のある連邦裁判所へ移送するよう申立てることができる[143]。

138　イギリス新仲裁法第99~104条参照。
139　Whitmore Gray, 岩崎一生（訳）「最近の米国における商事仲裁をめぐる法的諸問題」、『国際商事法務』、VO1.8, 197頁参照。
140　李・注123前掲書261頁参照。
141　同法第2条の規定は、海事取引または通商であることが明白である契約にあって、当該契約、取引、若しくはその全部または一部の履行拒否から生ずる紛争を仲裁によって解決すべき旨の書面よる定め、またはこの種の契約、取引若しくはその履行拒否から生ずる現存の紛争を仲裁に付託する書面による契約は、普通法上または衡平法上契約取消の理由がある場合を除き、有効であり、取消不能でありかつ強制可能である。
142　連邦仲裁法第202条参照、李・注123前掲書262頁。
143　連邦仲裁法第205条参照。

③　ニューヨーク条約に適用される外国仲裁判断の承認・執行を申立てる期間を、3年としている[144]。

④　外国仲裁判断の承認の拒否または延期の事由に関しては、ニューヨーク条約の規定に従う。その拒否事由が認められない限り、その仲裁判断を承認しなければならない[145]。

またアメリカの司法制度は連邦と州の二元性を有し、国際商事仲裁判断の承認及び執行に関し、州裁判所の管轄を禁じていないので、州裁判所が、州法律を適用する場合もありうる[146]。したがって、国際商事仲裁判断の承認・執行を容易にする見地からみれば、それを統一仲裁法またはUNCITRALモデル法の未採用の州で承認・執行するよう求める場合には、連邦仲裁法に基づいて、連邦地方裁判所に申立てるほうが妥当な結果をもたらすであろう[147]。

(c) カナダ

カナダは、かなり重要な商業国家でありながら、外国仲裁判断の承認・執行について、1986年5月になってから、ニューヨーク条約に加盟した[148]。しかし、UNCITRALモデル法の導入について、カナダは積極的な態度を示している[149]。現在のところ、カナダのすべての州および連邦直轄地[150]は、ニューヨーク条約の批准にともない、関連した立

144　連邦仲裁法第207条前段参照

145　連邦仲裁法第207条前段参照

146　州の仲裁法は、大多数が連邦仲裁法と同様に制定法である。1955年に制定され、翌56に修正された統一仲裁法（Uniform Arbitration Act）を採用している州が38州に上るため、仲裁法の国内での統一はほぼ達成されている。また、ニューヨークなどの9州がUNCITRALモデル法を採用している。注50前掲誌51~52頁参照。

147　アメリカ州の裁判所は、ニューヨーク条約の適用ある事件に対し、競合的管轄権を有するが、州裁判所は、普通、州の法律を適用する。しかしながら、州の裁判官も、渉外事件に対し、一般的に経験が乏しい。呉・注58前掲論文（2）14頁参照。

148　道垣内正人「カナダの国際商事仲裁法（上）」、『JCAジャーナル』、1988年3月号、4頁参照。

149　カナダはUNCITRALモデル法の最初の採用国である。道垣内・注148前掲論文（上）2頁参照。

150　カナダは、10の州（provinces）及び二つの連邦直轄地（federal

法を行った[151]。また、UNCITRALモデル法は、1986年6月17日に連邦議会で議決され、連邦法であるThe Commercial Arbitration Actとして採択され、1986年8月10日に発効した[152]。同時に、モデル法を内容とする統一仲裁法は各州の州法[153]として採択された。

以上から見れば、カナダにおける国際商事仲裁法制度は相当に整備している。したがって、カナダで、国際商事仲裁判断の承認・執行を求めるには、困難ではないと思われる。

(d) オーストラリア

オーストラリアの場合、連邦制度を採用しており、連邦憲法によって連邦政府が独占する権力以外の権力は、州と連邦の競合的管轄事項または州の専属的管轄事項である[154]。仲裁に関する立法権は伝統的に州の権限に属する[155]が、連邦政府は州際及び国際取引について管轄権を有し[156]、また、州際の産業紛争 (industrial dispute) の防止及び解決のための調停及び仲裁についても立法権を有する[157]。国際貿易の紛争をスムーズに解決するよう連邦政府は、1974年にニューヨーク条約[158]の施行のために、法制定(外国仲裁判断法)がなされて

---

territories) から構成され他連邦国である。連邦と州の権限の分配は、1867年のイギリス北アメリカ法 (British North America Act) によって、規定されている。この制定法及びその後の裁判所の判例によると、商事仲裁は、州法の専属的権限であるとされている。道垣内正人・注148前掲論文(上)2~3頁、呉・注58前掲論文(3)8頁参照。

151

152 道垣内・注148前掲論文(中)、『JCAジャーナル』1988年4月号、7頁参照。

153 道垣内・注148前掲論文(中)、『JCAジャーナル』1988年4月号、3頁参照。

154 連邦の独占的権力は憲法第52条に列挙された軍事、外交などである。呉・注58前掲論文(5)18頁参照。

155 John B, Dorter, Tom Davie, 斎藤隆広「オーストラリアにおける国内及び国際商事仲裁(1)」、『JCAジャーナル』、1993年11月号、3頁参照。

156 オーストラリア連邦憲法第5条第1項1号参照。呉・注58前掲論文(5)12頁参照。

157 オーストラリア連邦憲法第5条第35号参照。呉・注58前掲論文(5)12頁参照。

158 ニューヨーク条約は、1975年6月24日にオーストラリアにおいて発効した。

いる[159]。後に1974年国際仲裁法 (The International Arbitration Act 1974) と改称される[160]。また同法は、UNCITRALモデル法の採用のために、1989年に再度に修正された (as amended in 1989)[161]。

したがって、オーストラリアで国際商事仲裁判断の承認・執行を求めるのは、カナダと同様に容易であろう。

(二) 大陸法系に属する諸国

(a) ドイツ

1930年の民事訴訟訴法の改正により、1044条が新設され、外国仲裁判断の承認・執行について、「条約[162]に別段の規定がない限り、外国仲裁判断に対しては、内国のそれと同じ手続で、執行許容の宣言をする」と明記された[163]。また、1986年に、国際仲裁を誘致するという目的から、仲裁判断への署名、仲裁判断の送達、仲裁裁判所への預置などについて要件を緩和する改正がなされた[164]。さらに、UNCITRALモデル法に多くを依拠した、大幅な改正をされた新仲裁法は1998年1月1日から施行されている[165]。新法に定められている国際商事仲裁判断の承認・執行に関する改正要点は、以下の通りである。

これまでは、ドイツにおいて国際仲裁手続が行われる場合であってもドイツ仲裁法が必ずしも適用されるわけではない(仲裁手続の準拠法説)、との理論が通用しており、どの国内法が仲裁手続に適用されるべきかということが基準となっていた。しかし、新法は、その適用

---

159 注50前掲誌57頁参照。
160 Dorter, Davie, 斎藤・注155前掲論文3頁参照。
161 Dorter, Davie, 斎藤・注155前掲論文4頁
162 ここの条約はジュネーブ条約を指すのである。注50前掲誌53頁参照。
163 上野泰男「ドイツにおける仲裁法の1986年改正について」、委託論文―(社団法人 国際商事仲裁協会)、平成3年3月、4頁参照。
164 詳細は上野・注163前掲論文10~11頁参照。
165 Editorial ― The New German Arbitration Law, Arbitration International, (Vo 14.1 1998)、春日・注4前掲論文(上) 13頁参照。

範囲を仲裁地に関連づけることにより、国際的に支配的な「属地主義」(仲裁地説)に従うことを明らかにした[166]。すなわち、「属地主義」の下で、ドイツ域内でなされたすべての仲裁判断は、国内仲裁判断であるとみなされ、その反面、域外での判断は国際仲裁判断であるとみなされる。このような国際仲裁判断の承認・執行については、第一次的に、ニューヨーク条約に従うことになる[167]。

(b) 日本

日本では執行判決に関して公催仲裁法第802条に、また確定判決のある仲裁判断の執行に関して民事執行法第22条6号に規定がある。公催仲裁法第802条によると、同法801条の取消理由が存在しない限り、執行判決をもって仲裁判断に基づく強制執行を許すことができる。この第802条は、本来、内国仲裁判断の承認に向けられている[168]が、日本における国際商事仲裁判断の承認については、明文の規定がなく多数説は条約の適用がなくても公催仲裁法第800条、第801条及び第802条に準じて承認すべきであると主張している[169]。

公催仲裁法には国際商事仲裁判断に関する明文の規定がないが、日本は、国際商事仲裁判断の承認に関するジュネーブ条約、ニューヨーク条約など、多国間条約に加盟しているし、また中国、アメリカなどの諸国との間では仲裁判断の承認・執行に関する条項を含む二国間条約をも締結している。したがって、日本で、国際商事仲裁判断の承認・執行が求められる場合、これらの条約を適用することができる。しかし、日本との間になんらの条約関係を有しない国でなされた仲裁

---

166 UNCITRALモデル法は、「属地主義」を採用している。同法第1条第3項(b)の(i)参照、李虎『国際商事仲裁裁決的強制執行—特別述及仲裁裁決在中国的強制執行』、法律出版社、51頁参照。

167 1998年ドイツ新仲裁法第1061条[春日偉知郎訳]参照。

168 松浦馨「日本における外国仲裁判断の承認・執行」、松浦=青山・注2前掲書407頁参照。

169 小山・注20前掲書227頁参照。

判断について、それを承認すべきか、また如何なる法規によって承認すべきかは問題である。学説上、通説は、日本との間に条約関係がなくても承認すべきであると主張している[170]。

（c）フランス

フランスの民事訴訟法[171]第3編に仲裁に関する規定がある[172]。同法第1020条は、仲裁判断を執行することができるという旨を規定したが、外国仲裁判断の承認・執行について、それを明記する条文はない。これに鑑みて、1981年5月12日の政令（80－500号）により改正がなされ、国際仲裁に関する規定を加えて、新民訴法の第4編となった[173]。

国際商事仲裁判断の承認・執行に関する重要な改正点としては、第一に、仲裁判断に対する救済手段を整理・統一したことが上げられる[174]。第二に、国際仲裁については、執行許可命令に対する救済手段が整備されている[175]。次に、その内容を詳細に紹介しよう。

外国でなされた仲裁判断または国際仲裁による仲裁判断については、仲裁判断を援用する者により、その存在が証明され、かつその承認が明白に国際公序に違反しない限り、執行裁判官は、その判断を、フランス領域内において執行されるべき旨を宣言しなければならない[176]。また仲裁判断は、それがなされたときから、既判力を有す

170　小林秀之「外国仲裁判断の承認・執行についての一考察」、『判例タイムズ』486号6頁以下参照。呉・注58前掲論文（5）18頁参照。
171　同法の制定は、1806年に始まった。関口晃「フランスの仲裁法に関する研究」、委託論文―（社団法人　国際商事仲裁協会）、昭和53年3月、5頁参照。
172　関口・注171前掲論文83頁以下参照。
173　多喜寛「主要国の仲裁制度―フランス」、小島＝高桑・注7前掲書535頁、注・50前掲誌53頁参照。
174　1981年の新民訴法第4編第6章第1節によると、外国においてなされた仲裁判断及び国内の国際仲裁によってなされた仲裁判断は、同一方法で承認または執行される。呉・注58前掲論文（2）2頁参照。
175　フランス新民訴法1478条、1479条、1502条参照。
176　1981年フランス新民訴法第1498条［多喜寛訳］参照。

る[177]。そして判断のなされた地を管轄する大審裁判所の許可命令がなければ、強制執行ができない。その許可は裁判所の執行裁判官が命令する[178]。

外国で下された国内仲裁判断及び外国またはフランスで下された国際仲裁判断の承認または執行を拒否する決定に対しては、申立人の控訴が許される[179]。この控訴は、①　仲裁人が仲裁契約のないままに、または無効若しくは効力消滅の仲裁契約に基づいて判断したとき、②　仲裁裁判所が不適式に構成され、または単独仲裁人が不適式に指名されたとき、③　仲裁人が与えられた任務に従うことなく判断したとき、④　対審の原則が遵守されなかったとき、⑤　承認または執行が国際的公序に反するときにのみ、許される[180]。

(d) イタリア

イタリアの仲裁についての規定は、1940年の民事訴訟法の第806条以下である[181]。これらの規定による仲裁は正式仲裁とよばれ、もっぱら民法の規定による非正式仲裁とは区別される[182]。これもイタリアの仲裁の独自な点である。

1983年に国際化を指向してイタリアの仲裁規定が改正された。その中で、国際商事仲裁判断の承認・執行に関する改正点は以下の通りである。すなわち、仲裁判断の執行手続について改正がなされ、法務官裁判所への寄託が仲裁人の義務から当事者の権限へと改められ、か

177　1981年フランス新民訴法第1476条参照。
178　1981年フランス新民訴法第1477条第1項参照。
179　1981年フランス新民訴法第1501条参照。
180　1981年フランス新民訴法第1502条参照。
181　田中斎治「イタリアの商事仲裁制度」、委託論文―(社団法人　国際商事仲裁協会)、1~4頁参照。
182　両者の区別について、非正式仲裁から生ずる仲裁判断は当事者を拘束するが、執行力を有しない。自発的な履行がなされない場合には、当事者はその執行を確保するためには裁判手続を経なければならない。田中・注181前掲論文1頁参照。

つ寄託可能期間が廃止されたことである[183]。この点について、仲裁判断はいつでも執行に利用できることになり国際条約との整合的な規定となった。

さらに、1994年には、さらなる国際化を指向して、国際仲裁や外国仲裁判断に関する規定を第832条以下に別に加えるなどの大幅な改正が行われている。その結果、国際条約の適用がある国際仲裁について、国内仲裁とは別異の規定が設けられた[184]ほか、外国仲裁判断の執行の簡素化などが実現された[185]。

---

183 寄託期間は、旧法では仲裁人の仲裁判断への署名後5日以内とされていたのに対し、新法では仲裁判断の受領後1年以内とされた。イタリア民訴法第825条第2項参照。飯塚重男「イタリアにおける仲裁法の改正（上）」、『JCAジャーナル』、1996年9月号、5頁参照。

184 イタリア新法第832条参照［飯塚重男訳］。

185 かくて旧第800条は削除され、代わって新第839条及び第840条の2ヵ条よりなる第7節が新設追加された。飯塚・注183前掲論文（下）、『JCAジャーナル』、1996年10月号、16頁参照。

第二章　仲裁判断

　ニューヨーク条約と UNCITRAL モデル法は、仲裁判断について、統一的な定義をおいていない。したがって、仲裁判断に対する解釈は、各国の法制度に基づく仲裁判断の概念によらなければならない。例えば、1989 年スイスの新国際仲裁法のように、「仲裁判断は、両当事者の合意した手続及び方式によって下されるものとする」[1]と規定している。また、1999 年スウェーデン新仲裁法[2]は、仲裁判断の解釈について、その要点を次の 4 点にまとめている。すなわち、①　仲裁人に付託された問題は、仲裁判断によって判断される。仲裁人がこれらの問題を判断することなく仲裁手続を終了するときも、それは仲裁判断によってなされる。②　当事者双方が和解するとき、仲裁人は彼らの申立に基づき、仲裁判断において和解を確証することができる。③　仲裁判断に含まれないその他の判断は、決定と表示される。④　仲裁人の職務は、第 32 条[3]または第 35 条[4]から異なる結果が生じないとき

1　同法第 189 条第 1 項、石黒一憲「スイス新国際仲裁法について」、委託論文―（社団法人　国際商事仲裁協会）、1989 年版、20 頁。
2　同法第 27 条参照、萩原金美「スウェーデン新仲裁法（下）」、『JCA ジャーナル』、2000 年 7 月号、2 頁。
3　第 32 条は、判断に存在した明白な誤りに関する救済措置の規定である［萩原金美訳］。
4　第 35 条は、裁判所は仲裁人に仲裁手続を改めて行い、あるいは仲裁人の見解によれば無効または取消の原因を除去するその他の措置をとる機会を与えるために、若干

は、終局的な仲裁判断が与えられたときに終了したものとみなされる。ただし、現在では、一般的に、国際的に認められた定義はない。本章では、仲裁判断とは何かにつき、その態様について、仲裁判断の作成、判断の種類、判断の効力及び判断の性質を、四つの部分に分けて検討することにする。

第一節　仲裁判断の作成

Ⅰ．判断の作成の期限

　仲裁案件に関する審理手続の迅速化のため、当事者の合意により仲裁判断に期限を設ける場合がある。その期限内に仲裁廷が仲裁判断をすることができないときは、仲裁廷の管轄権は消滅することになる。したがって、仲裁判断の期間を延長する余地を残すべきであろう。この問題について、1996年イギリス新仲裁法は、一定の要件の下に裁判所が判断の期間の延長を認める旨を規定しているが[5]、具体的期限について、イギリス新仲裁法は明言していない。また、仲裁法に判断作成の期限に関する条項をまったく設けない国も少なくない。例えば、ドイツ、スイス、オランダ、スウェーデン[6]がある。一般的に、判断の作成期限は、当事者間の仲裁合意により確定され、または当事者が援用した仲裁規則に規定されている。当事者が期限の定めをなしておかなかったときには、いくつかの国の仲裁法は、法定期間を規定している。例えば、フランスとイタリアの法律は、仲裁期間について、仲

の期間仲裁判断の無効または取消に関する事件を延期できると規定している。
5　同法第50条、李虎著『国際商事仲裁裁決的強制執行―特別述及仲裁裁決在中国的強制執行』、法律出版社、2000年版、23頁。
6　1929年スウェーデン仲裁法第18条は、仲裁判断について、仲裁契約が締結された日から起算して6ヶ月以内に作成しなければならないと規定していたが、同条項は、1999年新仲裁法により削除されている。李・注5前掲書24頁。

裁人の任務受諾日から6ヶ月を期限にして判断を作成しなければならないと規定している[7]。その他、仲裁規則として、ICC 規則は期限を6ヶ月に限定しており[8]、中国国際経済貿易仲裁委員会（CIETAC）規則は仲裁判断書を仲裁廷の構成日から9ヶ月以内に作成しなければならないと規定している[9]。しかし、これらの法定期間も合意上の期間も、当事者の合意により延長することが可能である[10]。

Ⅱ. 仲裁判断作成の方式

　仲裁判断は、仲裁人の全員一致によることが望ましいが、その作成において問題となるのは、仲裁廷が3人の仲裁人から構成されている場合、事案によっては、3人の仲裁人の意見が分かれることがある。その場合、多数決によって決する、あるいは、第3仲裁人である仲裁廷の議長（chairman）が決定権を握るという方法が考えられる。

　この問題は、仲裁手続の準拠法が規律する事項の一つであるが、当事者自治が認められよう。しかし、当事者がこの点について仲裁条項で規定することは少なく、多くの場合、当事者が選択した仲裁規則の規定によることになる。

(1) 多数決

　仲裁判断の作成に関する仲裁人の意見が一致にいたらないときには、多くの仲裁機関の規則及国際条約は、多数決により判断の作成を決める。たとえば、AAA 仲裁規則や UNCITRAL 仲裁規則は、多数決で決定する旨を規定している[11]。ICSID 仲裁手続規則第16条第1項も

7　1981年フランス民訴法第1456条第1項、1994年イタリア仲裁法第820条。

8　1998年 ICC 規則第24条。

9　1998年 CIETAC 規則第52条。

10　フランス法第1456条第2項及び第1457条、イタリア法第820条第2、3項、ICC 規則第24条、CIETAC 規則第52条。

11　AAA 仲裁規則第26条第1項、UNCITRAL 仲裁規則第31条第1項。

同様な規定を設けており、また「多数」について、投票方式を採用するとされる。

さらに、UNCITRAL モデル法第29条も、多数決という原則を確立している。その規定によると、仲裁廷が2人以上の仲裁人によって構成される場合には、いずれの問題についても、当事者が別段の合意をした場合を除き、構成員の過半数によって決定する。また、1966年のストラスブール条約（欧州統一仲裁法条約）は、投票手続について特別の規定をおいている。すなわち、仲裁人が一定金額の仲裁判断をなすべき場合で、特定の金額につき多数意見が得られないときには、最高額の票決を、多数意見が得られるまで、次に高額の票決に順次算入するのである[12]。

他方、国内法の規定を見ると、フランス、オランダなどの国は、多数決により判断の作成を決めるという方式を採用している[13]。

(2) 仲裁廷の議長の決定

多数決が形成されない場合には、一般的に、第3仲裁人である仲裁廷の議長によって、判断を下すものとするという方式を採用する国はいくつかある。例えば、1989年スイス新国際仲裁法（第189条）、1999年スウェーデン新仲裁法（第30条）及び1996年イギリス新仲裁法（第20条第2項）は、多数決で決められない場合、仲裁廷の議長が決定権を有すると規定している。また、ICC規則やLCIA規則も、同様に規定している[14]。

以上の二つの方式は、それぞれに利点がある。多数決は、公平性を反映することができるが、3人の仲裁人の意見が統一されない場合には、仲裁の迅速性が害される。したがって、第二の方式のほうが妥当

12　同条約第22条第3項、宋航著『国際商事仲裁裁決的承認与執行』、法律出版社、2000年版、68頁、飯塚重男「欧州統一仲裁法条約」、小島武司＝高桑昭編『注解　仲裁法』、青林書院、1988年版、855頁参照。
13　フランス民訴法第1470条、オランダ仲裁法第1057条第1項［貝瀬幸雄訳］。
14　ICC仲裁規則第25条第1項、LCIA仲裁規則第26条第3項。

であると考えられる。単なる効率的な角度からみれば、第二の方式も、合理的なものということができよう。

Ⅲ. 仲裁判断の内容

(1) 書面と署名

仲裁判断の形式・記載内容に関しては、まず仲裁判断が書面に書かれ、仲裁人の署名があることが必要である。しかし、仲裁判断に仲裁人全員の署名が必要であるか否かは問題である。仲裁人全員の署名が必ず必要であるとすると、仲裁判断ができなくなる恐れがある[15]。この問題も仲裁手続の準拠法が規律する事項であるが、当事者の自治が認められよう。

この点に関する各国の仲裁法を見ると、例えば、1999年スウェーデンの新仲裁法は、「仲裁判断は書面によってなされ、かつ仲裁人が署名しなければならない。すべての仲裁人が署名していないことの理由が仲裁判断に示されているときは、その判断は仲裁人の多数が署名していれば足りる。当事者は仲裁人の議長が仲裁判断に単独で署名するよう定めることができる」と規定している[16]。また、スイス新国際仲裁法は、仲裁廷の議長による署名で足りると規定している[17]。1996年前、イギリス仲裁法は、仲裁判断の形式に対し何も要求しなかったが、1996年の新仲裁法は、仲裁判断について、書面、及び判断に賛成した仲裁人の署名を要求する規定を設けている[18]。

また、仲裁規則の規定を見ると、LCIA仲裁規則は、仲裁人のいずれかが仲裁判断に署名しない場合、その理由を仲裁判断に記載することを条件に過半数または仲裁廷の議長による署名で十分であると定

---

[15] 意見相反の仲裁人が判断に署名を拒否することにより、正常な事案裁決の妨害となる。李・注5前掲書27頁。
[16] 同法第31条。
[17] 同法第189条。
[18] 同法第53条第3項。

められている[19]。

　他方、国際立法としては、UNCITRAL モデル法が、「判断は書面によるものとし、単独仲裁人または複数の仲裁人による仲裁手続においては、仲裁廷の全構成員の過半数の署名があれば足りる。ただし欠けている署名につき、その理由を述べることを要する」と規定している[20]。

　以上の諸国内法、仲裁規則及び国際立法における仲裁判断の内容に関する規定の共通点として、以下の3点にまとめることができる。すなわち、① 書面、② 仲裁人過半数[21]または議長の署名、③ 仲裁人全員の署名の不要である。通常には、仲裁判断の作成において仲裁人間で意見がわかれた場合、仲裁人の意見が可否同数となることなく、一方当事者が選定した仲裁人と第3仲裁人との一致した意見に基づき両当事者の署名による仲裁判断がなされることになろう。

(2) 場所と日付

　場所と日付について、UNCITRAL モデル法は次のように定めている。すなわち、仲裁判断には、作成の日付及び第20条第1項[22]により決定された仲裁地を記載しなければならない。仲裁判断は、その地においてなされたものとみなれる[23]。

　条文中の仲裁地 (the place of arbitration or the seat of arbitration) とは、当事者が自由に定めた地である。仲裁判断に仲裁地を記載させる理由の一つは、仲裁判断はその地で作成された

19　同仲裁規則第26条第4項。

20　モデル法第31条第1項。

21　UNCITRAL モデル法を見本に、制定された 1996年イギリス新仲裁法は、仲裁人過半数を必要としないとされている。この点は UNCITRAL モデル法と異なる。佐藤安信「紛争処理の民営化？―実務家のための1996年英国仲裁法概説（4・完）」、『JCA ジャーナル』、1998年9月号、4頁参照。

22　当事者は仲裁地について合意することができる。その合意がないときは、仲裁地は仲裁裁判所が当該事案における事情（当事者の便宜を含む）を考慮して決定する。

23　モデル法第31条第3項。

ものとみなすことにして、仲裁手続後の仲裁地をめぐる紛争の発生を防止したのである[24]。もう一つは、仲裁判断の承認・執行の関係では、仲裁地はニューヨーク条約が適用されるか否かを決定するからである。したがって、仲裁判断に場所と日付を記載するのは、各国の国内法及び仲裁規則[25]の必須要件であると考えられる。

(3) 仲裁判断の理由及び少数意見の扱いに関する大陸法とコモン・ローの相違

(a) 仲裁判断の理由

　判決には理由をつけなければならないとの要請は、大陸法では絶対的なものとされてきたが[26]、コモン・ローでは理由づけを求められない陪審による裁判の伝統からそれほど絶対的な要請とは考えられてこなかった[27]。これを反映して、大陸法では、仲裁判断にも当事者が反対の合意をしない限り、必ず理由を記載すべきものとされている。これに対し、コモン・ローの国では、逆に、当事者が特に要求しない限り理由を記載しなくてよいとのルールが行われてきた。しかし、英米でも複雑・重要な事件では理由を要求することが多くなり[28]、イギリスの1996年新仲裁法は、仲裁判断に理由を記載すべきことを全面

24　青山善充「仲裁地の意義と効果」、松浦馨＝青山善充編『現代仲裁法の論点』、有斐閣、1998年版、270頁。
25　例えば、1996年イギリス新仲裁法第52条第4、5項、1998年ドイツ新仲裁法第1054条第3項、1999年スウェーデン新仲裁法第31条、UNCITRAL仲裁規則第32条第4項、19998年CIETAC仲裁規則第55条、ICC仲裁規則第25条、AAA仲裁規則26条などである。
26　例えば、フランス民訴法第1471条と1998年ドイツ新仲裁法第1054条は、理由づけを仲裁判断の要件とすると規定している。
27　1950年のイギリス仲裁法の下では、仲裁判断に理由をつけなくてもよい。1979年改正にも判断の理由づけの傾向が見られたが不徹底であった。また、アメリカの法律は、仲裁判断の理由づけに対し何も規定していない。小杉丈夫＝蓑原建次「英国仲裁法—1979年改正法中心として—」、委託論文—（社団法人　国際商事仲裁協会）、1980年版、14頁、李・注5前掲書30頁。
28　ドナルド・デービス「1979年仲裁法はどのように機能しているか—仲裁人の観た1979年仲裁法—」、社団法人　国際商事仲裁協会、1982年、16頁。

的に要求するようになった[29]。UNCITRALモデル法はもちろん理由を要求している[30]。理由が要求される根拠は、手続保障の証しとして仲裁の正統性を確保するために必要なことである[31]。

（b）少数意見の扱いに関する大陸法とコモン・ローとの相違

　仲裁人の署名の問題に関連して、仲裁人間で意見が分かれた場合、仲裁人が少数意見（dissenting opinion）を開示することができるかどうかが問題となる。

　この問題については、大陸法の国とコモン・ローの国とで見解が分かれている[32]。大陸法の国では、裁判所と同様に、仲裁廷の合議（deliberation）の秘密が重要であると考えられており、一般的に、仲裁人が少数意見を開示することは認められないとされる。

　他方、コモン・ローの国では、大陸法の国とは逆に、仲裁人が少数意見を開示することは禁じられておらず、仲裁人が当事者に対し自己の少数意見を開示することがむしろ仲裁人の倫理上の義務であると考える仲裁人も稀ではないようである[33]。

　なお、少数意見の機能にはいろいろな面があるが、第一に、仲裁手続の公正さと質の高さを間接的ながら保障する措置としての少数意見開示の重要性は無視できない。第二に、仲裁人が少数意見の中で、仲裁廷が審理手続において敗れた当事者に然るべく反論をする機会を与えなかった事実を開示した場合、敗者は自己の利益保護のために、当然に当該判断の取消の訴えを提起できる。

29　1996年イギリス新仲裁法第52条、小杉＝蓑原・注27前掲論文23頁、佐藤・注21前掲論文4頁。
30　同法第31条第2項。
31　谷口安平「仲裁手続における手続基本権」、松浦＝青山・注24前掲書247頁。
32　谷口安平「仲裁手続における手続基本権」、松浦＝青山・注24前掲書248頁。
33　谷口安平「仲裁手続における手続基本権」、松浦＝青山・注24前掲書248頁。

第二節　仲裁判断の種類

　仲裁判断の種類については、仲裁廷の任務を完結する仲裁判断に対し用いられる終局的仲裁判断（final award）のほか、暫定的仲裁判断（interim award）、中間的仲裁判断（interlocutory award）及び一部仲裁判断（partial award）がある。

Ⅰ．暫定的仲裁判断

　暫定的仲裁判断は、主に、民事保全を目的としたもので、終局的仲裁判断がなされるまでの時間的制約に服することになるが、実体法上の保全請求について終局的に判断するものである。

　まず、暫定的仲裁判断を規定する仲裁規則について見ると、UNCITRAL 仲裁規則、ICC 仲裁規則、AAA 仲裁規則などは、保全措置として暫定的仲裁判断の形式をとることができると規定している[34]。

　次に、暫定的保全の執行力を認める国内仲裁法を見ると、オランダ仲裁法、スイス国際仲裁法、ドイツ新仲裁法などには、このような条項がおかれている[35]。

　他方、UNCITRAL モデル法は、仲裁人による暫定的保全措置命令の執行力については何ら規定せず、同モデル法を採用する国の国内法の規定に委ねている。

Ⅱ．中間的仲裁判断

　中間的仲裁判断は、通常、例えば、当事者間に争いのある準拠法についての判断や損害を前提とする責任についての判断など審理手続

---

[34] UNCITRAL 仲裁規則第 26 条、ICC 仲裁規則第 23 条、AAA 仲裁規則第 21 条。
[35] オランダ仲裁法第 1051 条、スイス新国際仲裁法第 183 条［石黒一憲訳］、ドイツ新仲裁法第 1041 条。

中に必要な重要な争点についての判断である[36]。また、終局的判断の完成のために、中間判断は、補助的役割を果たすことができる[37]。したがって、中間的仲裁判断に関する規定は、多くの常設仲裁機関の仲裁規則で定められている。例えば、JCAA 仲裁規則は「仲裁裁判所は、仲裁手続中に生じた争いについて相当と認めるときは、これを裁定する中間的判断をすることができる。……」と規定している[38]。また ICC、AAA 及び UNCITRAL 仲裁規則も、同様に中間判断を認めている[39]。

Ⅲ．一部仲裁判断

一部仲裁判断は、通常、例えば、複数の請求が単純併合されている場合にその一部について終局的に命じる判断である[40]。

性格について、一部仲裁判断は終局的仲裁判断と同じく終局性を有する。両者の相違点は、一部仲裁判断は、審理終結前になされたものであるのに対し、終局的仲裁判断は、審理終結後になされたものであることである。上述した中間判断と同様に、一部仲裁判断は、多くの仲裁機関の仲裁規則に定められている[41]。

第三節　仲裁判断の効力

多くの仲裁規則には、それぞれ「仲裁判断は、最終的で当事者を拘

36　陳治東著『国際商事仲裁法』、法律出版社、1998 年版、239 頁。
37　周暁燕編『解決渉外経済糾紛的法律与実務』、中信出版社、1999 年版、139 頁。
38　JCAA 仲裁規則第 51 条。
39　1993 年 ICC 仲裁規則第 21 条、1992 年 AAA 仲裁規則第 28 条。UNCITRAL 仲裁規則第 32 条。
40　陳・注 36 前掲書 241 頁。
41　例えば、UNCITRAL 仲裁規則第 32 条と 1992 年 AAA 仲裁規則第 28 条である。

束する」との趣旨が規定されている[42]。しかし、仲裁に関する各国の法制度は多岐であり、同じく仲裁判断と称しても、その国における法的効果が異なり、また、仲裁判断と称しないものでも仲裁判断と同じ法的効果を与えるものもある。外国の仲裁判断を承認・執行する際に、承認・執行国の裁判所は、自国の仲裁法と当該仲裁判断の根拠たる仲裁法との共通点を見出す必要がある。

例えば、ドイツの新仲裁法は、仲裁手続に従って下した仲裁判断が、当事者間において裁判所の確定判決と同一の効力を有すると規定している[43]。また債務者が、仲裁手続における和解において即時に強制執行に服することを認めたときは、その和解の強制執行の要件及び手続は仲裁判断のそれぞれと同一である[44]。しかし、この「和解」についての規定は、内国仲裁のみに適用されるであろう。通常、外国の裁判所がそのような和解について、判断の承認と同一の要件及び手続で承認・執行することはできないと考えられる[45]。

フランス仲裁法は国際仲裁と国内仲裁とに分け、国際仲裁について、国内仲裁より緩やかな法規制を設けている。また、国際仲裁か国内仲裁かを問わず、当事者で仲裁を友誼的仲裁人（amiable compositeur）に付託することができる[46]。友誼的仲裁に付する場合、仲裁人は法の規則または商慣習によらず、「善と衡平」（ex bono et aequo）によって仲裁することができる[47]。しかし、正規の仲裁か友誼的仲裁か、または国内仲裁か国際仲裁かを問わず、これらの仲裁による判断は、紛争の解決につき既判力を有する[48]。その判断を執行

42　例えば、AAA 仲裁規則第 27 条第 1 項。UNCITRAL 仲裁規則第 32 条第 2 項である。
43　同法第 1055 条。
44　同法第 1053 条第 2 項。
45　ニューヨーク条約は仲裁判断手続中に成立した和解について、なんらの規定もない。
46　フランス新民訴法第 1474 条、第 1497 条。
47　フランス新民訴法第 1474 条、第 1497 条。喜多川篤典著『国際商事仲裁の研究』、東京大学出版会、1978 年版、238 頁。
48　フランス新民訴法第 1476 条、第 1500 条。

するための執行手続も同一である[49]。これらの仲裁判断はフランス法上同一の効果を有し、外国の裁判所がフランスの領域内またはフランス仲裁法を手続準拠法とした仲裁判断を承認・執行する際に、承認・執行国の国内法または条約に特定の拒否理由が存在しない限り、すべて承認・執行すべきであると思われる。

イギリスにおける仲裁は、コモン・ロー以外に制定法があり[50]、コモン・ローの原則はほとんど制定法によって法典化されているが、制定法の規制を受けない事項はコモン・ローを適用する。イギリス制定法に基づく仲裁は、裁判所の完全なコントロールにおく建前を採っている[51]。そのなされた仲裁判断は、当事者の反対意思がない限り、それは当事者に対し最終的かつ拘束力を有する[52]。このような判断は、高等法院またはその裁判官の許可を得て、同じ趣旨の判決または命令と同じ方法で執行することができる[53]。したがって、仲裁法に基づく仲裁判断は、他国でニューヨーク条約に依拠する承認・執行を求めることができると思われる。しかし、イギリスでは、前述の仲裁の他に、第三者に依頼して、商品の品質の良否を評価するいわゆる品質仲裁（quality arbitration）がある。この種の仲裁は、専門知識を有する第三者に目的物の評価額を決定させる評価（valuation or appraisal）である。イギリスにおける評価は司法的な機能（judicial function）を有しないので、一般的に仲裁ではないとされている[54]。しかし、評価後に正式の仲裁を行うことはさしつかえない。このような商品の品質仲裁による評価は、イギリス法上、仲裁判断として認められていないので、その評価につき、外国の裁判所でニューヨーク条約に基づく承認・執行を求めることは不可能であろうと考えられる。

---

49 フランス新民訴法第1477条、第1500条。
50 喜多川・注47前掲書244頁。
51 喜多川・注47前掲書245頁。
52 1996年イギリス新仲裁法第47条。
53 1996年イギリス新仲裁法第66条第1項。
54 喜多川・注47前掲書244頁。

アメリカにおける仲裁は、コモン・ローと制定法が共存している外に[55]、連邦国家である故に、連邦法と州法が共存している。アメリカにおける仲裁制定法は、1920年のニューヨーク州仲裁法が最初であり、それ以前はもっぱらコモン・ローに基づいて仲裁を行っていた。1925年に至って、連邦政府は、ニューヨーク仲裁法にならって連邦仲裁法を制定し、国際取引及び州際取引上の紛争についてこれを適用した。1955年に各州の採用に備えて統一仲裁法（Uniform Arbitration Act）が採択され、多かれ少なかれの修正を加えて、40州ほどがこの統一仲裁法を採用している[56]。連邦仲裁法第9条及び統一仲裁法第13条（b）によると、仲裁判断の勝者は、裁判所に確認（confirm）させ、これを裁判の中に合流（merge）させることが可能で、これらの裁判は既判事項（res judicata）の効力を有し、当事者を拘束する[57]。反対に、統一仲裁法を採用しない州はコモン・ローに従う。

アメリカでなされた仲裁判断について外国で承認・執行を求める際、これらの仲裁判断は、連邦法に基づくかまたは州法に基づくかを見分けなければならない。ニューヨーク条約は仲裁地の本国の裁判所の承認を先決条件としていないので、連邦法または州法によって承認・執行されうるものであれば、外国の裁判所はその仲裁判断を承認・執行することができると思われる。

ドイツ、フランス、イギリス及びアメリカの仲裁法を概観すると、仲裁は、紛争当事者の合意に基づきその紛争を私人である第三者に付託して紛争の解決を求める制度であることについては一致しているが、法及び裁判所の仲裁に対するコントロールは多少の差異が存在している。国際商事仲裁について、上述したすべての国では、商慣習法（lex mercatoria）、「善と衡平」（ex bono et aequo）にした

---

55 小島武司「主要国の仲裁制度―アメリカ合衆国」、小島＝高桑・注12前掲書511頁参照。
56 「国際商事仲裁システム高度化研究会報告書―商事仲裁の新たな発展に向けて―」、『JCAジャーナル』、1996年6月増刊号、51~52頁。
57 小山昇著『新版 仲裁法』、有斐閣、1983年版、196頁。李・注5前掲書65頁。

がって仲裁することもできるとされている[58]。また実体法の適用有無に拘わらず、正式仲裁による判断は、手続的または司法的な法律効果を有し、紛争を終局的に解決させる機能を有する。このような一致性はニューヨーク条約の意図する共通点であると考えられる。

第四節　仲裁判断の性質に関する学説上の対立

　仲裁判断の性質について、判決説と契約説とが争われている[59]。契約説は、仲裁付託合意から出発し、仲裁人の権限は当該合意により授与され、当事者は合意により、紛争の解決を仲裁人に依頼し、そのなされた判断を受諾するのであると主張している[60]。判決説は、仲裁人は公権力を有しないが、仲裁人が紛争の当事者から選任を受けた後は、裁決者として独立に紛争を裁決する、と主張している[61]。日本では契約説が多数説である[62]。これに対し、日本公催仲裁法第802条第1項による仲裁判断の承認は、契約の履行（給付）の訴えによるものではなく、執行判決によるものであるので契約説ではなく、判決説を採用していると思われる。それに、各国の法制には差異があるので、すべての仲裁判断を一つの枠にはめることは不可能であろう。イギリス、アメリカなどのコモン・ロー諸国は古くから内国の仲裁判断であると外国のそれであるとを問わず、仲裁判断を契約とみなし、契約履行の訴えの原因（cause of action）となしうるとしている[63]。しか

58　喜多川・注47前掲書245、248、249頁。佐藤・注21前掲論文2頁。春日偉知郎「ドイツの新仲裁法（下）」、『JCAジャーナル』、1999年8月号、30頁。
59　小山・注57前掲書175頁。
60　中田淳一「外国仲裁判断の承認と執行」、『法学論叢』、37巻480頁。
61　三井哲夫「非訟事件手続に関する一般理論—その比較法的考察」、法曹時報21巻1191頁。
62　中田・注60前掲論文24頁。
63　韓健著『現代国際商事仲裁法的理論と実践』、法律出版社、1993年版、301頁、宋・注12前掲書92頁参照。

し、これらの国の仲裁法をみると、正式仲裁はすべて判決に類似する手続法上の効果を有するので、判決説を採用しているとみられる。他方、1998年ドイツ新仲裁法第1055条によると、ドイツが判決説を採ることが窺われる。またスウェーデンもドイツと同様に判決説を採っている[64]。外国仲裁判断の承認・執行について、条約の根拠がないときには、外国仲裁判断を契約とみなして、契約の履行の訴えによってそれを承認・執行することが好ましいが、ニューヨーク条約が広汎に適用されている今日においては、契約説に固執する必要はないと考えられる。

64　1999年スウェーデン新仲裁法第59条。

第三章　国際商事仲裁判断の承認・執行の要件及び手続

第一節　仲裁判断の承認・執行の要件

序説

　国際商事仲裁判断の承認要件については、多くの場合、国際条約または二国間条約で定められている。しかし、かかる条約が存在しない場合には、国内法で定めることもある[1]。

　ジュネーブ条約は、国際的な範囲で外国仲裁判断の承認及び執行に関する最初の条約であり、外国仲裁判断の承認・執行についてかなり詳細かつ厳格な要件を規定している。同条約第1条第1項の規定によると、外国仲裁判断の承認または執行を得るための要件[2]が5項目定められている。すなわち、

① 仲裁判断が、有効な仲裁付託に従ってなされたこと。

② 仲裁対象性は、仲裁判断の援用される国の法令により解決可能なものであること。

---

[1] 例えば、1998年ドイツの新仲裁法第1061条、1981年フランス仲裁法1489条である。
[2] これらの要件は「積極的要件」と呼ばれる。高桑昭「外国仲裁判断の執行に関する条約」、小島武司＝高桑昭編『注解　仲裁法』、青林書院、1988年版、348頁参照。

③　仲裁判断が、当事者の合意する方法でかつ仲裁手続の準拠法に従って構成された仲裁裁判所によりなされたこと[3]。
④　仲裁判断が、その判断された国において確定したこと[4]。
⑤　仲裁判断の承認または執行が、その承認または執行国の公の秩序または法の原則に反しないこと。

上述した諸要件の存在は、判断の承認・執行を申立てる当事者が立証しなければならず、また裁判所も職権をもってその存否を調査しなければならない[5]。ドイツ旧民訴法第1044条は、条約の適用を優先するとしながら、ジュネーブ条約の規定する要件とほぼ同じものを規定していた[6]。しかし、ジュネーブ条約第1条第1項に列挙されている④では、仲裁判断が確定したことが要求されているのに対し、ドイツ旧民訴法第1044条は拘束力あるもので足るとしている[7]。その後、ドイツがニューヨーク条約に加盟した結果、同条約の第7条第2項により、同条約の締約国の間ではジュネーブ条約が適用されず、また、ニューヨーク条約及びヨーロッパ条約がドイツ旧民訴法1044条より優先的に適用されることになったので、同法1044条の適用機会は少なくなった。結局、1998年ドイツ新仲裁法は、旧民訴法第1044条を完全に覆し、外国仲裁判断の承認・執行に関する要件について、ニューヨーク条約の規定に従うと規定している[8]。

3　この仲裁手続の準拠法は、ジュネーブ議定書第2条第1項により、仲裁地法と解される。
4　この「確定」を証するために、仲裁地国の執行判決を必要とされるのは当然であるので、この条約の下では、執行判決が二重に必要とされることになる。ジュネーブ条約の問題点として指摘されるところである。
5　小島＝高桑・注2前掲書348頁［高桑］参照。また、呉松枝「外国仲裁判断の承認と執行―1958年6月10日のニューヨーク条約を中心として―(7)」、『JCAジャーナル』、1988年12月号、6頁参照。
6　ジュネーブ条約は1929年7月25日にドイツで発効している。
7　呉・注5前掲論文(7) 6頁参照。
8　ドイツはニューヨーク条約に加入したとき、「相互主義」を宣言したが、後に、当該留保を撤回した。（小林秀之著『国際取引紛争（新版）』、弘文堂、2000年版、230頁参照）。したがって、同条約の非締約国の仲裁判断もドイツでニューヨーク条約に依拠してその承認を求めることができる。1998年ドイツ新仲裁法第1061条参照。

しかし、ニューヨーク条約に加盟しても、国内法の要件が同条約のそれよりも緩和される場合には、国内法を適用することができる。例えば、1981年フランス新民訴法第1498条は、国際公序に違反しない外国仲裁判断または国際仲裁判断について、これを承認すると規定している。日本の公催仲裁法は外国仲裁判断の承認についてなんらの明文規定も有しないので、こうした問題を生ずる余地がない。もっとも日本と中国との間の二国間経済貿易協定は、仲裁判断の承認要件について何も規定しておらず、執行要件のみ定めている。しかし、ニューヨーク条約と比べて中日貿易協定のほうが不完全なものであると言わざるをえない。したがって、後法優位の原則（a later law overrules an earlier one or lex posterior derogat legi priori）及びニューヨーク条約の最有利条項[9]に基づき、ニューヨーク条約を優先適用するほかない[10]。さしあたり、ニューヨーク条約を適用する機会がもっとも多いのに鑑みて、以下では、その規定する承認・執行の要件を考察してみよう。

I．ニューヨーク条約の規定

ニューヨーク条約は、国際商取引の発展を図り、国際商事仲裁判断の承認・執行を容易ならしめるため、ジュネーブ条約の規定する承認の積極的要件の一部を、被申立人の立証を必要とする承認拒否事由に変えた。したがって、外国仲裁判断の承認の積極的要件はそれだけ緩やかになった。

（1）形式要件—仲裁判断の書面性

ニューヨーク条約第4条第1項（a）は、外国仲裁判断の申立にあ

9　同条約の第7条第1項参照。
10　道垣内正人＝早川尚吉「主要な外国の仲裁判断の日本における執行」、松浦馨＝青山善充編『現代仲裁法の論点』、有斐閣、1998年版、435頁参照。

たり、正当に認証された判断の正本 (The authentication of a document) または正当に証明されたその副本(The certification of a copy)[11]の提出を必要とするとしている。これは、承認の対象となる判断は書面でなされていることを要するとするものであって、口頭でなされたものはその対象としないことを意味する。判断書の形式及び記載事項は、当該仲裁手続に付随する仲裁規則または手続法によって異なるが[12]、少なくとも一方の当事者に支払またはその他の行為を命ずるものであることを必要とする。判断の理由については、仲裁規則または慣例によって記載を必要としない場合には、その規則または慣例に従う。判断の日付及び仲裁人の署名は不可欠であると思われる。日付は権利の得失、判断の期日の証明のために重要であり、仲裁人の署名は判断書が正当に作成されたことを証明するものであるからである。一定の行為を命ずる旨（判決の主文に類似するもの）の記載を欠くと、執行の対象がなくなり、日付と署名を欠くときは、仲裁判断の存在を確証することができず、どの国でも外国仲裁判断の執行判決を求める訴えを提起した場合には、その訴えは不適法として却下されるであろう。

(2) 実質要件

(a) 序言

　ジュネーブ条約の規定する承認要件は、複雑であり、しかも、要件の具備を立証する責任は大部分申立人側にある。しかし、ニューヨーク条約は承認要件を積極的要件と拒否事由とに分け、積極的要件が欠

11　前者は正本中の署名の真実性に関する証明を指すのに対し、後者は正本全体の真実性に関する証明を指す。したがって、両者に違いが存在する。A, J, Van den Berg, The New York Arbitration Convention of 1958, (Kluwer 1981), p. 250.

12　例えば、ICC規則第21、22条、AAA規則は第28条、UNCITRAL規則第32条第2項、1998年ドイツ新仲裁法第1054条、日本公催仲裁法第799条、1981年フランス民訴法第1471~1473条。

けると、裁判所は職権により、承認を拒否できる。拒否事由についてはすべて、被申立人が立証責任を負うものとしている。申立人は仲裁判断及び仲裁合意の存在についてのみ立証責任を負い、これは、それらの存在を証する書面の提出によって果たされる。外国仲裁判断の承認について裁判所が当事者の申立を待たずに職権をもって調査できる事項は、承認の積極的要件であると考えられる[13]。被申立人が裁判所の職権調査を促すため、承認要件の欠缺を主張することはできるが、裁判所はその主張に拘束されず、自ら判断すべきであると思われる[14]。

外国仲裁判断の承認のために必要となる要件は、ニューヨーク条約第5条第2項の規定する仲裁可能性及び公序遵守であると思われる。同条第1項（a）号から（e）号までの事由の存在については、被申立人が証拠を提出する場合に限り、承認国の裁判所が承認を拒否することができる[15]。被申立人がこれらの事由を主張せず、または主張しても証拠を提出することができない場合、裁判所は、当該外国仲裁判断を承認する。すなわち、客観的にこれらの事由が存在しても、被申立人が主張または立証しない限り、これらの事由の存在は裁判所の承認を妨げない。したがって、これらの事由の不存在は承認の必須要件とはならない。しかし、同条第2項の規定する仲裁可能性及び公序遵守の存否については、裁判所の職権により、調査をすることができ、かつ、調査をする必要がある。調査の結果、これらの要件を満たすことができない場合、外国仲裁判断の承認申立は拒否される。条文は拒否できる（may be refused）とされているが、公序留保は承認国の基本的な法秩序を守るためであり、公序違反が認められれば、その外

---

13 呉・注5前掲論文（7）7頁参照。
14 例えば、Guangdong New Technology v. Chiu Shing 事案において、香港最高法院は、仲裁判断書の未提出を理由にして執行拒否の判決を下さずに、当事者の仲裁判断書の事後提出を許可する、という決定をしたのである。趙健著『国際商事仲裁的司法監督』、法律出版社、2000年版、156頁参照。
15 ニューヨーク条約第5条第1項参照。

国仲裁判断を承認するはずがない。したがって、公序遵守及び仲裁可能性は、外国仲裁判断の承認のために具備しなければならない必要要件であると考えられる。

ニューヨーク条約は、外国仲裁判断の承認を容易ならしめることを意図し、したがって、承認のための必要要件を上述の仲裁可能性及び公序遵守に限定した。以下ではこの要件について検討してみよう。

(b) 紛争の仲裁可能性

仲裁は、私人の自由意志により、私人間に生ずる紛争の解決を私人である仲裁人の判断に委ねるものである[16]。しかし、問題の権利または法律関係を当事者が自由に処分できない場合には、それに関する紛争の解決を仲裁に委ねることができない[17]。仲裁の利用が許されない事項は、一般的に、国家の秩序にかかわる事項であるため、公序違反と分離して規定する必要がないとされているが[18]、ジュネーブ条約の第1条第2項 (b) が同条項 (e) からから分離して規定された経緯から、ニューヨーク条約もこれをそのまま継承した。

紛争の仲裁可能性を決定する法令は前述のように、仲裁判断がなされた地の法令ではなく、仲裁判断の承認・執行を求められた国の法令である。仲裁に付託することのできない事項は各国の法令によって異なるが、一般的にいえば、独禁法、商標法、特許法、身分法などに関する紛争は、司法裁判所の専属管轄であるため、仲裁に付託することが許されない[19]。例えば、アメリカのWilko v. Swan事件[20]に関する判例によると、1933年の証券取引法に関する紛争の解決は、仲裁に

---

16 M. J. Mustill, "Arbitration: History and Background" (1989), 6 Journal of International Arbitration. p. 43.

17 例えば、日本公催仲裁法第786条及び1998年ドイツの新仲裁法第1025条は、仲裁の適用範囲を規定している。

18 A. J. Van den Berg, The New York Arbitration Convention of 1958, (Kluwer 1981), p. 360.

19 Ibid. p. 369.

20 趙秀文編『国際商事仲裁案例評析』、中国法制出版社、1999年版、96~102頁参照。

付託することができないとしている。また、ベルギーの判例では、総代理店契約の一方的解除に関する紛争は裁判所で裁判すべきであって仲裁に付託することはできないとされている[21]。長年、アメリカにおいて、証券法上の権利は放棄することができないとの理由で仲裁可能性が否定されていた。Wilko事件に対する判決は、そのことを認めた事例である。しかし、近年、アメリカでは証券法及び証券取引法上の請求に関する仲裁可能性が肯定されている[22]。アメリカにおける紛争の仲裁可能性に対する制限が緩和されるのに対し、総代理店契約は商事的なものであり、経済上の弱者の保護の立法とはいえ、その保護の対象を国際的な商取引にまで拡大すると、取引の相手が取引を控える可能性もあり、その国の貿易発展にとってマイナスであろう。したがって、主要な商業国家がこのような規制を採用しないだろうと考えられる。

（c）公序遵守

外国仲裁判断の承認または執行が内国の公序に抵触する場合には、二国間条約と多国間条約とを問わず、その承認または執行が拒否される[23]。たとえ条約に公序留保の明文規定がなくても公序違反を理由として承認を拒否することができる[24]。公の秩序という概念は、各国の法の歴史及び国家体制によって異なるし、「公序」という概念を統一的に定義することはほぼ不可能に近い[25]。しかし、外国仲裁判断の承認に関しては、仲裁に公権力が関与していないことから、欧米諸国に

---

21 韓健著『現代国際商事仲裁法的理論与実践』、法律出版社、1993年版、347頁参照。
22 例として、1974年のScherk事件に対するアメリカ連邦最高裁判所の判決は、先例のWilko事件の判決を覆し、証券紛争を仲裁に付託することができると肯定した。Whitmore Gray, 岩崎一生（訳）「最近の米国における商事仲裁をめぐる法的諸問題」、『国際商事法務』、V0l. 8、200頁参照。
23 A. J. Van den Berg, The New York Arbitration Convention of 1958, (Kluwer 1981), p. 360.
24 朱克鵬著『国際商事仲裁的法律適用』、法律出版社、1999年版、289頁、また呉・注5前掲論文（7）8頁参照。
25 朱・注24前掲書288頁参照。

は公序を狭く解釈する傾向がある[26]。つまり、公序に対する解釈については国内法ではなく、国際的な基準を採用する。そのもっとも顕著な例として、国内法に基づく仲裁判断に理由を付すことを必要とし、理由を付さない場合、取消の原因になりうるとするものがある[27]。しかし、外国仲裁判断がその依拠する仲裁規則または手続慣例によって理由を付さない場合には、その仲裁判断は通常、公序違反とされない[28]。フランスでは国内的な公序と国際的な公序とを区別し、外国仲裁判断または国際仲裁判断の承認にあたり、国内法の公序ではなく、もっぱら国際公序の違反の有無を承認許否の基準としている[29]。スイスでは、外国仲裁判断が判断書の作成期間、文書形式及び寄託などに関する国内法の手続規定に違反しても、公序には違反しないとされている[30]。

ニューヨーク条約加盟後、アメリカの裁判所は、同条約のいう公序について狭く解釈している。そのもっとも重要な判例は1974年のParsons & Whittemore Overseas Co. Inc. 事件に関する判決である。この判決は、外国仲裁判断の承認・執行を容易ならしめるため、公序は狭く解釈すべきであり、その国の道徳と正義というもっとも基本的な概念 (most basic notions of morality and justice) に違反しない限り、公序違反はないと述べている[31]。また、同事件において、被申立人が申請した証人は、仲裁人が指定した証拠

---

26 A. J. Van den Berg, The New York Arbitration Convention of 1958, (Kluwer 1981), p. 365.
27 例えば、1998年ドイツ新仲裁法第1054条第2項、日本公催仲裁法第801条第1項(5)号。
28 A. J. Van den Berg, The New York Arbitration Convention of 1958, (Kluwer 1981), p. 381, 385. また趙・注14前掲書205頁参照。
29 1981年フランス新民訴法第1498条、Ibid. A. J. Van den Berg, p. 361.
30 韓・注21前掲書346頁、石黒一憲「スイス新国際仲裁法について」、委託論文一(社団法人 国際商事仲裁協会)、1989年版、22頁参照。
31 趙健「論公共秩序与国際商事仲裁裁決的承認与執行」、『中国国際私法与比較法年刊』、法律出版社、1999年版、389頁、呉・注5前掲論文(7) 9頁、朱・注24前掲書317頁参照。

調べの期日に出頭せず、その代わりに宣誓供述書を提出し、仲裁人はその供述書を斟酌して判断を下した。被申立人は、この手続は公序違反であると主張したが、裁判所は、仲裁の場合、証人の強制召喚ができないため、証人尋問のできないことがあっても、それは、仲裁を選択したこと自体に内在するリスクであり、証人が、出頭する代わりに宣誓供述書を提出した場合でも公序違反とすることはできないとされている[32]。公序を狭く解釈する原則は、上記判決後もしばしば援用され[33]、かかる解釈はすでにアメリカでは判例上定着している、と解される。

ドイツ新仲裁法第1059条第2項（ｂ）号は、仲裁判断が公の秩序に反することをもって取消の原因としている。同法第1060条第2項は、仲裁判断の承認・執行が公の秩序に反する場合には、その判断の執行許容宣言を求める申立を棄却しなければならない、としている。また裁判所は職権でこうした取消事由を斟酌しなければならない。したがって、実際上は、裁判所は実質的な不当性を理由とする仲裁判断の取消についてだけ関与することができるにすぎず、仲裁裁判所がした事実認定や法的評価に拘束される[34]、ということに帰結することになる。さらにドイツの過去の外国仲裁判断の承認・執行に関する判例では、公序に対する解釈も狭く、極端な状況のみ（extreme cases only）が、はじめて「公序違反」と判定される[35]。

外国仲裁判断の承認・執行における公序留保は自国の法益を守るが、公序を拡大解釈すると、その国との商取引から生じた紛争を仲裁によって、解決を図ることが難しくなり、貿易の相手がその国との取引を危惧し、したがって、その国の貿易機会を減少させ、ひいてはその国の経済発展を阻害するおそれがある。第二次世界大戦後の世界経

---

32 呉・注5前掲論文（7）9頁参照。

33 趙・注31前掲論文389頁参照。

34 春日偉知郎「ドイツの新仲裁法について（下）」、『JCAジャーナル』、1999年8月号、29頁参照。

35 韓・注21前掲書345～346頁、趙・注14前掲書202頁参照。

済には、相互依存性が高く、貿易の増大がその国の経済発展にとって重要であることはいうまでもない。世界中の主要な商業国家は、ほとんど例外なくその国の貿易障壁を取り除き、貿易発展に力を注ぎ、自国の経済発展を図っている。上述した判例はこの方針に沿ったものであると考えられる。

ニューヨーク条約第5条第2項（b）号の規定によれば、仲裁判断の承認・執行が求められた国の権限ある機関は、承認国の公序に違反したか否かを職権で調査することができる。しかし、仲裁地の慣習と承認国の国内法の規定とが異なった場合、通常その慣習が公序に違反しないとして承認される。そのもっとも顕著な例として、ロンドンでなされた仲裁判断は多くの場合、判断に理由を付していない。にもかかわらず、そのような仲裁判断の承認について、各国裁判所はほとんど公序に違反しないとしている[36]。

公序に関する日本の国内法の規定は民法第90条、法例第30条、民訴法第118条2号などに見られる。しかし、ニューヨーク条約のいう公序の解釈については、国際商業の連帯性に鑑み、国際的視野に立って、アメリカ、ドイツ、フランスのように国内公序より狭く解釈すべきではないかと思われる。すなわち、国内法への抵触だけで外国仲裁判断の承認を拒否するのではなく、その抵触が法的、道徳的、政治経済的にもっとも基本的な理念に反し、かつその違反が国際的視野から見ても堪え難いものである場合に限って公序違反として承認を拒否すべきである。例えば、仲裁判断に理由を付していない場合は、日本法の下でも公序違反であるとすべきではないと考えられる。

公序留保は自国の法秩序及び国益を保護するためのものであろう。自国の法秩序に根本に違反しない限り、公序を狭く解釈するのは自国の貿易の促進に役立つ。外国仲裁判断の承認にあたり、アメリカ、ドイツ、フランス、スイスなどではニューヨーク条約の規定する「公

36　趙・注14前掲書205頁参照。

序」を制限的に解釈している[37]。中国も貿易立国という立場を考えて、「公序に関する制限解釈」の国際的な潮流に追従すべきであろう。中国の状況についての検討は、第五章に譲ることにする。

II．UNCITRAL モデル法の規定

UNCITRAL モデル法中の仲裁判断の承認・執行に関する要件[38]は、ニューヨーク条約の規定とほぼ同じであるが、両者の相違点について、UNCITRAL モデル法は、内国仲裁判断と外国仲裁判断との区分をしていない。従来は、内国仲裁判断と外国仲裁判断とで、その承認の要件を異にするとの考え方で国際的な立法がなされてきた。仲裁に関する渉外的実質法の統一という観点からは、外国仲裁判断の承認・執行に関する要件を統一することがもっとも重要であるからである[39]。その他、UNCITRAL モデル法第35条第2項に規定された要件は、ニューヨーク条約第4条第1項の規定より緩やかであり、すなわち、モデル法は、文書の翻訳文について、「公の若しくは宣誓した翻訳者または外交官若しくは領事官による証明を受けたものでなければならない」を必要要件としないとしている。したがって、モデル法のほうが、さらに仲裁判断の承認・執行を容易ならしめるであろう。

第二節　仲裁判断の承認・執行に関する手続

序説

国際商事仲裁判断の承認・執行に関する手続について、国際条約ま

37　A. J. Van den Berg, The New York Arbitration Convention of 1958, (Kluwer 1981), p. 361.

38　モデル法第35条参照。

39　小島＝高桑・注2前掲書903頁［高桑昭］参照。

たは二国間条約で、詳しく規定することはほとんど不可能である。例えば、中日貿易協定第8条第4項では「両締約国は、仲裁判断について、その執行が求められる国の法律が定める条件に従い、関係機関によって、これを執行する義務を負う」としか規定されていない[40]。これは仲裁判断の執行手続に関する規定であり、承認の手続に対しまったく言及していない。また、ニューヨーク条約もジュネーブ条約と同様に、承認の手続については規定していない。結局、ニューヨーク条約は仲裁判断の承認に関する手続については、判断が援用される各国の手続規則に委ねている[41]。

ニューヨーク条約の適用ある外国仲裁判断の承認手続について、大別した各国の手続規則は、次のように分類することができる。

(1) 特別立法で承認の手続規則を規定する(イギリス、アメリカなど)[42]。

(2) 同条約の規定する外国仲裁判断と同条約以外の外国仲裁判断とを、同じ方法で承認する(ドイツ、イタリア)[43]。

(3) 内国仲裁判断の承認と同じ方法で承認する(日本)[44]。

承認の方式について、日本とイタリアは、判決をもって外国仲裁判断を承認するが、アメリカ、イギリス、フランスは、決定または命令によってこれを承認する[45]。これらはいずれも、裁判官の関与を必要

---

40 田中信行「中国の仲裁とその展望(4完)」、『JCAジャーナル』、1986年10月号、10頁参照。

41 同条約第3条の前段参照。

42 「国際商事仲裁システム高度化研究会報告書」、『JCAジャーナル』増刊、1996年6月、51、52、56、57頁参照。

43 1998年ドイツ新仲裁法第1061条第1項参照、(春日・注34前掲論文34頁)、1994年イタリア新仲裁法第839条第4項参照、(飯塚重男「イタリアにおける仲裁法の改正(下)」、『JCAジャーナル』、1996年10月号、16頁)。

44 宋航著『国際商事仲裁裁決的承認与執行』、法律出版社、2000年版、97頁、A. J. Van den Berg, The New York Arbitration Convention of 1958, (Kluwer 1981), p. 236, 237.

45 韓・注21前掲書303頁参照、小島=高桑・注2前掲書589頁[飯塚重男]参照、小島=高桑・注2前掲書541頁[多喜寛]、小島=高桑・注2前掲書523頁[小島武司]、佐藤安信「紛争処理の民営化?─実務家のための1996年英国仲裁法概説(4完)」、『JCAジャーナル』1998年9月号、6頁。

としているが、フィンランドのように、行政官である主任執行官に承認の手続を委ねている例もあり[46]、各国の制度はさまざまである。

ニューヨーク条約に基づく外国仲裁判断の承認・執行を申立てる際、同条約第4条によると、申立人は、次の書類を提出しなければならない。

（a）正当に認証された判断の正本または正当に証明されたその副本。

（b）仲裁合意の正本または正当に証明されたその副本。これらの判断または仲裁合意が、判断が援用される国の公用語で作成されていない場合には、判断の承認または執行を申立てる当事者は、これらの文書の当該国の公用語による翻訳をも提出しなければならない。その翻訳文は、公の、若しくは宣誓した翻訳者または外交官若しくは領事官による証明を受けたものでなければならない。公の翻訳者は仲裁地国の者でもよいが、外交官または領事官は、承認国の外交官または領事官を指すものである。

これは承認または執行を求めるときに具備すべき書類に関する規定にすぎず、具体的手続は、内国仲裁判断の承認・執行より厳格でない限り、内国の手続規定に従ってなされる。

I．仲裁判断の承認・執行手続に関する主要国の立法規定

仲裁判断の承認・執行手続については、各国の規定はそれぞれ異なっている。

（1）アメリカ

アメリカでは、連邦と州との二元的な司法機関があるので、それぞれの手続規定によって承認・執行を求めることができる。アメリカの連邦仲裁法によると、ニューヨーク条約の適用がある外国仲裁判断

46　呉・注5前掲論文（5）15頁参照。

は、判断後3年以内に同法に基づく承認・執行命令を申立てなければならないとされている。そのための手続は条約の別段の定めのない限り国内仲裁のそれによる[47]。当該手続はきわめて簡単であり、仲裁契約、仲裁判断、更正決定などの基本文書の写し及び執行判決の申立書を提出すれば足りる。この判決が下されると、仲裁判断は判決と同様に執行力をもつ[48]。

(2) 日本

日本の公催仲裁法は、外国仲裁判断の承認・執行について何らの特別規定もないので、公催仲裁法第802条第1項の執行判決による他に方法がないと思われる[49]。しかし、執行判決の方式が採用されているため、訴え提起によって外国仲裁判断の承認・執行を求めなければならない。訴え提起については、ニューヨーク条約に別段の規定がないので、日本公催仲裁法の規定に従うべきである。しかし、日本公催仲裁法は、判断の承認・執行の申立期限については、何らの制限もしておらず、したがって、たとえ、時効が成立しても提訴できないわけではないと考えられる。

(3) フランス

外国において、または国際仲裁に関して下された仲裁判断の承認・執行は、フランスで国内仲裁に関して下された仲裁判断のそれと同様に、裁判所の執行許可の決定を必要とする[50]。執行許可の決定を得るためには、仲裁判断の正本が仲裁契約の写しとともに、管轄裁判所事務局に寄託されなければならない[51]。また執行許可された仲裁判断は

---

47 同法第201、203、205、207、208条参照。
48 小島=高桑・注2前掲書524頁［小島武司］。
49 小山昇著『新版 仲裁法』、有斐閣、1983年版、238頁参照。
50 フランス新民訴法第1477条第1項、第1500条参照。
51 フランス新民訴法第1477条第2項、第1500条参照。

当該紛争に関して既判事項の権威を取得する[52]。結果、フランスの裁判所はそれを承認することができる[53]、と解される。

(4) イギリス

外国仲裁判断の承認・執行の規定として、イギリスの新法は1950年によるジュネーブ条約及び1975年法によるニューヨーク条約を引用している。すなわち、裁判所の許可を得て、同じ趣旨の判決または命令と同じ方法で執行することができる[54]。当該許可を得た当事者は実際に判決を得ずに判決と同様に当該仲裁判断に基づく裁判所の強制執行手続を開始できるわけである。

(5) ドイツ

ドイツの新仲裁法は、外国仲裁判断の承認・執行に関して執行宣言を必要とするとしている[55]。その宣言を求める際に、申立人は、管轄裁判所に仲裁判断またはその認証[56]謄本を提出しなければならない。また、仲裁判断に執行宣言を付する決定には、仮執行宣言を付すことができる[57]。

(6) イタリア

1994年のイタリア新仲裁法第839条第4項は、外国仲裁判断の承認・執行についても、内国仲裁判断の場合[58]と同一の手続で[59]、当該

---

52 フランス新民訴法第1476条、第1500条参照
53 小島＝高桑・注2前掲書542頁［多喜寛］。
54 イギリス新法第66条第1項参照。
55 ドイツ新仲裁法第1061条参照。
56 この認証は、裁判上の手続について代理権限を有する弁護士によっても行うことができる（第1064条第1項）。
57 ドイツ新仲裁法第1064条第2項参照。
58 イタリアでは、内国仲裁判断の執行に関する管轄裁判所は法務官裁判所である。この点については、外国仲裁判断の場合と違う。飯塚・注43前掲論文16頁参照。
59 もともと 旧800条では、控訴院の判決によらなければならないものとされ、こ

仲裁判断の承認・執行が求められる地を管轄する控訴院にその効力審査を求め、執行許可の決定を得なければならない旨を定めている。すなわち、当事者は、その決定を得るために、仲裁判断書、仲裁契約の原本または謄本を管轄控訴院に提出しなければならない。

II. UNCITRAL モデル法上の規定

　仲裁判断の承認・執行に関する手続に関して、UNCITRAL モデル法の規定はニューヨーク条約の関連条項より一歩も前進しなかった。その第35条は、まったくニューヨーク条約第3条規定の内容を踏襲して、具体的な規定を何も設けておらずに承認・執行地国の国内法に委ねるとしている。今後、国際商事仲裁判断の承認・執行に関する手続を、如何に国際立法の範囲において統一するかは、期待される課題であると思われる。

れがニューヨーク条約を批准する際に問題となったのでる。ちなみに、ニューヨーク条約第3条は、「各締約国は、次の諸条に定める条件の下に、仲裁判断を拘束力あるものとして承認し、かつ、その判断が援用される領域の手続規則に従って執行するものとする。この条約が適用される仲裁判断の承認及び執行については、内国仲裁判断の承認及び執行について課せられるよりも実質的に厳重な条件または高額の手数料若しくは課徴金を課してはならない」としている。そこで、内外にいろいろと批判されている。、結果、1994年の改正によって内外仲裁判断の承認・執行に関する同一手続とする実現をみたのである。飯塚・注43前掲論文（下）16~17頁参照。

第四章　国際商事仲裁判断の承認・執行の拒否

序説

　国際商事仲裁判断の承認・執行に関する拒否事由は、国内法及び条約によって規定される。条約に規定がない場合、コモン・ロー諸国は、国際商事仲裁判断を契約とみなしているので[1]、契約の無効原因があれば承認・執行は拒否される。一部の大陸法諸国は、国内法で国際仲裁判断の承認・執行に関する拒否事由を規定する[2]。国際条約で国際商事仲裁判断の承認・執行に関する拒否事由を規定した最初の条約は、ジュネーブ条約である。

　1927年のジュネーブ条約第2条の規定によると、外国仲裁判断の承認申立事件について、裁判所が次のことを認めるときは、判断の承認及び執行を拒否するものとされている。

（a）判断がなされた国において無効とされたこと。

---
[1] David 教授は、「普通の契約と違う国際商事仲裁判断は、裁判所に認可されると、法的拘束力を付与される文書となる」と評価した。R. David, Arbitration in International Trade (Kluwer 1985), p. 384. 韓健著『現代国際商事仲裁法的理論と実践』、法律出版社、1993年版、301頁参照。
[2] 例えば、1981年フランス民訴法第1498条、旧ドイツ民訴法第1044条、旧イタリア民訴法第797条参照。

（b）その判断によって不利益を受ける当事者が、防御をするために然るべき時期までに仲裁手続について通告を受けなかったこと。またはその当事者が無能力者であって正当に代理されていなかったこと。

（c）判断が仲裁付託の条項に定める紛争、若しくはその条項の範囲内にある紛争に関するものでないこと、または判断が仲裁付託の範囲を越える事項に関する判定を含むことである[3]。

　裁判所は職権で上述した3点事由の有無を調査することができ、その存在を認定した場合には、当該仲裁判断の承認・執行を拒否する。ジュネーブ条約の規定する承認・執行に関する拒否事由の不存在は仲裁判断の勝者である承認・執行の申立人が挙証責任を負うのに対し[4]、1958年ニューヨーク条約の規定する拒否事由は、承認・執行の拒否を主張する当事者が挙証責任を負う[5]。さらにニューヨーク条約は、外国仲裁判断の承認・執行要件と承認・執行の拒否事由を峻別した[6]。なお、ニューヨーク条約第5条の文言「only」からみると、同条約の拒否事由の列挙は限定的であり、列挙されていない事由を理由としてその承認・執行を拒否することは許されないと思われる[7]。反対に同条約に列挙された事由の存在が当事者によって証明されても、裁判所は承認・執行を拒否しなければならないわけではない。条文は、「拒否できる（may be refused）」としているので、裁判所は、拒否事由に該当する法令違反の存在を認めても、その違反が軽微であるというような場合には、承認・執行を拒否しなくてもよいと考えられる[8]。現在のところ、ジュネーブ条約が適用される例がますます減少し、ニューヨーク条約が適用される例が拡大しつつある。したがっ

3　大隈一武著『国際商事仲裁の理論と実務』、中央経済社、1996年版、135頁以下参照。
4　ジュネーブ条約第3条参照。
5　ニューヨーク条約第5条参照。
6　第三章第一節参照。
7　A. J. Van den Berg, The New York Arbitration Convention of 1958 (Kluwer 1981), p. 265.
8　Ibid. p. 265.

て、ニューヨーク条約の規定する外国仲裁判断の承認・執行に関する拒否事由を解明することは、意義深いと考えられる。

第一節　仲裁合意の有効性と仲裁判断の承認・執行の拒否

Ⅰ．ニューヨーク条約中の仲裁合意無効に関する規定

　外国仲裁判断の承認・執行を求める申立人は、仲裁合意の存在を立証すれば足りる。その仲裁合意の瑕疵の存在については被申立人が立証しなければならない。ニューヨーク条約第5条第1項（a）号によると、同条約第2条に掲げる合意の当事者が、その当事者に適用される法令により無能力者であったこと、または前記の合意が、当事者がその準拠法として指定した法令により若しくはその指定がなかったときは判断がなされた国の法令により有効でないときは、外国仲裁判断の承認・執行を拒否することができる。この規定によると、仲裁判断の基礎たる仲裁合意の効力は、次の三つの条件に影響される。すなわち、
① 同条約第2条の要件を具備するか否か。
② 能力の準拠法によって、当事者が有能力者であるか否か。
③ 当事者が指定した準拠法、若しくはその指定がなかったときは判断がなされた国の法令によって、当該仲裁合意に瑕疵があるか否かである。

　①の要件に関し、ニューヨーク条約第5条は単に「第2条」としているが、同第2条には第1項、第2項、第3項があり、同条約第5条のいう「第2条」は第2条の全部を意味するか、またはその中の一部のみを意味するかは、明確ではない。しかし、第2条第3項は、仲裁合意をした事項について、当事者が締約国の裁判所に提訴した場合、いわゆる妨訴抗弁に関する規定である。妨訴抗弁の手続と仲裁判断が

なされた後の仲裁判断の承認・執行に関する手続とは、まったく別の訴訟手続である。したがって、同条約第5条のいう「第2条」の規定は、第2条第1、2項のいう「書面による合意」を指すものであると考えられる。仲裁合意に、ニューヨーク条約第2条の規定する書面が欠けると、同条約に基づく仲裁判断の承認・執行はできない。もっとも、ニューヨーク条約は国内法の適用を排斥しないので、国内法による承認・執行の途は残されている 。なおニューヨーク条約第5条の適用にあたり、最初に、仲裁合意の書面性の具備の有無を検討しなければならない。書面性を具備した後から、能力[9]関する準拠法及び当事者の指定した準拠法若しくは仲裁判断地国法よって仲裁合意に瑕疵があるか否かを検討する。

　仲裁合意の書面の作成にあたり、当事者能力に関する準拠法及び仲裁契約の準拠法によって、仲裁合意が無効である場合には、その仲裁合意に基づく仲裁判断の承認・執行を拒否することができる。能力に関する準拠法の規定は、強行法的な性格を有し、当事者の合意による自由選択を許さず、承認・執行国の国際私法によって定まる。大陸法系に属する諸国は、本国法または住所地法を準拠法とするのが通常である[10]。例えば、当事者が行為無能力者、または制限的行為能力者などである場合には、有効な仲裁契約を締結することができないであろう[11]。

Ⅱ. ヨーロッパ条約と UNCITRAL モデル法中の規定

9　ニューヨーク条約第7条第1項は、締約国が他に締結した条約または国内法が同条約の規定より有利な場合、そのより有利な規定を適用することができる、とされている。

10　黄進著『中国国際私法』、法律出版社、1998年版、143頁、朱克鵬著『国際商事仲裁的法律適用』、法律出版社、1999年版、25頁。1966年ポーランド国際私法第9条第1項、日本法例第3条。

11　1974年オーストラリア仲裁（外国仲裁判断及び仲裁合意）法第8条第4項（1）は、無能力者または制限的能力者に締結された仲裁契約について、有効でないものとみなされ、裁判所はその判断の承認・執行を拒否することができる、とされている。韓徳培編『国際私法』、高等教育出版社・北京大学出版社、2000年版、510頁。

仲裁を要求する当事者の行為能力の法律適用について、ニューヨーク条約及び1961年ヨーロッパ条約も、「その者に適用される法律により」[12]当事者の行為能力の有無を判定するとしているが、どの国の法律を適用するかを具体的に示しておらず、この問題の解決を上述したような関連国家の裁判所に委ねている。両条約のこのようなやり方は、一部の学者の批判を受けている。国際商事仲裁法専門家Van den Berg教授は、この規定を「途中に歩んでいる衝突規則（a half － way conflict rule）」と比喩的に呼んでいる[13]。また、1985年UNCITRALモデル法は、「その者に適用される法律により」という限定的な用語を避けたが、当事者の行為能力の法律適用に関する具体的な規則を確定していない[14]。

Ⅲ. 準拠法の明示的指定と黙示的指定の対立論争

仲裁合意の締結にあたり、当事者は仲裁合意の準拠法を選択することができる。当事者が明示的に特定国の法を選択した場合、その特定された法は準拠法となる。しかし、当事者が明示的に、仲裁合意の準拠法を指定せず、単に主たる契約の準拠法または仲裁規則を指定した場合、仲裁合意の準拠法指定について、黙示的な指定があると認定してよいであろうか。一部の学者は、仲裁手続に関する合意であるので、明示的な指定を必要とするべきであると主張している[15]。当事者の準拠法の黙示的な指定を認めない理由は、次のように述べられている。

---

12 ニューヨーク条約第5条第1項（a）とヨーロッパ条約第6条第2項参照。
13 A. J. Van den Berg, The New York Arbitration Convention of 1958 (Kluwer 1981), p. 277.
14 当事者の行為能力の法律適用について、UNCITRALモデル法第34条第2項（a）（ⅰ）は、「……当事者が準拠するとした法、またはその指定がない場合は本邦（仲裁地）の法令により……」と規定している。
15 朱・注10前掲書133～134頁、邵景春著『国際合同法律適用論』、北京大学出版社、1997年版、451頁参照。

当事者が黙示的に法律を選択する観点について、世界の多くの国は、当事者が黙示的に準拠法を指定することを認めるが、この規則は当事者自治の原則のように国際社会の普遍的承認を得なかった。仲裁廷が関連要因に基づいて、当事者の黙示的な法律選択を推定すると、それが当事者の真の意思を反映するのかという疑問が残ると指摘されている[16]。すなわち、仲裁廷の探求推断は、当事者の黙示的な準拠法指定を真に反映することができない。またJulian D. M. Lew博士は、「……果して、何が抵触法の規則なのかを知っている商人が何人いるのであろうか、そして、商人が抵触法規則を知っていたとしても、彼らは何時その規則を使うのか、どのように適用するのかをめったに考えていない、もし当事者がそこまで考えれば、抵触法を選択しようとするとき、彼らは疑いもなく適用すべき抵触法規則を明確に選択するのであろう、当事者が適用すべき抵触法に対し何の意思表示をしていない場合に、当事者が特定の抵触法体系を適用する意思を推定することを支持する理由は、論理的にも、実際的にも、十分に存在しない」との見解を表した[17]。したがって、「黙示的準拠法指定」を当事者に強いる必要はない。

しかし、私は、当事者自治が世界的傾向であるから[18]、当事者の意思自治に対する尊重に基づいて、国際商事仲裁においては、当事者による黙示の準拠法指定を承認すべきであると考える。ただし、仲裁廷が当事者の黙示の選択を探求するときには、軽率に、主観的に判断を出すべきではなく、慎重な態度を採るべきであって、当事者双方が各々に契約の黙示の準拠法指定を主張する場合、当事者の挙証を要求すべきである。この種の挙証が仲裁廷の要求に合うなら、そして仲裁

16　朱・注10前掲書133~134頁。
17　邵・注15前掲書451頁。
18　1955年有体動産の国際売買に対する法律適用に関する条約第2条第2項、1980年契約債務の法律適用に関するEC条約第3条第1項、1985年国際物品売買の法律適用に関する条約第7条第1項、1979年1月1日に発効したオーストリア連邦国際私法第35条第1項は、皆当事者の法律的黙示的選択を肯定している。

廷の黙示の準拠法指定が確実に存在する場合には、仲裁廷は、ケース・バイ・ケースで契約条項及び各種の要因を総合的に分析し、比較すべきである。関連の事実をもって当事者の意思さえ明確に表せば、当事者の黙示指定の準拠法を適用することは妥当であろう。

　仲裁に付託する合意は、独立の仲裁付託合意によるものもあるし、主たる契約の中の１条項に含まれることもある。現実には、むしろ後者のほうが多いように思われる。仲裁付託合意について、当事者は詳細に仲裁手続または準拠法について規定することは容易であるが、仲裁条項は普通簡略な規定を有するにすぎない。黙示的な指定を認めないと、明示的な指定がない場合には、ニューヨーク条約第５条第１項（ａ）号の補充規定により、仲裁判断がなされた地の法を準拠法とする。このような解決が当事者の真意に符合するかは疑問である。主たる契約と仲裁合意との区別は単に法技術的なものであり、当事者は、果してそのような区別を認識することができるであろうか。仲裁合意の準拠法の指定の有無については、当事者の真意を探求する必要があると思われる。そして、仲裁条項を含む主たる契約について、特定した法を準拠法に指示した場合、その契約に絡む紛争の解決をその法の規定に従って解決する意思があると推測してもさしつかえないであろう。また、仲裁規則を指定した場合、その規則に従う意思があると思われる。仲裁規則が仲裁地の法を準拠法とすると規定した場合、ニューヨーク条約第５条第１項（ａ）号の規定する補充規則と一致するが、当該仲裁規則に別の抵触規則を規定することもありうると考えられる。この場合、当事者がその仲裁規則を指定した以上、その規則に従うべきである。したがって、当事者が主たる契約について準拠法を指定し若しくは仲裁規則を指定した場合、仲裁合意について同じ法に服する意思があると認定できるときは、黙示的な指定を認容すべきであると思われる。明示的及び黙示的な指定のないときに限り、仲裁判断のなされた国の法律が準拠法とされる[19]。当事者の自主性を尊重

19　A．J．Van　den　Berg, The　New　York　Arbitration　Convention　of　1958

する立場からみると、当事者が仲裁合意の準拠法を選択する際に、準拠法と事件とを連結させる必要はないと思われる[20]。例えば、中国と日本との間の取引に関する商事紛争の仲裁合意に、スウェーデンの法律を仲裁合意の準拠法ととすることができると思われる。その結果、当事者が仲裁合意の準拠法の他に、主たる契約または仲裁手続の準拠法も自由に選択することが可能となる[21]。仲裁に合意した当事者が同一国籍であれ、異なる国籍であれ、事件との関連を必要とする本国の国際私法の管轄規定に反して第三国の法律を準拠法としてもさしつかえないであろう。合意の有効性を決定するのは実体法であり、このような選択がなされた場合には、選択された実体法が準拠法となるものであり、その国の国際私法によってさらに準拠すべき実体法を定めるべきではないと思われる。当事者が仲裁合意についての準拠法を選択しなかった場合にも、同じく仲裁地の実体法を当該仲裁合意の準拠法とするべきであると考えられる。また、これは仲裁地の国際私法から解放し、多岐にわたる仲裁地の抵触規則を避けるためにも必要であると考えられる。

すでに述べたように、ニューヨーク条約第7条第1項によると、本条約以外の条約または国内法の規定が同条約の規定より有利な場合には、その条約または国内法を適用することが可能である。この解釈について、学説上の多数説は、ニューヨーク条約は仲裁判断の国際的承認・執行について画すべき制限の最大限度を定めたものであるから、国内法は同条約の規定よりも一層自由な要件を定めている範囲内においてのみ適用が許される趣旨の規定であるとする[22]。しかし、少数説の説くように、本条にこのような明文の規定はなく、解釈の根拠

(Kluwer 1981), p. 291. ニューヨーク条約第5条第1項（a）号。
20 朱・注10前掲書136~138頁参照、R. David, Arbitration in International Trade (Kluwer 1985), p. 343.
21 朱・注10前掲書78~79頁参照。
22 小林秀之「外国仲裁判断の承認・執行についての一考察」、『判例タイムズ』、468号（1982年）、11頁。

も明らかではなく、また条約と国内法の規定とを比較して、ある要件は緩やかであり、他の要件は厳しいということもありうるし、いずれが緩やかであり、いずれが厳しいかの判断は必ずしも明らかとはいえない[23]。またこの条文の規定は、条約の目的である外国仲裁判断の執行をできるだけ広く認めることを意図しており、当事者は自らの選択により国内法によって外国仲裁判断の執行を求めることができるものと思われる[24]。例えば、ドイツ法を仲裁合意の準拠法として選択した場合には、商人間の仲裁合意は書面を必要としないので[25]、ニューヨーク条約第2条の規定にもかかわらず、口頭の仲裁合意による仲裁判断を承認・執行することができる[26]。

　以上のように、仲裁手続の基礎である仲裁合意の有効性は、承認・執行国の法律の規定によって判断するのではなく、当事者の選択した準拠法または仲裁地法によって判断される。すなわち、当該仲裁合意の成立及び効力について、その法を準拠法とする。また、仲裁合意の法的性格（すなわち、手続法上の契約か、あるいは実体法上の契約か）の問題についても、仲裁契約中の関連条項により、当事者の選択した法または判断がなされた地の法に従うべきであり、承認・執行国の裁判所が自国法（国際私法または実体法）によって判断すべきでは

23　猪股孝史「外国仲裁判断の執行」、『比較法雑誌』第23巻2号（1989年）、43頁。小島武司＝猪股孝史「〈総合判例研究〉（4）仲裁判断の効力・取消及び執行判決」、『判例タイムズ』、765号（1991年）、42頁。

24　A. J. Van den Berg, The New York Arbitration Convention of 1958 (Kluwer 1981), pp. 81 － 83. 小島＝猪股・注23前掲論文（4）42頁参照。

25　旧法第1027条第2項、1998年ドイツ新仲裁法第1031条第1、6項参照。

26　具体的事件の適用について、次のような事例がある。すなわち、取引が仲裁条項を含む契約書の書式（form）を一方の当事者（売主）が他方（買主）に送付する形で開始され、その契約書の末尾にスリップの形でコンファメーションノートと題する部分があり、かつ買主がこのコンファメーションノートに署名して売主に返還したというものであった。1978年9月22日に、ハンブルグOLGは、上記事件において、本件では西ドイツ法によって下された仲裁判断の西ドイツにおける執行が問題となっているのでニューヨーク条約の適用はないとし、ドイツ法のもとでは商人間においては仲裁契約は書面による必要はないので仲裁契約の存在が認められるとして、第一審判決を破棄し控訴を認容したという判決を下した。柏木邦良「ニューヨーク条約に関する西ドイツ判例の研究」、委託論文一（社団法人　国際商事仲裁協会）、昭和58年3月号、10頁参照。

ないと思われる。しかし、能力に関する準拠法及び仲裁合意の書面性については、特別の規定があるので、この問題についてはその準拠する法を適用しない。判断の承認・執行を拒否するには、被申立人が、準拠法により仲裁合意が無効であることを立証しなければならない。しかし、当事者が指定した法若しくは仲裁判断地の法によって有効とした仲裁合意に基づく仲裁判断は、ニューヨーク条約第5条第1項（a）号以外の理由によって承認・執行を拒否されることもありうる。例えば、準拠法によると、当該紛争を仲裁に付託することができるが、承認・執行国の法によると、当該紛争を仲裁に付託することを禁ずる場合、承認・執行国は、同条約第5条第2項（a）号[27]の規定を援用して当該仲裁判断の承認・執行を拒否することができる。

第二節　デュー・プロセス（due process）違反

　判断により不利益を受ける当事者が、仲裁人の選定または仲裁手続について適当な（proper）通告を受けなかったこと、またはその他の理由により、防御することが不可能であった場合、その仲裁判断の承認・執行を拒否することができる（ニューヨーク条約第5条第1項（b））。この規定は、仲裁手続における当事者の答弁の機会を保障するものであり、仲裁廷の構成または仲裁手続が当事者の意思に反するか否かは同条同項（d）号問題に属し、本号に含まれていないと思われる。適正な手続を行っているか否かは、仲裁地だけでなく、承認・執行国の正義に合致するか否かも問題となる。したがって、デュー・プロセス違反の有無は、仲裁地の法律や当事者の選択した準拠手続法によって判断されるものではなく、承認・執行国の手続法によって判断されるものである。また、本号の規定は手続全体の公正さ

---

[27] すなわち、紛争対象である事項がその国の法令により仲裁による解決が不可能なものである。

を保障するので、本号の違反は個々の手続の違反ではなく、承認・執行国の手続規定の基本的要件に違反ものに限る[28]。これは承認・執行国の法的秩序を保護するためであると考えられる。例えば、1973年3月20日にコペンハーゲン穀物仲裁委員会のなした仲裁判断は、当該委員会の仲裁規則により、議長の署名だけで、実際に仲裁を行った仲裁人の氏名を公表しなかった。このため、仲裁人の選定を通知するという要件を欠くのみならず、仲裁人に対する忌避の機会も奪ったことになるので、旧西ドイツのケルン高等裁判所は、その仲裁判断の手続について手続法上の基本的な権利を侵害したとして承認・執行を拒否した[29]。また、仲裁人の選定及び手続の進行に関する「通知」については、その送達が仲裁規則によって行われた場合、その送達方法が承認・執行国のそれと違っていても、当事者が仲裁規則に同意した以上、承認・執行国の法律の適用は放棄されたものとみなすべきであり、この場合、適当な通知がなかったとはいえない[30]。外国でなされた仲裁判断は、その地において適当な方法で通知がなされていれば、承認・執行国特別規定に従っていなくても、適当な通知があったといえる。例えば、アメリカで仲裁に付託したメキシコ人当事者に対する通知は、メキシコ法によって公証人を経由する必要はないとされている[31]。これらの判例は、いずれも、仲裁手続の全体における適正さを重んじたものである。当事者が仲裁を選択した理由は、様々であると思われるが、紛争事件について適用できる各国の複雑手続規定を避けたいこともその重要な理由の一つであろう。承認・執行国の厳格かつ

---

28 A．J．Van den Berg, The New York Arbitration Convention of 1958 (Kluwer 1981), p. 298.
29 原案出典は、Oberlandesgericht of Cologne, June 10, 4 Yearbook Commercial Arbitration, 1979, p. 258. 韓・注1前掲書319頁参照。
30 韓・注1前掲書317頁参照。
31 原案出典は、Malden Mills Inc. v. Hilaturas Lourdes S. A, 4 Yearbook Commercial Arbitration, 1979, p. 262. 韓・注1前掲書317~318頁参照。本事件において、メキシコ上訴裁判所は、当事者がアメリカの仲裁規則に同意した以上、メキシコの法律の適用は放棄されたものとみなすべきであると判示した。

複雑な手続規定に拘束されると、仲裁手続の融通性と迅速性が害され、ニューヨーク条約の意図する仲裁判断の国際的承認・執行の目的は達成できないことになる。国際商事仲裁判断の承認・執行の機会を拡大する立場からみて、これらの判決は妥当であると考えられる。送達先の適否については、仲裁合意の書面にある当事者の住所または適当に仲裁人に通知した住所（例えば、弁護士の事務所またはその他の代理人の住所）に送達すれば、適切な送達があったとみなしてよいであろう。

デュー・プロセス違反は、多くの場合、その国の公序に違反するとされている[32]。公序違反には、実体法規の違反だけでなく、このような手続法の基本原則の違反も含む。デュー・プロセス違反を被申立人が主張・立証した場合、裁判所は、外国仲裁判断の承認・執行を拒否することができる。また審理の過程で、その違反が厳重であり、自国の公序に違反するおそれがある場合、ニューヨーク条約第5条第2項により、裁判所は職権をもって証拠調べをすることができる。その結果、裁判所が公序に違反すると認めた場合には、職権でその判断の承認・執行を拒否することができる。

本号のいうデュー・プロセスとは、仲裁人の忌避及び当事者双方の、均等かつ公平な攻撃防御の機会を確保するものである[33]。この機会を奪わない限り、個々の仲裁規則または国内法の軽微な違反は、本号のいうデュー・プロセス違反に該当しない。例えば、仲裁規則では審尋の猶予期間を3週間と定めているのに、通知が2週間の猶予期間しかなかったとしても、当然に攻撃防御の機会を奪われたとはいえない。したがって、本号のいうデュー・プロセス違反に基づいて承認・執行を拒否することはできないと解すべきであある。また特定国の国内民訴法の規定する送達方法または審尋の猶予期間に違反しても、仲

---

32 A．J. Van den Berg, The New York Arbitration Convention of 1958 (Kluwer 1981)，p. 302. 韓・注1前掲書316頁参照。
33 Alan Redfern and Martin Hunter, Law and Practice of International Commercial Arbitration (ed. 2, London)，p. 462.

裁人の氏名が通知され、または攻撃防御方法の提出に相当の期間が与えられていれば、デュー・プロセスに違反したとはいえないであろう。

第三節　仲裁人の越権

　国際商事仲裁判断が、仲裁付託の条項に定められていない紛争、若しくはその条項の範囲内にない紛争に関するものであるとき、または仲裁付託の範囲を越える事項が判断されているときには、その判断の承認・執行が拒否される（ニューヨーク条約第5条第1項（ｃ）号）[34]。仲裁人の権限は、当事者の委託に由来するものであり、その職務委託の範囲にとどまるべきである。仲裁付託の合意が、当事者の明示的または黙示的に選択した準拠法（その選択がなかった場合、仲裁地法の適用）により有効である場合、その仲裁合意は仲裁人を拘束する。本号の適用は、仲裁合意の有効を前提とする。仲裁合意が、ニューヨーク条約第5条第1項（ａ）号により無効であるときは、仲裁人には権限はない。承認・執行手続の被申立人が、仲裁人がなした仲裁判断が仲裁合意にない紛争またはその合意の範囲を越えた紛争についてなされたことを立証したときには承認・執行を拒否することができる[35]。しかし、判断事項が分割可能な場合には、仲裁付託の範囲にある紛争についての判断だけを承認・執行することができる（ニューヨーク条約第5条第1項（ｃ）号後段）[36]。

　部分仲裁判断の態様は、二つあると考えられる。（1）仲裁人が仲裁合意に規定された紛争の全部について判断せず、紛争の一部についてのみ判断した場合。すなわち、判断の脱漏の場合である。この場合

34　UNCITRAL モデル法第36条第1項（ａ）（ⅲ）号も、同趣旨の規定を設けている。
35　韓・注1前掲書323頁参照。
36　UNCITRAL モデル法第36条第1項（ａ）（ⅲ）号後段も、同趣旨である。

には越権とはいえない。(2) 仲裁判断の中の一部だけが仲裁合意の対象となった場合。すなわち、仲裁人の判断が仲裁合意の範囲を越えた場合である。

仲裁判断の一部を承認・執行すべきか否かは、裁判所の自由裁量に委ねられている。仲裁判断が仲裁合意の範囲を越えたが、仲裁判断の主要部分が仲裁合意の範囲内にあり、かつ判断事項が分割可能であり、一部承認・執行を拒否すると著しく公平に反する場合には、その判断の一部を承認・執行すべきである[37]。さらに、UNCITRALモデル法は、部分仲裁判断についての救済措置を規定しており、判断の脱漏部分に対し仲裁人になされる追加判断を許している[38]。

第四節　仲裁廷の構成または仲裁手続の違反

承認・執行手続の被申立人が、仲裁廷の構成または仲裁手続が当事者の合意に従っていなかったこと、またはかような合意がないために、仲裁地の法令に従うべきところ、これに従っていないことを立証した場合には、承認・執行を拒否することができる(ニューヨーク条約第5条第1項(d)号)[39]。本号は同項(a)号と同じく、二つの抵触規則を規定した。すなわち、仲裁廷の構成または仲裁手続は第一次的に当事者の仲裁合意を基本とする。その仲裁合意に仲裁廷の構成または仲裁手続について特別の規定がない場合、仲裁地の法令に従う。ニューヨーク条約第5条第1項(a)号の規定は、仲裁合意の準拠法の選択についての規定である。しかし、本号は仲裁手続の準拠法の選択についての規定である。仲裁は当事者の自治を基本としているので、手続準拠法の選択にあたっては当事者の意思を優先すべきであ

37　A. J. Van den Berg, The New York Arbitration Convention of 1958 (Kluwer 1981), p. 322.
38　同法第33条第3項参照。
39　UNCITRALモデル法第36条第1項(a)(iv)号も、同趣旨を規定している。

る。ただし、当事者は仲裁廷の構成及びその手続に明確な態度を示していない場合には、仲裁地の法令を補助的に準拠法とすること[40]が妥当であると思われる。例えば、イギリスで行われる仲裁で、仲裁契約には、仲裁廷が3人の仲裁人で構成され、そのうち2名は当事者が1人ずつ選任し、その2人が第3の仲裁人を選任することを規定しているが、一方の当事者が仲裁人選任を拒否する場合、イギリス仲裁法[41]により、他方に選任された仲裁人が単独仲裁人としては判断を下したという例がある。この仲裁判断を求められたイタリアのヴェニス高等裁判所は、仲裁廷の構成はイギリス法により当事者の合意違反と認められないとして判断を承認・執行できると判示した[42]。

当事者が仲裁地の法令を手続の準拠法として選択した場合、内国仲裁判断と外国仲裁判断との区別の基準について手続準拠法主義[43]を採っても、属地主義[44]を採っても、同じ結果となる。しかし、仲裁地国以外の国の手続法を準拠法に選択した場合には、手続準拠法主義または属地主義を採用することによって判断取消の許否について差異が現れる。例えば、手続準拠法主義を採用するA国の領域内で、属地主義を採用するB国の手続法を準拠法として仲裁が行われると、そのなされた仲裁判断は、A国、B国のいずれにおいても外国仲裁判断とみなされるため、いずれの裁判所においても取消訴訟ができなくなる。

40　韓・注1前掲書326頁参照。

41　1950年イギリス仲裁法第7節第6項、韓・注1前掲書327頁参照。

42　双方の事件は、S. A. Pando Compania Naviera v. S. A. S. Filmo. である。出典は、3 Yearboook Commercial Arbitration, 1978, p. 277. 韓・注1前掲書326~327頁参照。

43　仲裁手続の準拠法は、古くは、仲裁地法が適用されるべきであると考えられていた。すなわち、手続法の属地性から仲裁手続が行われる地の法（仲裁地法）が適用されるものとされていたのである。大隈・注3前掲書75頁参照。

44　仲裁に当事者自治の原則を認める立場からは、この仲裁手続の準拠法の決定に当事者の意思によることを認めるべきである。日本では、この説が多数説である。大隈・注3前掲書75頁参照。ドイツ旧仲裁法はずっと「手続準拠法主義」（準拠法説）を堅持していた（小山昇著『新版　仲裁法』、有斐閣、1983年版、234頁）。しかし、1998年の新仲裁法は、「手続準拠法主義」を放棄し、「属地主義」を採用している。春日偉知郎「ドイツの新仲裁法について（上）」、『JCAジャーナル』、1999年7月号、13頁参照。

逆に、B国領域内で、A国の手続法に準拠法としてなされた仲裁判断は、A国及びB国のいずれかの法律によって取消事由がある場合、いずれの裁判所もその仲裁判断を取消すことができる。この場合、本号によって、承認・執行拒否事由とならない事由に基づいて、仲裁地国または手続準拠法国の裁判所が仲裁判断を取消す可能性もありうる[45]。またいずれの国の手続法にも準拠しない仲裁規則[46]を仲裁手続の準拠法に選択した場合、そのなされた仲裁判断は手続準拠法主義によると、超国家的仲裁判断（super－national awards）になってしまう[47]。しかし、現段階において、超国家的仲裁判断の成立は一般的な承認を得ているものとは認められない[48]。一方、当事者自治の原則に基づいて、手続準拠法主義は理論的なメリットがあっても、上述のように、実務上の困難さが多いことは明らかである。他方、属地主義によると、判断の承認・執行の容易さだけでなく、仲裁手続に関する裁判所の協力や取消訴訟の管轄についても同一の基準をもって対処することが可能となる合理性がある[49]。したがって、属地主義は妥当であると思われる。

　仲裁廷の構成または仲裁手続は、第一次的に当事者の意思によって決せられる。しかし、当事者の合意が、ニューヨーク条約第5条第1項（b）号の規定に照らして著しく不公平である場合、例えば、仲裁合意で一方の当事者のみが仲裁人選任をしたり、または他方当事者に答弁の機会を与えないような規定を盛り込むときは、この（b）号を適用することも可能である[50]。

45　A．J. Van den Berg, The New York Arbitration Convention of 1958 (Kluwer 1981), p. 330.
46　例えば、UNCITRAL モデル法または商人法（lex mercatoria）である。
47　朱・注10 前掲書119 頁参照、澤木敬郎「内国仲裁・外国仲裁・国際仲裁」、松浦馨＝青山善充編『現代仲裁法の論点』、有斐閣、1998 年版、404～405 頁参照。
48　朱・注10 前掲書121 頁参照。
49　猪股・注23 前掲論文38 頁参照。
50　A．J. Van den Berg, The New York Arbitration Convention of 1958 (Kluwer 1981), p. 324.

第五節　判断の拘束力の欠缺または判断の取消

　承認・執行手続の被申立人が、承認・執行を求められた外国仲裁判断はまだ当事者を拘束するものとなるに至っていないこと、またはその判断がなされた国若しくはその判断の基礎となった法令の属する国の権限のある機関により、取消されたか若しくは停止されたことを立証した場合、承認・執行を拒否することができる（ニューヨーク条約第5条第1項（e）号）[51]。またジュネーブ条約第1条第2項（d）号は、外国仲裁判断の承認の要件として、その判断が、判断のなされた国において確定した（final）ことを要するとしていた。仲裁規則により、判断について、異議の申立、控訴若しくは上告をすることができるとき、また判断の効力を争うための手続が係属中であることが証明されたときは、確定したものと認められない。承認・執行を求める申立人は、仲裁判断が確定されたことを立証しなければならない。申立人はその判断の確定を証明するため、承認・執行を正式に申立てる前に、判断のなされた地の裁判所で、その仲裁判断を確定したものである旨の確認を求める訴訟手続をとらざるをえない。すなわち、仲裁判断のなされた地の裁判所で、その仲裁判断が確定されたものであることを確認する確定判決をえてから、承認・執行を求める国の裁判所でその仲裁判断の承認・執行を求めなければならないことになる[52]。したがって、仲裁判断の勝者が、仲裁地以外の国で仲裁判断の承認・執行を求めることは、非常に困難であった。この「二重の承認」という欠点を補うため、国際商事仲裁会議が行った。ジュネーブ条約の確定要件を取り除き、仲裁判断がなされた国で拘束力（binding）を欠くことをもって承認の拒否理由とする提議[53]は、最終的にニューヨー

51　UNCITRAL モデル法第 36 条第 1 項（a）（v）号も同趣旨である。
52　A. J. Van den Berg, The New York Arbitration Convention of 1958 (Kluwer 1981), p. 333.
53　小川秀樹「ニューヨーク条約の適用範囲について（2）」、『JCA ジャーナル』、1985 年 9 月号、11 頁参照、韓・注 1 前掲書 329 頁参照。

ク条約に受け入れられた[54]。したがって、仲裁判断のなされた国で承認を求める必要がなくなり[55]、その結果、外国仲裁判断[56]が当事者を拘束し、承認・執行国はその判断を承認・執行することができることになる。

仲裁判断の拘束力の有無は、当事者が仲裁合意で選択した仲裁規則または手続法により決められるべきである[57]。仲裁合意に手続準拠法を指定しなかった場合、仲裁地法によることになる[58]。仲裁判断は仲裁規則により、拘束力が生じれば、外国で承認・執行を求めることができる。多くの仲裁規則及び国内法は[59]、仲裁判断がなされた時点で拘束力が発生すると定めているので、ニューヨーク条約による外国仲裁判断の承認・執行は、ジュネーブ条約よりはるかに容易となった。

仲裁判断は拘束力の欠缺の他に、その手続の準拠法とされた国（手続準拠法主義を採用する場合）または仲裁地の権限のある機関によって取消された場合、またはその効力が停止された場合にも承認・執行を拒否されることがある。すなわち、手続準拠法主義を採用する国においては、当事者が選択した手続準拠法が内国手続法である場合には、たとえ仲裁判断が他国の領域内においてなされても、内国の裁判所が、その判断の取消、またはその効力を停止することができる。逆に、当事者が外国の手続法を準拠法に指定した場合には、仲裁手続が内国領域内で行われても、そのなされた仲裁判断に対し、内国の裁判所が当該判断を取消またはその効力を停止することができない。これと比べて、当事者が属地主義を採用する外国の手続法を準拠法に指定

54　同条約第5条第1項（e）号。

55　韓・注1前掲書330頁参照。

56　この判断は、最終的な判断に属するのである。中間判断は承認に適しない。

57　韓・注1前掲書331頁参照。

58　ニューヨーク条約第5条第1項（d）号、UNCITRALモデル法第36条第1項（a）（iv）号。

59　たとえば、UNCITRAL仲裁規則第32条第2項、ICC仲裁規則第24条、AAA仲裁規則第28条第1項、LCIA仲裁規則第16条第8項、日本公催仲裁法第800条、フランス新民訴法第1476条、1998年ドイツ新仲裁法第1055条などである。

した場合にも、当該外国の裁判所もその仲裁判断を取消すことができないことはいうまでもない。

　以上のように、外国仲裁判断の取消事由は、外国法によるもので、ニューヨーク条約第5条の規定する事由の以外の理由で取消される可能性もある[60]。このような欠点を補うために、ヨーロッパ条約第9条第2項及びUNCITRALモデル法第36条第1項で、取消事由を制限することとなったのである[61]。

第六節　取り消された国際商事仲裁判断の効力に関する二事例の検討

　仲裁判断を不当とする当事者に対しては、仲裁判断の取消の訴えを裁判所に提起し、仲裁手続の基礎的要件を欠くものとして仲裁法が定める取消事由を主張して、仲裁判断を取り消す機会が与えられている[62]。仲裁地国の裁判所により仲裁判断が取り消された場合には、伝統的立場に基づけば、その仲裁判断の効力は、仲裁地国はもとより仲裁地国以外の国においても当然に消滅し、もはや仲裁判断は存在せず、仲裁地国以外の国においても、承認・執行の対象とならないとされる[63]。しかし、近時において、フランスとアメリカでは、仲裁地国

60　A．J．Van den Berg, The New York Arbitration Convention of 1958 (Kluwer 1981), p. 355.

61　ヨーロッパ条約は、「……かつ次の理由の一つにより、かかる取消が行われた場合にのみ、他の締約国における承認または執行の拒否理由を構成するものとする」と規定している。UNCITRALモデル法は、「仲裁判断の承認または執行は、それがなされた国のいかんにかかわらず、次の各号に掲げる場合にのみ、拒否することができる」と規定している。

62　仲裁判断の取消制度の趣旨については、谷口安平＝井上治典編『新・判例コンメンタール民事訴訟法6』［青山善充］、三省堂、1995年版、710~711頁参照。

63　中村達也「仲裁判断の取消と執行との関係について（1）―ニューヨーク条約を中心として―」、『JCAジャーナル』、1997年3月号、18頁、小林秀之著『国際取引紛争（新版）』、弘文堂、2000年版、233頁参照。

の裁判所に取り消された国際商事仲裁判断がその承認・執行の拒否事由には当らず、仲裁地国で取り消された仲裁判断の承認・執行請求を認容する判決が現れ、仲裁地国で取り消された国際商事仲裁判断の承認・執行は当然に拒否されるべきかという極めて重要な問題を提起している。本節では、この問題を取り扱ったフランスとアメリカの二つの判例を紹介し、取り消された国際商事仲裁判断の効力は如何であるかという問題を検討してみる。

まず、スイスにおいてなされた仲裁判断とその仲裁判断を取り消すスイスの裁判所による確定判決及び再度同一の事件についてなされた仲裁判断との抵触関係が問題となったHilmarton事件[64]に関する概要を紹介しようとする。

Ⅰ. Hilmarton 事件

フランス企業とイギリス企業との間の1980年12月12日の契約において、イギリス企業はフランス企業に対し、アルジェリアの公共工事を受注するための役務を提供し、その対価としてフランス企業は受注総金額の4%に相当する部分を報酬としてイギリス企業に支払うことを約した。その後、フランス企業は当該工事を受注し、その報酬の半分しか支払わなかったが、残った半分の報酬についてはその支払を怠ったため、イギリス企業はその履行を求めて契約中の仲裁条項に基づき仲裁を申立てた。仲裁条項には、仲裁地をジュネーブとし、仲裁はジュネーブ州法に準拠するとの規定がなされていた。1988年8月19日に、ジュネーブにおいてなされた仲裁判断は、この契約は仲介者に対する賄賂の支払を目的とし、官庁との取引において仲介者の使用を禁止するアルジェリア法及びスイスの公序に反することを理由に無効であるとし、イギリス企業の請求を棄却した。

---
[64] 多喜寛著『国際仲裁と国際取引法』、中央大学出版部、1999年版、504~508頁、中村・注63前掲論文（1）18~20頁、中村達也著『国際商事仲裁入門』、中央経済社、2001年版、160~164頁参照。

これに対し、イギリス企業はジュネーブの州控訴裁判所（Court de Justice du Canton）に仲裁判断の取消を求め、1989年11月17日に、同裁判所はこの判断が恣意的であるなどを理由にコンクルダート[65]第36条（f）号に基づきイギリス企業の請求を認容する判決を下した[66]。これに対し、不服を抱えているフランス企業は、スイス連邦最高裁判所（Tribunal Federal）に上告したが、1990年4月17日に、それは同裁判所に棄却された[67]。

一方、フランス企業は、イギリス企業との契約のフランスにおける執行を阻止するために、この仲裁判断の承認をフランスの裁判所に求めた。結果として、1990年2月27日に、パリ大審裁判所所長（President du Tribunal de Grande Instance）にこの仲裁判断を承認する決定が下され、この決定に不服を抱えたイギリス企業はパリ控訴院（Cour d'Appel）に控訴したが、同控訴院は、1991年12月19日に、次のように判示してそれを棄却した。すなわち、ニューヨーク条約第7条は、仲裁判断が援用される国の法または条約により認められる方法及び限度で関係当事者が仲裁判断を利用する如何なる権利を奪うものではないと規定し、裁判所は自国の法が認める場合、仲裁判断の承認を拒否することができない。一方、ニューヨーク条約第5条第1項（e）号によれば、仲裁判断がそのなされた国で取

---

[65] スイスの州際仲裁協定は、一般的にコンクルダートと呼ばれ、1987年に制定されたスイス新統一国際仲裁法は1989年1月1日から施行されているが、この1988年8月19日の仲裁判断にはコンクルダートが適用される。この1987年の新法は、コンクルダートの規定に比べてさらに仲裁判断の取消事由を限定しており、仲裁判断が恣意的（arbitrary）であることを取消事由としはていない。コンクルダートと1987年のスイス新統一国際仲裁法の概要については、柏木邦良「スイスの仲裁法に関する研究―スイス仲裁制度概説―」、商事仲裁研究所委託論文―（社団法人 国際商事仲裁協会）、1978年版、また、石黒一憲『国際民事紛争処理の深層』、日本評論社、1992年版、254~293頁参照。

[66] 多喜・注64前掲書504~505頁参照。

[67] スイス連邦最高裁は、次のような判決を下した。すなわち、たとえ袖の下や贈収賄や疑わしい活動がなくでも契約の締結の際に仲介者の介在をすべて禁じる限りにおいて、アルジェリア法は、対外取引に関する国家独占を保証するための、保護貿易主義的性格の極めて広汎な禁止的措置を構成するものであり、スイス法の見地からすると個人の契約締結自由への重大な侵害を示すのである。多喜・注64前掲書505頁参照。

り消された場合、その承認は拒否されなければならないと規定するが、この規定は、承認が求められる国の法が仲裁判断を承認する場合には適用されない。したがって、ジュネーブでなされた仲裁判断がフランスで承認・執行が求められる場合、スイスの裁判所による仲裁判断の取消は1981年フランス新民事訴訟法第1502条に基づき承認・執行を拒否する事由に当らず、フランス企業は、ニューヨーク条約第7条により、この仲裁判断の承認のために、国際商事仲裁に関するフランス法の規定を援用することができる。また、このフランス法は、フランスの裁判所に対し外国でなされた仲裁判断の取消を考慮することを強いるものではなく、外国で国内法に基づき取り消された国際商事仲裁判断のフランス法秩序への融合はフランス新民訴法第1502条第5項にいう国際公序（order public international）に反しないのである[68]。その後、イギリス企業は、破棄院に上告したが、1994年3月23日に、破棄院は要旨を次のように判示し、それを棄却した。すなわち、イギリス会社は、控訴院は「その取消により法的存在のない仲裁判断」に効力を付与することにより、新民訴法第1498条及び第1502条第5項に違反したと主張するのに対し、フランス企業は、ニューヨーク条約第7条により外国においてなされた仲裁判断について新民訴法第1502条を援用することができる。また、スイスにおいてなされた仲裁判断はスイスの法秩序に融合されることのない国際商事仲裁判断であり、取り消された仲裁判断をフランスにおいて承認することが国際公序に反するとはいえないと指摘された[69]。

　これに対し、1992年6月26日にイギリス企業は、フランスのナンーテル大審裁判所に、フランスとスイスとの間の民事及び商事に関する裁判管轄及び判決の執行に関する条約（Convention FRANCO SUISSE sur la competence judiciaire et l'execution des decisions en matiere civile et commerciale）に基づき、こ

68　多喜・注64前掲書506頁、中村・注63前掲論文（1）19頁参照。
69　多喜・注64前掲書506頁参照。

の仲裁判断の取消を認めたスイス連邦最高裁判所の判決の承認を求めた。これに対しフランス企業は、このイギリス企業の請求はスイスの裁判所で取り消されたのであるにもかかわらず、この仲裁判断を承認したパリ大審裁判所の決定を是認したパリ控訴院の判決と抵触し、フランスの公序に反すると主張した。この点に関し、ナンーテル大審裁判所は、イギリス企業の請求はパリ控訴院の判決とは目的を異にしており、この仲裁を承認するパリ大審裁判所の決定はこの仲裁判断に対し関係当事者が訴訟において契約の準拠法を援用することができる救済方法を奪うものではなく、したがって、このイギリス企業の請求がパリ控訴院の判決と抵触することはないと判示し、また、フランス企業は、不正行為に対する報酬の支払を拒絶した仲裁判断を取り消したスイス連邦最高裁の判決は明らかにフランスの公序に反すると主張したが、同大審裁判所は、当事者から提出された文書からはそのような事実は認められないとしてこの主張を退けた[70]。結果として、1993 年 9 月 22 日に、ナンーテル大審裁判所は、イギリス企業の請求を認容した判決を下した。この判決に不服を抱えたフランス企業は、ベルサイユ控訴院に控訴した。

また、イギリス企業は、スイス連邦最高裁に仲裁判断が取り消された後、この事件について、再度仲裁の申立をおこない、1992 年 4 月 10 日に、再度新たな仲裁人によってイギリス企業の請求を認める仲裁判断がなされた。その後、この新たな仲裁判断は、1993 年 2 月 25 日に、ナンーテル大審裁判所によりその承認・執行が許可され、フランス企業は、これを不服としてベルサイユ控訴院に控訴した。

しかし、1995 年 6 月 29 日に、このフランス企業による二つの控訴はいずれも同控訴院に棄却された。その判示の概要[71]は、以下の通りである。

まず、1989 年 8 月 19 日の仲裁判断を取り消したスイス連邦最高裁

---

70 中村・注 63 前掲論文（1）19 頁参照。
71 中村・注 63 前掲論文（1）20 頁参照。

の判決について、フランス企業は、スイスの判決の承認は、判断を取り消されたものであるにもかかわらず、仲裁判断が存在し続けると明示的に判示した1994年3月23日の破棄院判決の既判力と抵触すると主張したが、ベルサイユ控訴院は、仲裁判断を承認するための訴訟手続が仲裁判断のフランス法秩序への融合に関するものであるから、スイスの判決の承認請求は、フランス企業が主張する既判力とは抵触しないと指摘した。また、フランス企業は、十分に確立された法理と判例法によれば、フランスの判決と抵触する如何なる判決も公序に反することになり、この事件において仲裁判断の取消判決の承認は最初の仲裁判断に対しすでになされた承認判決と抵触することになり、スイス連邦最高裁の判決の承認請求はフランスの国際公序に反するので、棄却されなければならないと主張したのに対し、ベルサイユ控訴院は、フランスの国際公序は、フランスにおいて承認の宣言を受けた仲裁判断を取り消す外国判決を承認することを妨げるものでなく、また、イギリス企業が主張しているように、フランス法秩序において、この仲裁判断とそれを取り消す外国判決との両方を承認することにより生じる矛盾は、判決が矛盾する場合に破棄院が一方または両方の判決を取り消すことができる権限を規定した新民訴法第618条に基づく手続によって解決することができると判示した。一方、イギリス企業による不正行為に対する報酬の支払義務を否定した仲裁判断を取り消すスイス連邦最高裁の判決は、明らかに国際公序に反するとの主張に対しては、そのような事実は認められないとしてフランス企業の主張を退けた。

次に、1992年4月10日の仲裁判断の承認・執行についても、ベルサイユ控訴院は以下の判決を下してフランス企業の控訴を棄却した。すなわち、フランスの国際公序は、1988年8月19日の仲裁判断が仲裁地国で取り消されフランスにおいて承認の宣言を受けた後、再度同一事件についてなされた仲裁判断を承認・執行することを妨げるこのではない。また、先にスイス連邦最高裁の判決の承認について判示し

たのと同様に、フランス法秩序において、最初の仲裁判断と、それが取り消された後に再度なされた仲裁判断との両方を承認することにより生じる矛盾は、新民訴法第618条に従って解決することができる。さらに、最初の仲裁判断に対する承認判決の既判力に関しては、最初の仲裁判断の承認とその後なされた仲裁判断の執行とは目的が異なる。一方、イギリス企業による不正行為に対し報酬の支払を命じた仲裁判断は、明らかに国際公序に反するとの主張に対しては、そのような事実は認められないと指摘されたのである。

　上述した二つの判決に不服を抱えたフランス企業は、破棄院に上告した。この上告に対し、1997年6月10日に、破棄院は、同一当事者間において同一の目的に関する取り消すことのできないフランスの判決の存在は、その判決と抵触する外国判決または外国仲裁判断のフランスにおける如何なる承認をも妨げることになると判示し、ベルサイユ控訴院の二つの判決を破棄した[72]。結果として、1990年4月17日のスイス連邦最高裁判決の承認及び1992年4月10日の仲裁判断の承認・執行は、いずれもフランス破棄院によって拒否された。

　その後、イギリス企業は、1992年4月10日の仲裁判断の執行をイギリスの法院に求めた。これに対し、フランス企業は、この仲裁判断を承認・執行することは公序などに反すると主張したが、1999年5月24日に、イギリス高等法院（High Court of Justice）によってその主張は退けられ、イギリス企業の請求は容認されている[73]。

Ⅱ．Chromalloy事件[74]

　次に、上記のHilmarton事件におけるフランスの判決とは異なり、アメリカで国際商事仲裁判断の承認・執行を求める訴訟において、そ

72　中村・注64前掲書162頁参照。
73　中村・注64前掲書164頁参照。
74　中村・注63前掲論文20~22頁、中村・注64前掲書164~167頁、多喜・注64前掲書507~508頁参照。

れをエジプトの裁判所により取り消された判決は公序に反し承認されないとした Chromalloy 事件に関する判決もある。この事件の概要は、以下の通りである。

1988年6月16日に、アメリカ企業とエジプト政府との間で、アメリカ企業がエジプト空軍の所有するヘリコプターの修理・メンテナンスの役務を提供する契約が締結された。その後、エジプト政府による契約の一方的解除をめぐり両当事者間で紛争が生じ、その紛争が契約の仲裁条項に基づいて仲裁に付託された。仲裁条項は、カイロを仲裁地とし、仲裁判断は、終局的かつ拘束的で、如何なる上訴またはその他の救済にも服さないと規定していた。1994年8月24日に、アメリカ企業に有利した仲裁判断がなされ、同年10月28日に、アメリカ企業はこの仲裁判断の承認・執行をコロンビア地区連邦地方裁判所に求めた。これに対しエジプト政府は、同年11月13日に、この仲裁判断の取消をカイロ控訴裁判所に求め、1995年12月5日に、仲裁人が実体準拠法の適用を誤ったとして、エジプト仲裁法に基づき仲裁判断を取り消す判決が下され、このエジプトの判決に従い、アメリカ企業の請求を棄却すべきであると主張した。

1996年7月31日に、同裁判所は、次のように判示し、エジプト政府の主張を退け、この仲裁判断の承認・執行を求めるアメリカ企業の請求を認容した。すなわち、同裁判所は、アメリカ連邦仲裁法第207条に基づき、ニューヨーク条約が規定する仲裁判断の承認・執行を拒否するための事由が認められない限り、この仲裁判断の承認・執行を求めるアメリカ企業の請求を認容しなければならない。そして、同条約第5条第1項及び第1項（e）号の規定により、この仲裁判断の承認・執行は、エジプト政府が同裁判所に対し、仲裁判断がなされた国または仲裁判断の基礎となった法の属する国の権限のある機関によって取り消されたかあるいは停止されたことを証する証拠を提出する場合に限り拒否されうる（may be refused）。この事件において、仲裁判断は、エジプト法に基づきエジプトでなされた後、エジプ

トの裁判所によって取り消された。したがって、裁判所は、自らの裁量により（at its discretion）、この仲裁判断の執行を拒否することができる（may decline to enforce）。

他方、同条約第7条は、この条約の規定は、仲裁判断が援用される国の法により認められる方法及び限度で関係当事者が仲裁判断を利用する如何なる権利をも奪うものではないと規定している。言いかえれば、アメリカ企業は、同条約に基づいて、同条約が存在しないならば有するであろう仲裁判断の執行に関するすべての権利を主張することができる。したがって、この仲裁判断の執行に関し、アメリカ企業は、連邦仲裁法第1条乃至第14条において認められる権利を主張することができると考えられる。連邦仲裁法によれば、仲裁判断は、拘束力を有するものと推定され、以下の事情に限られ裁判所によって取り消されうる[75]。

すなわち、①仲裁判断が腐敗、詐欺または不当な手段により得られた場合、②仲裁人の全員またはそのいずれかに明白な偏頗または汚職が存在した場合、③仲裁人が相当な理由があるのに期日の延期を許さず、その他当事者の権利を害する不当な行為があった場合、④仲裁人がその権限を逸脱し、または適切にその権限を行使しないため明確な終局的判断がなされなかった場合に、仲裁判断は取り消されうる。しかし、この事件において、上記の事実は認められない。

また、仲裁判断は、「法の『明白な無視』（manifest disregard of law）」[76]によってなされた場合には取り消される。この点に関して、仲裁人は実体法の適用を誤る結果となったとエジプト政府の主張する手続上の決定を行った。すなわち、仲裁人は、エジプトの行政法（administrative law）が契約に適用されるとのエジプト政府の主

---

75 アメリカ連邦仲裁法第10条、小島武司「主要国の仲裁制度―アメリカ合衆国」、小島武司＝高桑昭編『注解 仲裁法』、青林書院、1988年版、523頁参照。
76 法の明白な無視とは、仲裁人が法を理解し正しく示したが、それを無視して手続を進めた場合に認められる。中村・注63前掲論文（1）21頁、中村・注64前掲書165~166頁参照。

張に対し、それを検討した結果の多数意見として、この事件において民法と行政方のいずれが適用されるかは問題とならないと判断した。しかし、この仲裁人の決定は、法の錯誤（mistake of law）を構成するものとしても、同裁判所の司法審査に服するものではなく、合衆国法上、この仲裁判断が正当である[77]と連邦地方裁判所には指摘された。

これに対し、エジプト政府は、エジプト裁判所の判決を有効な外国判決として承認し、それに対し既判力（res judicata）を付与すべきであると主張したが、連邦地方裁判所は以下のように判示し、その主張を退けた。

すなわち、外国判決を執行するには、適切な送達と請求が合衆国の公序に反しないという2要件が備えられなければならない。この公序の要件について、商事紛争を対象とする終局的かつ拘束的な仲裁を支持する合衆国の政策は、明確であり、また、条約、制定法及び判例法によって支持されている。とりわけ、国際商事の分野においては、連邦仲裁法及びニューヨーク条約の施行においてこの政策は明らかに示されており、エジプトの裁判所の判決を承認することは仲裁を支持するこの合衆国の政策に反することになるであろうと判示した。

また、エジプト政府は、礼譲（comity）国際法上もっとも重要な原則であり、当該原則に基づき合衆国の裁判所は権限のある外国の裁判所に下された判決を尊重しなければならないとの主張に対し、礼譲は合衆国法を排除する効果を有せず、また有しえないと、連邦地方裁判所には判示され、結局、連邦地方裁判所は、当該仲裁判断が有効であるとの判決を下した。

他方、アメリカ企業は、この仲裁判断の承認・執行をフランスの裁判所にも求め、1995年5月4日に、パリ大審裁判所所長により当該判断の執行を許可する決定がなされ、エジプト政府は、パリ控訴院に

---

[77] 中村・注63前掲論文（1）21頁、中村・注64前掲書166頁参照。

控訴したが、1997 年 1 月 14 日に、同控訴院に棄却されている[78]。

III. 両判例に関する問題点についての検討

上記の二つの事件に関する判決の当否について、学者たちは、いろいろな見解を表明している。多喜寛教授は、Hilmarton 事件の判決について、「Hilmarton 事件おいて第二の仲裁判断の承認が拒絶されたのは、第一の仲裁判断に付与された執行許可の必然的な帰結であったといえる。……破棄院判決の立場は、国際仲裁判断の取消または執行拒否の事由を大幅な制限しているフランス法の観点から、国際仲裁判断が仲裁地国において特殊な取消事由に基づいて取り消された場合につき、安全弁を提供するものであり、国際仲裁判断の効果を特定の国家の特殊な規制から解放しようとするものとして捉えられるべきである」と、積極的に評価している[79]。

しかし、批判的な意見は、圧倒的に多く見られる。Van den Berg 教授は、Hilmarton 事件を例にして、以下の批判的な意見を表している。

フランス法の立場によれば、一方、外国でなされた仲裁判断は仲裁地国の仲裁法に服さないが、他方、フランスでなされた仲裁判断は、フランス（国際）仲裁法に法的に固定される。こうすれば、フランス仲裁法が内国と外国でなされた仲裁判断に対し異なる不均衡な法的立場をとることに疑問を呈している。また、Hilmarton 事件におけるフランス裁判所の態度は、国際仲裁に対し余りにも寛容な措置であり、あるいは、国際礼譲に反するといえる[80]。

また、Hilmarton 事件に関するフランス破棄院の判決について、Oppetit 氏も、否定的な態度を示している。

---

78 中村・注 64 前掲書 167 頁参照。
79 多喜・注 64 前掲書 511 頁参照。
80 中村・注 63 前掲論文（3）『JCA ジャーナル』、1997 年 5 月号、37 頁参照。

すなわち、「……破棄院判決の解決はニューヨーク条約の文言に適合的であると述べつつも、その解決は国際仲裁判断の運命に関して不安を呼び起こす旨を指摘する。つまり、同一の仲裁判断が国際条約によって結び付けられている国家において同時に無効とみなされたり有効とみなされたりしうるので、ニューヨーク条約の統一的効果を疑わしめ、国際的平面での解決の調和を破壊する」[81]と指摘されている。

さらに、Poudret 氏は、「……破棄院判決の立場では仲裁地国のコントロールよりも執行地国のそれを重視することになるが、それは、執行地国が一般に仲裁人によって非難された当事者の住所地国と一致するという点に鑑みると、自国民の利益のために外国人の利益を犠牲にする傾向になるのであり、実際にも Hilmarton 事件において執行地国たるフランスの裁判官はイギリスの会社が獲得したフランスの会社に不利な第二の仲裁判断を承認することを拒絶した」[82]と批判している。

他方、Chromalloy 事件に関するアメリカ裁判所の判決は、果して妥当なものであろうか。Ghavavi 氏は、当事者が選択した仲裁手続の準拠法が定める取消事由に基づき取消管轄を有する外国裁判所が仲裁判断を取り消し、かつ、その取消判決が外国判決としてその承認・執行要件を充たすにもかかわらず、そのような仲裁判断の取消を外国仲裁判断の承認・執行拒否事由とはせずに、公序違反を理由にして仲裁判断の取消判決を承認しない結果を生ぜしめる国内法の制定は、仲裁手続の準拠法について当事者自治の原則を否定しているように解される[83]と、指摘している。また、Chromalloy 事件判決は、アメリカ企業に依怙贔屓（favoritism）したものと見られ、その結果、外国の当事者がアメリカの当事者との仲裁契約の締結を敬遠することにも

81　多喜・注64前掲書510頁参照。
82　多喜・注64前掲書510~511頁参照。
83　中村・注63前掲論文（3）37頁参照。

繋がりうる[84]。

　私は、上述した両事件の判決に賛成しない。なぜならば、当面、国際商事仲裁においては、当事者自治の原則が最大限度に尊重されるべきである。したがって、両事件に関する判決は、仲裁地国での取消を考慮に入れないことは当事者の意思を無視することになり、換言すれば、当事者自治の原則を否定する不公正な立場は、国際商事仲裁の利用を阻害する。

84　中村・注63前掲論文（3）38頁参照。

第五章　中国の国際商事仲裁判断の承認・執行に関する現況

第一節　中国の国際商事仲裁制度

　中国の仲裁制度は、1950年代から60年第前半にかけて形成された。仲裁制度は、大きく国内仲裁と国際仲裁に分けられる。国内仲裁は、主として経済契約[1]仲裁からなっていた。1995年、統一的な中国仲裁法が発効するまで、全部で14の法律、80ほどの行政法令及び200前後の地方法令が仲裁に関する規定を設けている[2]。他方、国際商事仲裁には、対外経済貿易仲裁と渉外的な海事仲裁が含まれている。これ

---

[1] 1981年の中国経済契約法第2条は「経済契約とは、特定の経済的目的を実現するために相互の権利義務関係を明確にした法人の間の合意である」と定めていた。経済契約と民事契約との相違は、以下のとおりである。まず、当事者について、経済契約の当事者は法人であり、これに対し民事契約の当事者は個人である。そして、契約の内容について、経済契約の場合は、生産、流通、運送、科学研究などを包括した生産及び流通領域における経済関係におけるものであり、これに対して、民事契約の場合は、個人の消費領域における経済関係を内容とする。さらに、契約の目的について、経済契約の目的は直接または間接に国家計画を実施することにあるとされた。これに対して、民事契約の目的は、個人の生活の必要に基づいて締結されるということである。小口彦太＝木間正道＝田中信行＝國谷知史著『中国法入門』、三省堂、1991年版、152~153頁。

[2] Chen Min, The Arbitration Act of the People's Republic of China — A Great Leap Forward, 1 Journal of International Arbitration (1997), p. 30.

らの仲裁制度は、それぞれ独自の発展の過程ををたどった。次に中国仲裁法の主要な内容を紹介することにする。

　仲裁法の特徴は以下の点に現れている。第一に、仲裁契約を規定し、当事者の自主的仲裁合意を認め、仲裁の決定権を当事者に委ねている[3]。第二に、仲裁法は、経済契約に関する紛争を従来通り仲裁の範囲に含めながら、その他の財産権利に関する紛争にも仲裁の適用を可能にした[4]。第三に、仲裁組織を仲裁委員会に統一した[5]。第四に、仲裁契約について、その本契約からの独立性を認めた[6]。第五に、仲裁手続において自主的な和解及び調停を認めている[7]。第六に、仲裁判断は最終性を有し、そして当事者双方に拘束力をもつ[8]。

　国際商事仲裁の面において、中国国際経済貿易仲裁委員会（CIETAC）の仲裁規則は、1995年中国仲裁法の発効後に、1995年、1998年及び2000年の合計3回の改正が行われている。2000年の改正のポイントは次の6点にまとめられる。すなわち、①　受理範囲の拡大[9]、②　抗弁権行使の制限[10]、③　忌避を申立てられた仲裁人の職責の明確化[11]、④　仲裁外の調停による和解の法的効力[12]、⑤　国内案件の仲裁に関する特別規定[13]、⑥　仲裁費用の軽減[14]である。

　CIETACの仲裁人は、現在全体で492名（外国籍は1／3）である[15]。

3　中国仲裁法第4条。
4　中国仲裁法第2条。
5　中国仲裁法第10条。
6　中国仲裁法第19条。
7　中国仲裁法第49、50、51、52条。
8　中国仲裁法第49、50、51、52条。
9　2000年CIETAC仲裁規則第2条第2、4、6項参照。
10　2000年CIETAC仲裁規則第6条参照。
11　2000年CIETAC仲裁規則第11、30条参照。
12　2000年CIETAC仲裁規則第44条参照。
13　2000年CIETAC仲裁規則第75~84条参照。
14　2000年CIETAC仲裁規則仲裁費用表参照。
15　Cheng Dejun, Michael J. Morser, Wang Shengchang, internationl

今までの CIETAC の受案状況は、次の表のとおりである。

年	1992	1993	1994	1995	1996	1997	1998	1999
受理件数	267	486	900	1000	778	723	678	669

(上のデータは、2001年3月の北京現地調査でCIETAC仲裁委員会秘書局より提供されたのである。)

　CIETAC の受案件数は、1992年からはじめて LCIA、SCC（ストックホルム仲裁院）及び AAA を越えて、ICC に次いで、世界の二番目となった[16]。

　他方、中国海事仲裁委員会（China Marine Arbitration Commission　略称は CMAC である）は、主要な業務として海上運輸、船舶賃貸、代理、海上救助、共同海損、海上保険及び海洋環境汚染などに関する渉外的な紛争を解決する仲裁機関である。1959年に「海事仲裁委員会の仲裁手続暫定規則」は、制定され、その後、当該規則は、1988年と1995年の2回の改正が行われている。その内容は、CIETAC 規則と類似するところが多い。CIETAC と比べて、CMAC の利用度と受案件数のほうが遥かに少ないが、中国では、国際レベルを有する渉外仲裁機関として、CMAC は CIETAC と同等する重要な地位を占めている。

　ところが、中国における国際商事仲裁判断の承認・執行に関する法的メカニズムは、いかがであろうか。一言でいえば、三つが存在している。すなわち、渉外的仲裁判断の強制執行、外国仲裁判断の承認・執行及び大陸と香港・澳門・台湾との間の仲裁判断の相互承認・執行である。これらの判断の承認・執行について、法の適用及び法の手続

Arbitration in the People's Republic of China — Commentary Cases and Materials Second Edition, (Butterworths, 2000), pp. 481~498.
16 Michael J. Moser, CIETAC Arbitration: A Success Story?　15 Journal of International Arbitration 1998, p. 27.

に大差が存在している。以下では、各々の規則につき検討することにする。

第二節　中国における渉外仲裁判断の執行

序説

　いわゆる渉外仲裁判断とは、中国の仲裁機関が行う仲裁判断であって、渉外的な要素を含むものである[17]。国内仲裁判断であるが、渉外要素を含む点で、中国では国内仲裁判断とは違った扱いを受ける。中国では、１９９４年に仲裁法が制定される以前には、渉外仲裁判断の申立は「渉外仲裁機構」に対してしか行うことができず、「その他の仲裁機構」に行うことができなかった。この点は、諸外国にみられない中国の特徴であった。『仲裁法』２条は、「平等な国民、法人及びその他の組織間に発生した契約紛争又はその他の財産権及び利益の紛争について、仲裁を求めることができる」として仲裁の範囲を定めたが、渉外仲裁の管轄権につき不明確であったため、その他の仲裁機構は渉外仲裁を行えるか新たな問題が発生し、肯定する意見と否定する意見が対立した[18]。地方によっては地方政府が新たに設立された仲裁機関への提起を認めない文書をだしたので[19]、１９９６年６月に中

17　中国の仲裁立法は、渉外仲裁判断と外国仲裁判断の区分を定めていない。中国の通説は、仲裁地を基準とし、仲裁地が外国であれば外国仲裁、中国であれば国内仲裁であり、後者のうち、渉外的な要素があるものが渉外仲裁であると主張している。謝松石「承認与執行外国仲裁裁決問題研究」、黄進＝劉衛翔編『当代国際私法問題―慶祝韓徳培教授八十五華誕論文集』武漢大学出版社、1997 年版、426~428 頁参照。異論がなかろう。

18　梶田幸雄「中国の渉外仲裁の管轄権に関する諸問題」『JCA ジャーナル』（社団法人国際商事仲裁協会）1998 年 10 月号 4 頁、長谷川俊明＝劉健薇「中国国際経済貿易仲裁委員会規則の改正（1）」『JCA ジャーナル』1999 年 1 月号 6~7 頁参照。

19　村上幸隆「中国仲裁法施行後の仲裁機関の再編と仲裁規則」『国際商事法務』国際商事法研究所、1997 年　Ｎｏ．９号９８８頁及び９９３頁参照。

国国務院弁公室は『「中華人民共和国仲裁法」の貫徹実施について明確にする必要がある幾つかの問題に関する通知』[20]を公表して肯定意見を採用した。1997年3月26日に最高人民法院は『「中華人民共和国仲裁法」の実施についての幾つかの問題の通知』を発布し、これを確認した[21]。したがって現在では、渉外仲裁判断を中国国際経済貿易仲裁委員会[22]（CIETAC）と中国海事仲裁委員会（CMAC）のほかに、中国の仲裁法により新たに設立された仲裁機関も受理することができる[23]。これらの機関が下した仲裁判断が履行されない場合、人民法院に執行を請求することになるが、人民法院が仲裁の執行を拒否できる事由は、渉外仲裁判断であるか否かで相違しており、諸外国にみられない特徴を有している。この関連で、中国では渉外仲裁の意味が問題となるが、後述するように見解が分かれている。そこで、本節では中国における渉外仲裁判断の承認・執行に関する法制度は如何に変遷してきたのか、渉外仲裁判断は、中国でどのように承認・執行されるのか、渉外仲裁判断の承認・執行状況、現行法の問題点は、どこにあるのかを、検討することにする。

I．渉外仲裁判断の執行に関する沿革と法源

---

20 趙健著『国際商事仲裁的司法監督』法律出版社、２０００年版、２１３頁参照。
21 趙・注20前掲書213頁参照。
22 1954年5月6日に中国では中国国際貿易促進委員会対外貿易仲裁委員会が設立された。1980年2月26日に同委員会は中国国際貿易促進委員会対外経済貿易仲裁委員会に改名された。詳細な経緯は、何天貴『中国の商事仲裁制度』（社団法人国際商事仲裁協会、1982年）18~19頁参照。1988年6月21日にさらに中国国際経済貿易仲裁委員会と改名されている。陳治東著『国際商事仲裁法』法律出版社、1998年版、68頁参照。2001年1月1日には同委員会は中国国際経済貿易仲裁委員会という名称と並んで、「中国国際商会仲裁院」（The Court of Arbitration of The China Chamber of International Commerce）という名称を使用することが許されている（htt p / / w w w. China Arbitration Com. 2000年9月15日）。本部は北京にあり、分会は上海と深圳にある。
23 地方毎の各市単位で設置されている仲裁委員会の数は、120ぐらいあるといわれている。河村寛治「中国の紛争事例からみた仲裁制度」『JCAジャーナル』１９９９年６月号１１頁参照。

(1) 渉外仲裁判断の執行に関する法制度の変遷

中国における渉外仲裁判断の承認・執行に関する法は、初めは存在していなかった。存在するようになったのは、1954年5月6日の中央人民政務院の会議で採択された『中国国際貿易促進委員会内に対外貿易仲裁委員会を設置することに関する中央人民政務院の決定』[24]からである。同決定第11条は「仲裁委員会の仲裁判断は、仲裁判断の中で規定された期間内に当事者によって自動的に履行されなければならない。仲裁判断が、確定期間を過ぎても履行されない場合、中華人民共和国の人民法院は、他方の当事者の申立に基づき、法により仲裁判断を執行する」と初めて明文で規定するに至った。1958年11月21日に、中央人民政府国務院が採択した『中国国際貿易促進委員会内に海事仲裁委員会を設置することに関する中華人民共和国国務院の決定』[25]第11条も同様の定めを行っている。

その後、1982年3月8日に民事訴訟法（試行）が採択された。その第195条は、渉外仲裁判断の執行についての要項を規定していた。同条によれば、中華人民共和国の渉外仲裁機関の判断を当事者の一方が自動的に履行しない場合には、相手方当事者は、当該仲裁機関所在地または財産所在地の中級人民法院[26]に、この法律の関係規定に基づいて執行を申立てることができる。しかし、同条には、裁判所が仲裁判断を審査する条件、仲裁判断の執行を拒否する条件および当事者が執行を申立てることができる期限について何も定めが設けられておらず、非常に不備であった。

1991年に、1982年の民事訴訟法（試行）に代わって、新しい民事

---

24 決定は何天貴・注22前掲書の附録Ⅰ 31~32頁に掲載されている。

25 何天貴・注22前掲書の附録Ⅲ 39~41頁に掲載されている。

26 中国裁判制度は2審4級制である。裁判所は、基層人民法院（県または市の区レベルの行政区域）、中級人民法院（市レベルの行政区域）、高級人民法院（省または直轄市レベルの行政区域）、最高人民法院（中央レベル、日本の最高裁判所に相当する）、4つに分けられている。詳しくは斎藤明美著『現代中国民事訴訟法』晃洋書房、1992年版、19~23頁参照。

訴訟法[27]が定められた。新しい民事訴訟法は、渉外仲裁判断の執行に関する面でやや詳細な定めをしている。同法259条の規定によれば、「中華人民共和国の渉外仲裁機関の判断を得たときは、当事者は人民法院に訴えを提起することはできない。一方の当事者が仲裁判断を履行しないときは、相手方当事者は被申立人の住所地または財産所在地の中級人民法院に執行を申立てることができる」。この規定は、仲裁機関所在地の中級人民法院の仲裁判断の執行に関する管轄権を排除し、被申立人の住所または財産所在地の中級人民法院に渉外仲裁判断の執行の専属管轄権を付与している点で旧民事訴訟法（試行）と異なっている。第260条1項によると、人民法院は、規定された四つの理由の一つが証明されれば、渉外仲裁機関が下した仲裁判断の執行を拒否することができ、また、当該判断の執行が社会公共の利益に違背すると認定するときは、執行しないとの裁定をする。この規定は旧民事訴訟法（試行）にない新設規定である。詳しい内容は後述することにする。

(2) 渉外仲裁判断の執行に関する法源

渉外仲裁判断の執行に関する現行法律規定は、次の通りである。
〈1〉1991年の新中華人民共和国民事訴訟法第259条、第260条及び第3編「執行手続」中の関係規定。
〈2〉1994年の中華人民共和国仲裁法[28]第71条。
〈3〉最高人民法院が公表した関連解釈。たとえば、「中華人民共和

27　新しい中華人民共和国民事訴訟法は、1991年4月9日に第7期全国人民代表大会第4回会議で採択され、公布された。1992年4月9日に発効している。斎藤・注26前掲書156頁参照。
28　中国仲裁法の立法経緯及び内容については王勝明＝張清華「中国仲裁法の立法経緯及びその主な内容（上）（下）」『JCAジャーナル』1995年2月号14頁及び3月号18頁参照。条文については王勝明＝張清華「中国仲裁法逐条解説（1）ないし（8・完）」『JCAジャーナル』1995年6月号9頁、7月号15頁、8月号26頁、9月号24頁、10月号42頁、11月号38頁、12月号44頁、1996年1月号38頁参照。

国民事訴訟法の適用に関する若干の問題についての意見」[29]（以下では「民訴法の適用に関する最高人民法院の意見」と略称する）第313条乃至第315条、及び１９９５年８月２８日に公表された「人民法院が渉外仲裁及び外国仲裁事項と関連した問題を処理することについての通知」[30]、1998年７月８日に公布した「人民法院の執行に関する若干問題についての規定（試行）」である[31]。

　上述した立法と司法解釈は、当事者が仲裁判断の執行を申立てることができる期間、管轄裁判所、執行申立の要件、人民法院の執行拒否の要件、人民法院の内部監督手続及び執行措置を定めている。

Ⅱ．渉外仲裁判断の執行に関する手続

（１）執行を申立てることができる期間

　1991年の新民事訴訟法第219条は、当事者が人民法院に渉外仲裁判断の執行を申立てることができる期間を明確に規定している。同条によれば、執行申立の期間は、双方または一方の当事者が自然人であるときは１年で、双方が法人またはその他の組織であるときは６ヶ月である。当該期間は、法文書に定める履行期間の最後の日から起算する。法文書が分割履行を定めているときは、定められた各回の履行期間の最後の日から起算する。

　他国における仲裁判断の執行申立の期間と比べて、中国の期間は短すぎると私は思う。例えば、アメリカでは仲裁判断の執行を申し立てる期間は、３年であり、イギリスでは、同期間は、６年である[32]。訴訟

29　楊栄新著『仲裁法理論与適用』中国経済出版社、１９９８年版、４９０頁参照。
30　法発（1995）18号。趙・注20前掲書付録Ⅰ２９３頁参照。
31　法釈（1998）15号、同規定は、1998年６月11日に最高人民法院審判委員会第992回会議で採択され、1998年７月18日に施行されている。
32　高菲著『中国海事仲裁的理論与実践』中国人民大学出版社、1998年版、461~462頁参照。

代理人に申立の委任をするなど申立の準備は大変で、6ヶ月は短すぎる。特に、中国法をあまり知らない外国人にとっては不便である[33]。また当事者が協議をする時間はなく、裁判所に大きな負担と圧力をかけることになる[34]。そのため、中国では仲裁判断の執行を申立ることができる期間を適切に延長する改正を行う必要がある[35]と考える。

(2) 当事者の仲裁判断の執行を申立てる手続

　１９９８年６月１１日の「人民法院の執行に関する若干の問題についての規定（試行）」第20条乃至第22条により、当事者の一方が人民法院に渉外仲裁判断の執行を申立てる場合には、人民法院に以下に列挙する文書及び証明書を提出しなければならない。つまり、ａ．執行申立書、ｂ．法的効力が生じた仲裁判断書の副本[36]、ｃ．仲裁条項を有する契約書または仲裁合意書である。外国当事者が執行申立を行う場合は、中国語による執行申立書を提出しなければならない。その外に、申立人は、人民法院の訴訟規則の規定に従って、執行申立費用を納めなければならない[37]。

33　高・注32前掲書４６２頁参照。

34　趙・注20前掲書２１６頁参照。

35　1997年5月に深圳で渉外仲裁司法審査検討会が開催された。参加者メンバーは、最高人民法院経済廷、北京・広東・上海高級人民法院経済廷、上海市第二中級人民法院経済廷、深圳市中級人民法院及び中国国際経済貿易仲裁委員会、中国海事仲裁委員会、深圳仲裁委員会の各代表である。会議は、敗者の仲裁判断（渉外仲裁判断と外国仲裁判断を含む）の執行停止の申立に期限を設けるべきであると提案した。しかし、敗者が仲裁判断の執行停止を申立てるケースは多く見られない。敗者は裁判所に仲裁判断の執行停止を自主的に要求する必要がなく、勝者が裁判所に仲裁判断の執行を申立てから、仲裁判断の執行に対し抗弁を出すのみでよいのである。したがって、会議は当事者が仲裁判断の執行停止の申立の期限という提案は少しも現実な意義がないと私は考える。ただし、指摘しなければならないのは、当該会議の「会議紀要」が法的効力を備えていないものの、会議に参加した代表者の機関が重要なものであることに鑑みて、その価値は低く評価できないということである。会議紀要の内容は、「渉外仲裁司法審査研討会会議紀要」に掲載している。『仲裁与法律通迅』1997年10月第5期、35~37頁参照。

36　もっとも「民訴法の適用に関する最高人民法院の意見」第３１４条は「正本」と規定している。

37　詳細な内容は江口拓哉「中国における執行に関する新しい規定について（上）」『国際商事法務』、1998年Ｎｏ．9、938頁参照。

(3) 人民法院の渉外仲裁判断の執行を拒否する理由

中国の民事訴訟法第260条第1項及び仲裁法第71条は、人民法院が渉外仲裁判断の執行を拒否することができる理由を規定している。当該規定によれば、被申立人が証拠を提出し、仲裁判断に以下に列挙する事情の一つがあることを証明するときは、人民法院は合議廷を構成し審査し調査確認したうえ、執行を拒否することができる。すなわち、(1) 当事者が契約中に仲裁条項をおかず、または事後に書面による仲裁の合意に達していないとき、(2) 仲裁人を指定する、若しくは仲裁手続を行う通知を被申立人が受けなかったか、または被申立人の責任に属さないその他の原因により意見を陳述できなかったとき、(3) 仲裁廷の構成または仲裁の手続が仲裁規則に合致していないとき、(4) 判断された事項が仲裁の合意の範囲に属さず、または仲裁機関に仲裁する権限がないとき[38]である。また (5) 人民法院が仲裁判断の執行を社会公共の利益に違背すると認定したときも同条2項に基づき拒否事由である。(5) の事由の場合には、(1) ないし (4) の事由と異なり、被申立人の証明は不要である。

他方、新民事訴訟法第217条2項及び仲裁法第63条は国内仲裁判断の執行を拒否することができる事由を規定している。当該規定によれば、被申立人が証拠を提出し、仲裁判断に以下の事情の一つがあることを証明するときは、人民法院は合議廷を構成し審査し調査確認したうえ、執行しないとの裁定をすることができる。すなわち、(1) 当事者が契約中に仲裁条項をおかず、または事後に書面による仲裁の合意に達していないとき、(2) 判断された事項が仲裁の合意の範囲に属さず、または仲裁機関に仲裁の権限がないとき、(3) 仲裁廷の構成または仲裁の手続が法定の手続に反するとき、(4) 事実認定の主要な証拠が不足するとき、(5) 法の適用に誤りがあるとき、(6)

---

38 「民訴法の適用に関する最高人民法院の意見」第277条は、「仲裁機関に付託される紛争事項のうち一部が仲裁契約に属し、一部が仲裁契約の範囲を越えた場合、超過部分に対し人民法院は執行しないと裁定すべきである」と規定している。

当該事件の仲裁の時に、仲裁人に汚職、賄賂の収受、私情にとらわれ悪事をする、法を曲げた判断行為があるときである。

渉外仲裁判断の執行拒否事由と国内仲裁判断の執行拒否事由を比較すると、(1)渉外仲裁判断の場合には、仲裁判断の執行が社会公共の利益に違背するときを拒否事由としている点と(2)中国の人民法院は、国内仲裁判断の場合には、仲裁過程の理非も審査の対象にするのに対し、渉外仲裁判断の場合には、それを審査の対象とならない点で相違しているのが分かる。中国の渉外仲裁判断の拒否事由はニューヨーク条約の規定(5条)を国内法化したものである。これについては後述する。

中国における仲裁判断の執行拒否事由の差異の設定には、合理的理由があるであろうか。この点について、国内外の学者たちに批判された。中国廈門大学国際経済法研究所の陳安教授は、「内外仲裁判断の承認・執行に対する別々の法手続システムの設置は、国内当事者に不公平な待遇を与えるだけでなく、国際社会にも受け入れられないであろう」と指摘した[39]。また、この差異の設定は、外国側当事者の内国民待遇の体現を難しくする[40]。国内と渉外仲裁を統一することは、国際仲裁の慣例であり、各国の習慣にもなっている[41]。加えて1985年6月に採択されたUNCITRALモデル法は、内外仲裁の一元化を支持している[42]。私は合理的理由がないと考える。

III. 渉外仲裁判断に関する法的分析

---

39 An Chen, On the Supervision Mechanism of Chinese Arbitration Involving Foreign Elements and its Tallying International Practices, 4 Journal of International Arbitration 1997, p. 41.

40 梶田・注18前掲論文5頁参照。

41 例えば、アメリカ連邦仲裁法(FAA)第10条、日本公示催告手続及ビ仲裁手続ニ関スル法律第801条ないし804条、1979年のイギリス仲裁法第1条、2条、フランス民事訴訟法第1482—1485条、ドイツ連邦共和国民事訴訟法第1040—1042条及び580条、タイ仲裁法第24条、26条及び韓国仲裁法第13条などである。

42 UNCITRALモデル法第1条2項、第2条1項、2項、第34条を参照のこと。

(1) 1991年の中国民事訴訟法第257条は「渉外経済貿易・運輸および海事において生じた紛争」に関し「中華人民共和国渉外仲裁機関またはその他の仲裁機関の仲裁」に付するときは、人民法院に訴えを提起できないとして妨訴抗弁を定めている。他方、259条及び260条は「渉外仲裁機関が下した判断」のみを規制している。したがって、文理解釈をとると、渉外仲裁国機関が下した判断のみが渉外仲裁判断となるから、「その他の仲裁機関」は渉外仲裁判断を行うことができないという結論になりそうである[43]。しかし、はじめに述べたように、今日では「その他の仲裁機関」も渉外仲裁に対し管轄権があることは明らかである。したがって、259条及び260条の「渉外仲裁機関」には中国国際経済貿易仲裁委員会または中国海事仲裁委員会だけでなく、中国仲裁法により新たに設立された仲裁機関も入り、その機関が渉外仲裁手続に従って渉外仲裁を行う場合には、259条及び260条の適用があることになる。それ故、渉外仲裁機関であるか否かが適用の判断基準になりえないとすると、渉外的要素の有無が判断基準となる。そして、これについては、中国最高人民法院は当事者の国籍、法的関係（法律事実）及び紛争の目的物を渉外的要素の判断基準としている[44]。この見解は正しいか否かについては後に検討する。

(2) 今まで人民元A株の発行及び取引の分野に外商、外資が参与することは許されていないが[45]、1993年4月22日に国務院は「株券発行及び取引に関する暫定条例」を発布した（94年施行）。その80条は証券経営機関間、または証券経営機関と証券取引所との間の紛争を中国国際経済貿易仲裁委員会にのみ付託している[46]。中国国

---

[43] 民事訴訟法が制定された当時、中国においては、仲裁法が制定されていなかった。渉外仲裁は全部渉外仲裁機関により行われていたものである。したがって、仲裁判断が渉外に属するか否かは、仲裁機関の性格によって決定されていたといってもよい。

[44] 陳・注22前掲書321頁参照。

[45] 李万強「外国直接投資的法律待遇与我国外資法的転型」陳安編『国際経済法論叢（第1巻）』法律出版社、1998年版、237頁参照。

[46] 趙・注20前掲書213頁参照。

際経済貿易仲裁委員会がA株取引に関する紛争について仲裁判断を行った場合、その仲裁判断の性格が問題となる。これについては、正反対の結論が出る可能性がある。すなわち中国国際経済貿易仲裁委員会という中華人民共和国渉外仲裁機関でなされるから、当該仲裁判断は渉外仲裁判断に属するという考えと、紛争の当事者、紛争の目的物、及び法的関係の角度から、その仲裁判断は国内仲裁判断に属するという考えである[47]。どちらが正しいか確定な結論を下しがたい。

(3)1995年4月4日に、中国対外経済貿易合作部は「外商投資性会社の設立についての暫定規定」を公表した。同規定によると、中国では、100％の外資（外国単独出資）、あるいは中外合弁の持ち株会社（Holding Company）の設立は許可される[48]。当該持ち株会社は中国法人である。このような会社は中国の企業またはその他の経済組織と共同で出資し、新しい合弁企業を設立することができ、当該合弁企業（外資の出資額は登録資本の25％以上を条件にする）は中外合弁企業の優遇政策を享受することができる。当該『暫定規定』が公布された後、ヨーロッパ、アメリカ、日本等の多国籍企業は中国各地に数百の持ち株会社を設立し、他の中国会社と業務を展開してきている。1998年に中国国際経済貿易仲裁委員会改定仲裁規則は、外資系企業間及び外資系企業と中国国内企業との間の紛争事件を受けることができる[49]と規定した。ところで、当事者の一方はその持ち株会社で、他方は中国の会社である場合に、中国国際経済貿易仲裁委員会が仲裁の申立を受理して仲裁判断を下すと、その仲裁判断の性格をどのように認定するであろうか。当事者の国籍、法的関係及び紛争の目的物の渉外要素を認定基準とすると、当該仲裁判断は渉外的な仲裁判断と見

47　陳・注22前掲書322頁参照。

48　中華人民共和国対外貿易経済合作部文告1995年11号。

49　詳細な内容は『中国国際経済貿易仲裁委員会仲裁規則』第2条第3項、第4項の規定参照。周暁燕編著『解決渉外経済紛争的法律与実務』中信出版社、1999年版、386~387頁参照。

なされないので、国内紛争処理の法規定が適用されることになる。そうだとすると、積極的に外資を導入しようとした「暫定規定」の目的に背くだけではなく、中国の外資導入事業にもマイナスの影響を及ぼしかねない。逆に、当該仲裁判断の性格を渉外仲裁と見なすと、人民法院の認定基準と矛盾する。したがって、立法機関は改めて何が渉外要素であるか、何が渉外仲裁判断であるかを明確にすべきである。

IV. 渉外仲裁判断の執行条件に関する法的分析

中国の民事訴訟法第260条は人民法院が渉外仲裁判断を執行しない条件を規定している。その内容はニューヨーク条約第5条と似ているが、実際には、ニューヨーク条約に使われる用語と比べると、中国語原文の意味は、相当に明確ではなく[50]、詳細に比較対照すれば、以下の3点で異なっている。

(1) 中国の民事訴訟法第260条第1項(1)に規定された条件は、「当事者が契約中に仲裁条項をおかず、または事後に書面による仲裁の合意に達していないとき」である。ニューヨーク条約第5条第1項(a)には「第2条に掲げる合意の当事者がその当事者に適用される法令により無能力者であつたこと又は前記の合意が、当事者がその準拠法として指定した法令により若しくはその指定がなかったときは判断がされた国の法令により有効でないこと」と規定している。民事訴訟法は仲裁条項がない、または合意に達してないケースのみを規定しているが、仲裁合意が取消・無効のケースを規定していない。仲裁合意の取消・無効のケースを明文で規定することが適当であると考える。

---

50 Michael J. Moser, China and the Enforcement of Arbitral Awards, in 61 Arbitration 2／1995, the Journal of the Chartered institute of Arbitrators, p. 50.

(2) 中国の民事訴訟法第260条第1項(4)に規定された執行拒否のケースは、「判断された事項が仲裁の合意の範囲に属さず、または仲裁機関に仲裁権限がないとき」である。これは、ニューヨーク条約第5条第1項(c)の本文と非常に似ているが、中国の規定は、仲裁合意に合う仲裁判断の事項の既判力について分離可能性を述べておらず、後者と比べて不完全なところがある。

ニューヨーク条約第5条第1項(c)は、「仲裁に付託された事項に関する判定が付託されなかった事項に関する判定から分離することができる場合には、仲裁に付託された事項に関する判定を含む判断部分は、承認し、且つ、執行することができるものとする」と規定している。仲裁判断全部を無効しない点で、ニューヨーク条約の規定の方が、合理であると考えられる。

(3) 中国の民事訴訟法でもっと検討する必要があるのは、執行拒否事由の立証負担の問題である。ニューヨーク条約第5条第2項は、「仲裁判断の承認及び執行は、承認及び執行が求められた国の権限のある機関が次のことを認める場合においても、拒否することができる。(a)紛争の対象である事項がその国の法令により仲裁による解決が不可能なものであること。(b)判断の承認及び執行が、その国の公の秩序に反すること。」と規定している。これに対し、中国では『民事訴訟法』第260条第2項の規定により、人民法院が自ら渉外仲裁廷が下した判断を執行しないと裁定するのは、その「執行が社会公共の利益に違背すると認定する」場合であって、「仲裁機関の仲裁権限がないこと」、すなわち、「紛争の対象である事項がその国の法令により仲裁による解決が不可能なものであること」は、「被申立人が証拠を提出し」、「証明」しなければならない。したがって、中国ではこの点に限ってではあるが、重い立証責任を課しているのであって妥当でない。

136 | 第五章

V. 渉外仲裁判断の執行に関する調査状況

(1) 第1次サンプル調査

1994年10月、中国国際商会所属の仲裁研究所は、CIETAC の仲裁判断の執行状況を調査していた。調査の対象は、中国21の大、中都市の中級人民法院である。期間は、1990年から1994年9月までである。その統計結果は以下の表の通りである。

年	1990	1991	1992	1993	1994 (1－9)	合計
執行申立数	2	6	5	6	11	30
執行確認数	2	5	3	5	9	24
執行拒否数	0	1	2	1	2	6

(以上のデータの出所は、1998年5月のパリ国際商事仲裁会議における中国国際経済貿易仲裁委員会副主任王生長氏の「Experience With National Laws on Enforcement of Abitral Awards － Enforcement in the PRC」(中訳本)報告書である)

(2) 第二次サンプル調査

1997年8月から9月まで、その仲裁研究所は、第2次のサンプル調査を行った。調査対象の人民法院(海事法院も含まれる)総数は、合計で310である。結果は次の通りである。

表 i は、仲裁判断の執行及び執行拒否の数に関するものである。

表 i

年	申立数	執行数	拒否数
1990年以前	18	18	0

1990	12	12	0
1991	8	5	3
1992	8	6	2
1993	8	7	1
1994	12	10	2
1995	34	26	8
1996	64	43	21

(以上のデータ出所は、同上)

表 ii は、執行拒否の事由に関するものである。

表 ii

	拒否事由	事件数
1	仲裁契約の無効	0
2	適当な通知がなかった	2
3	当事者の案件陳述の不能	1
4	仲裁人の越権	1
5	仲裁廷の構成の仲裁規則違反	0
6	仲裁手続の違反	0
7	鑑定報告の未提出	0
8	社会公共の利益違反	2
9	執行相手の不存在	2
10	執行手続の欠缺	0
11	申立期限の超過	0
12	執行財産なし	16
13	人民法院の管轄権なし	1
14	その他の執行不能の理由	9
15	状況不明	3

(以上のデータの出所は同上)

1997年8月の中国国際商会仲裁研究所の調査によって、中国の渉外仲裁機関が下した仲裁判断の「実際未執行率」は、執行申立件数の

全体の8.79%[51]を占めているのに対し、国際標準の執行拒否率は5%である[52]。中国の渉外仲裁判断の未執行率は国際標準を越えた。したがって、中国では渉外仲裁判断の執行が困難ではないといえないであろう。

VI. 中国における渉外仲裁判断の執行に関する実例分析

(1) 渉外要素の認定基準

ここでは中国国際工程諮詢公司（以下では諮詢公司と略称する）と中外合弁北京飯店（麗都飯店）との紛争事例[53]を通して渉外要素の認定基準を検討する。

諮詢公司は麗都飯店と1984年と1985年に三つの部工程請負契約を締結した。その契約において、紛争が協議で解決できないときには、それを北京の中国国際貿易促進委員会対外経済貿易仲裁委員会に付託するものとした。その後、諮詢公司は、相手の工程費用の長期的な支払遅延を理由にして、1990年に工程費用と遅延利息の支払いを求めて、中国国際経済貿易仲裁委員会に仲裁を申立てた。仲裁廷は、1991年11月1日に麗都飯店が諮詢公司に工程費用等の88万5171ドル及び利息52万ドルを支払うべきであるとする仲裁判断を下した。しかし、麗都飯店は仲裁判断を履行しなかったので、諮詢公司は北京市中級人民法院に執行を申立てた。麗都飯店側は、当事者双方が中国法人であり、当該仲裁委員会の権限に属さないので、法院に執行を拒否するように求めた。これに対し、中国国際経済貿易仲裁委員会は、麗都飯店が内地と香港との合弁企業であり、仲裁契約は渉外要素を備

---

51 陳敏「外国人関心的中国仲裁問題」、陳安編『国際経済法論叢（第2巻）』法律出版社、1999年版、529頁。

52 陳・注51前掲論文529頁参照。

53 髙言＝劉璐編著『仲裁法理解適用与案例評析』人民法院出版社、1996年版、329~334頁参照。Chen Min, "The Arbitration Act of the People's Republic of China : A Great leap Forward," 1 Journal of International Arbitration (1997), p. 46.

えているので、仲裁の権限があると主張した。北京市中級人民法院は麗都飯店の主張を認め、中国民事訴訟法第260条第1項の規定に基づき仲裁判断の執行を拒否する判決を下した。

　この事案のポイントは、渉外要素についての認定基準である。人民法院の見解は麗都飯店が中国国家工商行政管理局に登録した中外合弁企業なので、中国の法人であり、しかも諮詢公司も中国の法人であるから、発生した紛争は国内経済契約紛争の範囲に属し、渉外要素を備えないので、中国国際経済貿易仲裁委員会の権限を越えるということである。

　しかし、私はこの見解を支持することができないと考える。商事仲裁が、「渉外」であるか否かの判断基準については実質性の連結要素基準と紛争性格基準とがある。前者は、当事者の国籍、住所または居所、法人登録地、会社の本店等の要素の一つに国際性があれば、渉外（国際）仲裁と見る考え方であり、後者は、紛争が外国資本の利害と関係すれば渉外仲裁（国際仲裁）と見る考え方である[54]。外商投資企業はなるほど中国法人であるが、その法的地位は一般の国内企業とは異なり、特別の法律によって規定されている。それは中国に外資を導入するためである。外資導入の観点からは諸外国と同じ扱いをすることが妥当である。したがって、内国仲裁判断と考えないことが必要であると思う。もしそれを国内紛争と認定し『民事訴訟法』第217条の規定を適用するのであれば、中国の外資導入事業にマイナスの影響をもたらすと考えられる。したがって、紛争性格基準を支持したい。ちなみに、中国国際経済貿易仲裁委員会仲裁規則はこれまで何回か改正されているが、１９９５年改正で、「国際又は渉外の契約」の紛争が管轄であると定められ、合弁企業との紛争は渉外に当たらないと解されていたが[55]、１９９８年改正で管轄の範囲は拡大され、合弁企業との紛争も管轄であることが明確にされている（同規則2条2項）。

54　李玉泉編著『国際民事訴訟与国際商事仲裁』武漢大学出版社、1993年版、238〜241頁。
55　梶田・注18前掲論文3頁参照、長谷川＝劉・注18前掲論文6〜7頁参照。

140 | 第五章

(2) 社会公共の利益を理由とする仲裁判断の執行の拒否

　国際上、社会公共の利益または公共の秩序を理由として仲裁判断の執行の拒否を認める場合には、その条件は相当に厳しく、適用範囲は狭い[56]。しかし、中国では、社会公共の利益は、地方企業の利益を保護する「代名詞」である。次に紹介する河南開封開大服装有限公司合弁契約紛争事案[57]は、その典型的な例である。

河南省服装輸出入集団公司、開封市東風服装廠及び大連国際貿易（香港）有限公司は、河南開大服装公司という合弁会社を設立した。合弁契約（８８年１０月２５日に締結）には、河南省服装輸出入集団公司が有している対米輸出ライセンスの合弁会社に対する提供と合弁会社のすべての製品の輸出の代理を委託する旨が規定されていた。その後、合弁契約の履行をめぐって紛争が発生し、河南服装輸出入集団公司は、国家の規定により合弁会社は上記ライセンスを享有することができないことを理由に、輸出入の割り当て額の提供を断り、合弁会社の輸出産品により取得した外貨を差し押さえた。そこで、開封東風服装廠は、合弁契約中の仲裁条項にしたがって中国国際経済貿易仲裁委員会に紛争解決を付託した。仲裁廷は、河南省服装輸出入公司が損害賠償をなすべきであるという仲裁判断を下した。しかし、河南服装輸出入公司が当該仲裁判断を履行しないことから、東風服装廠は、鄭州市中級人民法院に仲裁判断の執行を求めて訴訟を起こした（９２年５月２８日）。法院は、当該仲裁判断を執行すれば国家の経済利益と社会公共の利益に危害をもたらすだけでなく、対外貿易秩序に不利の影

56　通常の見解は、公共的な秩序が関連した国家法手続違反に限定している。具体的には、1　紛争事項の仲裁不能（例えば、反トラスト紛争、知的財産権をめぐる紛争、証券、破産に関する紛争）、2　明らかな法律違反、3　仲裁人の不正、4　仲裁判断に理由を付けていないことである。宋航著『国際商事仲裁裁決的承認与執行』法律出版社、2000年版、176~180頁参照。

57　本事例は1992年12月25日付けの『人民日報』(海外版)に掲載された。梶田幸雄「中国における渉外仲裁制度の現状（下）」『JCAジャーナル』１９９６年２月号28~29頁、Michael J. Moser, China and the Enforcement of Arbitral Awards, in 61 Arbitration 2／1995, the Journal of the Chartered institute of Arbitrators, ｐｐ. 50~51.

響をもたらす可能性を考慮して、『民事訴訟法』第260条第2項を根拠に執行を拒否する判決を下した。

上記の認定は検討に値する。一方では、中国において「社会公共の利益」の使用を厳格に制限する法規が存在しないので、地方の経済利益に左右されやすい。他方では、司法部門は大きな自由裁量権を持っていることから、「社会公共の利益」をしばしば乱用する。本事案では、法院は当地の国有企業の利益を「国家の利益と社会の利益」と判示している。このような理解は、国際社会が「公の秩序」概念を縮小する趨勢と背馳するのみならず、中国法制度の全国統一性の原則にも反する。法院が地区経済利益、更に個別の企業の利益を「社会公共の利益」と解釈した主な原因は、近年来、中国において蔓延しつつある著しい地方保護主義にある[58]。渉外仲裁判断の承認・執行の面における「社会公共の利益」の乱用は、中国の対外開放と外国の中国に対する信頼を害する。結局、最高人民法院は上記中級人民法院の判決を取り消した[59]。

小括

本節では、中国における渉外仲裁判断を承認・執行する状況、法規定及び問題点を検討した。建国以来、中国における渉外仲裁判断の承認・執行に関する法は三段階の変遷を経たことが明らかになった。現在では、商事仲裁の解決メカニズムが確立し、渉外仲裁判断は、個別事例を除き、執行されてきている。渉外仲裁判断の中国における承認・執行に関しては次の問題点がある。

第一に、執行を申立てることができる期限は短いので、仲裁の先進国アメリカ、イギリス法を斟酌し適当に延長することが望ましい。

---

[58] Luming Che, Some Reflections on International Commercial Arbitration in China, 13 Journal of International Arbitration 1996, pp. 154~155.
[59] 宋・注56前掲書231頁参照。

第二に、仲裁についての規定は内外で相違しているので、差別待遇という批判を受けている[60]。したがって、内外規制を一致させるべきである。

第三に、「渉外仲裁」については、要素の認定基準が明確ではないから、明確に必要がある。

第四に、「社会公共の利益」の概念は、中国の人民法院においては十分に確立されていない。この概念を濫用すべきではない。

そのほかに、前述した国務院弁公室公表の『「中華人民共和国仲裁法」の貫徹実施について明確にする必要がある幾つかの問題に関する通知』は、立法的文書である。しかし、国務院弁公室は行政機関であり、そういう権利があるのか、疑問である。中国では全国人民代表大会が立法機関であるから、立法機関が制定すべきであると考える。

第三節　中国における外国仲裁判断の承認・執行の状況

序説

1979年に、中国は対内改革、対外開放政策[61]を実施して以来、諸外国、特に、制度の違う欧米国家との経済取引を頻繁に行っている。一方、中国の輸出入貿易額は、年々大幅に増加し、国内の経済発展に大きく貢献している[62]。他方、中国と海外との間における貿易、投資活動が活発してくるにつれて、お互いの経済貿易の摩擦、紛争は、絶えず頻発しているのである。紛争をスムーズに解決するために、また外

60　陳安「再論中国渉外仲裁的監督機制及其与国際慣例的接軌」陳安編『国際経済法論叢（第2巻）』法律出版社、1999年、229頁参照。
61　1978年12月に、中国共産党第11期3中全会が開催され、会議においては、社会主義経済建設を立国目標として、対内的経済活性化、対外的開放政策が確立された。
62　IMFの『1995年国際金融統計』により、1995年度の中国輸出入総額は、国内総生産の45%と相当する。

国からの投資を積極的に誘致するために、中国は一連の法律を制定した。例えば、中外合弁経営企業法[63]、同法実施細則[64]、中外合作経営企業法[65]、中国契約法[66]などである。上記の法律は、中国と外国当事者間の紛争解決のために中国又は外国の仲裁機関による仲裁という内容を規定している。すなわち、外国において仲裁を行うことも承認されている。現行の中外合弁経営企業法第15条は「合弁当事者間の紛争で董事会（取締役会）の協議により解決できないものは、中国仲裁機関又は当事者の合意するその他の仲裁機関による調停又は仲裁により解決することになる。……」と規定している。さらに、同法実施細則第110条は、外国仲裁地に関する明確な規定がおかれている。また、中外合作経営企業法第26条及び中国契約法第128条には、仲裁に関してほぼ同様な内容を定めている。

　紛争解決に適用される法の選定については、中国の法律は「当事者の自治」という原則[67]を認めているが、ただ中外合弁経営契約、中外合作経営契約及び中国の領域内の天然資源探索に関する中外協力契約の場合のみ、中国法に従わなければならない、という特別規定[68]がある。また外国仲裁判断の承認・執行に関しては、中国民事訴訟法[69]に、関連規定が設けられている。

　これらの国内法規定のほかに、中国は、諸外国と多くの二国間条

63　当該法律は1979年7月1日に施行され、1990年4月4日に第1次改正が行われ、2001年3月15日に第2次改正が行われた。

64　当該「実施細則」は1983年9月20日に施行され、その第110条規定は、「合弁当事者は仲裁契約書に基づいて仲裁の付託することができる。仲裁は、中国国際経済貿易仲裁委員会の仲裁規則により行われ、又は当事者が合意する場合は、被申立人の国又は第3国の仲裁機関によりその規則に従い仲裁を行うことができる」である。

65　当該法律は、1988年4月13日に施行され、2000年10月31日に改正されたのである。

66　当該法律は1999年10月1日に発効し、同時に経済契約法、渉外経済契約法および技術契約法は、廃止した。

67　たとえば、中国契約法第126条は「渉外契約の当事者は、契約紛争を処理するのに適用する法律を選択することができる。……」と規定している。

68　中国契約法第126条の後半部分参照。

69　1982年3月8日に、民事訴訟法（試行）は施行され、その後、1991年4月9日に民事訴訟法の施行により、「試行」は、廃止した。

約[70]を締結し、また幾つかの多国間条約[71]に加盟している。その中には、外国仲裁、外国仲裁判断の承認・執行に関する内容の条約も含まれている。具体的な内容は、後述しようと考える。

そこで、本節では中国における外国仲裁判断の承認・執行に関する法制度の沿革、現行の法源、中国における判断執行に対する外国法学者の評価、承認・執行の状況、実例及び現行法の問題点に分けて検討することにする。

Ⅰ．外国仲裁判断に関する中国法制度の沿革

(1)．歴史回顧

中華人民共和国が誕生する前に、1946 年に、旧中華民国政府はアメリカ合衆国と「中米友好通商航海条約」[72]を締結した。この「条約」には、外国仲裁判断の承認・執行に関して、やや抽象的、概略的な規定を置いていた。当該「条約」第 6 条は、「両締約国の国民、法人及び団体の間で発生した紛争を解決するために、当事者双方は書面の公断[73]（仲裁）契約を締結した場合、如何なる紛争を公断に付託することができのであり、そして締約国双方の領域内の裁判所は、この方式

---

70 例えば、1974 年 6 月 22 日に発効した「中国と日本国との間の貿易に関する協定」（以下では「中日貿易協定」と略称する）、1980 年 10 月 30 日に締結した「中国とアメリカとの間における投資保険及び投資保証に関する投資奨励の協定」（以下では「中米投資保険及び投資保証協定」と略称する）、1986 年 5 月 15 日に発行した「投資の促進及び相互保護に関する中国とイギリスとの間の協定」（以下では「中英投資保護協定」と略称する）などである。

71 1986 年に中国は「外国仲裁判断の承認及び執行に関する条約」（ニューヨーク条約）に加盟し、1988 年 4 月 30 日に「多数国間投資保証機関を設立する条約」（英文の全称は、"Convention Establishing the Multilateral Investment Guarantee Agency"であり、以下では MIGA 条約と略称する）に加入し、1992 年 2 月 9 日に『国家と他の国家の国民との間の投資紛争の解決に関する条約』（英文の全称は、"Convention on the Settlement of Investment Disputes Between States and Nationals of Other States"であり、別名はワシントン条約または投資紛争解決条約である。以下では投資紛争解決条約と略称する）に調印した。

72 当該条約は、1948 年に発効し、1950 年に新中国が成立した後に、廃止された。

73 中国では「仲裁」を「公断」とも呼び、「公断」は古い称呼に属する。現在では、この呼び方はほとんど使わない。

に対し完全に信頼すべく、一方の締約国領土内で公断人（仲裁人）がなした裁決又は決定に対し、当該領土内の裁判所は完全に信任しなければならず、ただし公断は善意に行われ、しかも公断合意に適合すべきである」（試訳）と規定した。これは、中国における外国仲裁判断の承認・執行に関する史上最初の規定であった[74]。

新中国成立後、1982年に至るまでに、中国国内法には、外国仲裁判断の承認・執行に関する規定は何もなかったが、関連規定は、主に中国政府が外国政府と締結した議定書、通商航海条約、二国間貿易関係協定、二国間投資保護協定に定められていた。例えば、1950年に、旧ソ連、東ヨーロッパ及びその他の社会主義陣営に属した国家との間にバーター取引に関する一般条件議定書[75]には、仲裁に関連した部分の共通点として次の内容がまとめられていた。すなわち、締約国の対外貿易機関相互間の契約紛争に関する限り、被申立人の国の仲裁機関による仲裁は紛争解決の唯一の法的手段であり、訴訟などの手段が排除される。また仲裁機関の管轄については、両国の対外貿易機関間に個別の貿易契約の中に仲裁条項を設ける必要がなく、両国間の一般条件議定書によって仲裁機関はその契約に関する紛争を受理する権限を有する[76]。

1960年代に入って、中国が、朝鮮民主主義共和国、モンゴル、旧ソ連、旧東独、旧チェコスロバキアなどの友好国家と締結した通商航海条約、経済貿易協定中には、相手方の仲裁判断の承認・執行に対する相互保証についての条項が設けられていた[77]。これらの条約中の仲

---

74 譚兵著『中国仲裁制度研究』法律出版社、1995年版、350頁。

75 例えば、1954年に中国とアルバニアとの間に締結されたバーター取引及び支払に関する協定である。松浦馨＝林克敏「中国の国際商事仲裁の現状と課題［上］」、『国際商事法務』、1994年、Ｖｏｌ．22，Ｎｏ．10, 1138頁。

76 一般条件議定書の詳しい内容について、劉智中編著『関与中外両国間経済貿易条約及協定概述』中国政法大学出版社、1988年版、76頁以下参照。

77 例えば、1962年11月5日に中国が朝鮮民主主義人民共和国と締結した「中華人民共和国と朝鮮民主主義人民共和国との通商航海条約」第15条の規定である。王一平編『企業渉外常用経済法規選輯』中国検察出版社、1991年版、1270頁。

裁に関する定めの概要は、両締約国の会社、貿易組織などの間の商事契約からまたはそれに関して生じる紛争は、協商などによって解決することができない場合、当事者が仲裁契約に基づき両国の又は第三国の仲裁機関などに付託することができ、両国は、その仲裁判断に関して承認及び執行することを保証するのである。

1970年代に入って、中国は西側の諸国と幾つかの貿易関係協定を締結した。例えば、1974年の「中日貿易協定」と1979年の「中米貿易協定」である。その中にも、相手側国の仲裁判断の相互承認・執行に関する内容が見出される[78]。

1980年代以降、中国は多くの国と二国間投資保護協定を締結した[79]。早期に締結された幾つかの二国間投資保護協定の中の仲裁判断の承認及び執行に関する規定は類似しており、以下のように要約できる。すなわち、仲裁判断は、終局的で、かつ拘束力を備えるべきであり、承認・執行は、投資受入国の法律、当該協定の規定及び各自の国内法に基づいて行われる[80]。したがって、これらの条約の範囲外の外国仲裁判断の承認・執行は、当事者の自主的履行及び関連機関の協力に委ねられる[81]。

1982年の民事訴訟法（試行）は、国内法としてはじめて外国仲裁判断の承認・執行に関する具体的な定めをおいた。司法共助の規定である同法第204条によれば、「中華人民共和国の人民法院は外国裁判所から執行を嘱託された既に確定している判決、仲裁判断について、中華人民共和国が締結若しくは加入している国際条約に基づき、または互恵の原則に則って審査を行い、中華人民共和国の法律の基本準則

---

78 「中日貿易協定」第8条第4項と「中米貿易協定」第8条第3項参照。
79 1998年8月まで、中国は既に88ヶ国と二国間投資保護協定を締結した。趙・注20前掲書225頁参照。
80 例えば、1983年の「中国と西ドイツとの間の投資保護協定」の議定書第4条、1984年の「中国とフランスとの間の投資保護協定」の付則第4条、及び同年の「中国とベルギー・ルクセンブルグ経済同盟との間の投資保護協定」の議定書第6条第4項などである。
81 趙・注20前掲書224頁参照。

または我が国の国家、社会の利益に違反しないと認めた場合は、その効力を承認する裁定を行い、本法の定める手続に従って執行しなければならない。そうでない場合は、外国裁判所に送り返さなければならない」とされている。この規定は、三つの不備がある。すなわち、第一に、外国判決と外国仲裁判断を区分しておらず、仲裁判断の承認・執行の要件及び手続を判決と同等に取り扱っている点で著しく時代遅れである。第二に、中国での執行の申立は外国裁判所からの嘱託であることを要する点で、これを要しないとする現在の多くの条約よりも遅れている。第三に、当該外国の仲裁判断はその国で既に確定したものでなければならない、つまり「ダブルな承認」[82]が必要である点で、これも時代遅れである[83]。これらの欠陥は中国で仲裁判断の承認・執行を申立てる外国の当事者を非常に困らせた。1991年新民事訴訟法の公布は、この状況を根本的に変えた。新法は国際趨勢に背いた部分を大幅に改めた。その結果、さらに整備を要する個所もあるが、総じて世界趨勢に適合するものとなった。

(2) 外国仲裁判断の承認・執行に関する現行法規定

1991年の民事訴訟法第269条は、「国外の仲裁機関の判断は、中華人民共和国人民法院の承認と執行を必要とするときは、当事者が直接に被執行者の住所地又は財産所在地の中級人民法院に申立てなければならず、人民法院は、中華人民共和国が締結若しくは加盟した国際条約に従い、又は互恵の原則により処理しなければならない」と規定している。この条文の内容から見ると、外国仲裁判断を承認・執行する方式は、二つある。すなわち、国際条約の締約国である場合には、

---

[82] 1927年のジュネーブ条約第1条第2項 (d) は、仲裁地及び執行地の裁判所に承認を求める、いわば「ダブル承認」の手続を必要とすると規定しているが、現在では、殆ど世界各国は「ダブル承認」という手続を放棄した。なお1958年のニューヨーク条約の発効により、当該条約重要性は失われてしまう。

[83] ニューヨーク条約第3条は、「各締約国は……仲裁判断を拘束力のあるものとして承認し、かつ、その判断が援用される領域の手続規則に従って執行するものとする…」と規定している。

条約の規定通りに仲裁判断の承認・執行を処理し、そうでない場合には、互恵原則の下で取り扱うのである。

中国が締結若しくは加盟した国際条約は、多国間条約と二国間条約に分けることができる。多国間条約の主なものは、ニューヨーク条約、MIGA 条約及び投資紛争解決条約であり、二国間条約としては、貿易協定、投資保護協定、司法共助協定などがある。その中で、世界銀行の協力により制定された MIGA 条約と投資紛争解決条約下の仲裁判断は、「超国家性」の特徴[84]を端的に表現しており、その承認・執行の面においては、国家裁判所の管轄権を排除若しくは制限して[85]、両条約下の仲裁判断は通常の外国仲裁判断[86]と異なって完全な国際的カテゴリーに属すべきものである。したがって、本節では、二国間協定及びニューヨーク条約のみを中心にして、中国における外国仲裁判断の承認・執行の状況を検討してみよう。

II. 二国間協定下の仲裁判断の承認・執行

（1）二国間貿易協定中の仲裁判断の承認・執行

1974 年の「中日貿易協定」第 8 条第 4 項、及び 1979 年の「中米貿易協定」第 8 条第 3 項に「両締約国は、仲裁判断について、その執行が求められる国の法律が定める条件に従い、関係機関によってこれを執行する義務を負う」と定めている。ただし、これは仲裁判断の執行

---

84 両条約の規定により、仲裁判断は、当事者を拘束し、かつ本条約に定められた諸規定を除き、一切の控訴又はその他の救済方法を排除するものとする。……各締約国は、本条約に基づいて行われた仲裁判断を拘束力あるものと認め、そしてその管轄権範囲内で仲裁判断の拘束力を承認し、かつ執行する……国内裁判所の最終判決と同等に裁定を扱うものとする旨を規定することができる。投資紛争解決条約（ワシントン条約）第 53 条、第 54 条、MIGA 条約の付則 II 第 4 条参照。喜多川篤典著『国際商事仲裁の研究』東京大学出版会、1978 年版、296 頁。

85 澤木敬郎「内国仲裁・外国仲裁・国際仲裁」、松浦馨＝青山善充編『現代仲裁法の論点』有斐閣、1998 年版、400 頁。

86 通常の外国仲裁判断は、ジュネーブ議定書、ジュネーブ条約及びニューヨーク条約の、国家裁判所に管轄されるものである。

手続に関する規定であるが、執行と前提となる承認の要件に関する規定ではない。何が承認の要件であるかは不明確である。またこの条文中の「関係機関」が何を指すかは、明らかでもないのである。そのほかに、1986年に中国がニューヨーク条約に加盟した後、二国間貿易協定とニューヨーク条約との関係に関して、いかがであるかという問題は、提起することができるのである。その優劣関係については中国の法学者が殆ど明言していない。しかし、両者が競合する場合に、適用の優先関係を決定するのは、重要であると思われる。ニューヨーク条約第7条第1項には、「この条約の規定は、締約国が締結する仲裁判断の承認及び執行に関する多数国間又は二国間の合意の効力に影響を及ぼすものではなく、また、仲裁判断が援用される国の法令又は条約により認められる方法及び限度で関係当事者が仲裁判断を利用するいかなる権利を奪うものではない」と定めている。したがって、中日、中米の貿易紛争解決中に二国間貿易規定の適用は排除されることができない。ニューヨーク条約は、世界のほとんどの国が加盟しており、適用可能性が今後最も高いが、同条約は他の国際条約がより緩い要件を定めていない限り優先して適用される[87]、ということに鑑みて、しかも中日貿易協定に執行の前提となる承認の要件に関する規定が欠けているのに基づいて、承認要件の限りでは、ニューヨーク条約が適用される（道垣内正人＝早川尚吉「日本の仲裁判断の主要な外国における執行」、松浦馨・青山善充編『現代仲裁法の論点』、有斐閣、1998年版423頁）。外国仲裁判断を承認・執行する場合には、両者併用は可能であるが、実は、二国間条約に定められた仲裁判断の執行要件は、ニューヨーク条約の関連条項より明確性が足りない（例えば、「中日貿易協定」第8条第4項は「仲裁判断について……関係機関によってこれを執行する義務を負う」と規定しているが、その中の関係機関について、何を指すかは、明らかではない。これと比べて、ニューヨーク条約第3、4、5項には具体的な規定をおいている）。し

---

[87] 小林秀之著『国際取引紛争（新版）』弘文堂、2000年版、227頁。

たがって、二国間条約はニューヨーク条約と競合する場合、ニューヨーク条約のほうが優先適用されるべきであると考えられる。

(2) 二国間投資保護協定中の仲裁判断の承認・執行

中国が締結した二国間投資保護協定中において、仲裁判断の承認・執行に関する内容は、多種多様である。とくに、早期の中外間の投資保護協定には、いろいろな問題点が顕現される。次には典型的な用例を挙げてその長短を検討する。1982年の最初の中外投資保護協定―「中国とスウェーデンとの間の投資保護協定」中には、仲裁判断の相互承認・執行に関する規定について、「仲裁判断は双方にとって拘束力を有すべき」[88]のみを定めている。その後、二番目の「中国とルーマニアとの間の投資保護協定」も同様[89]である。1983年の「中―西独間の投資保護協定」の議定書第4条第4項、1984年の「中国とベルギー・ルクセンブルグ経済同盟との間の投資保護協定」の議定書第6条第4項、及び1985年の「中―伊間の投資保護協定」の議定書第4条第2項（3）には、「判断の執行は国内法に基づき行う」と規定している。1985年の「中国とクウェートとの間の投資保護協定」の議定書第6条第2項には、「……仲裁判断は、中国の法律、法規に基づき承認・執行されなければならない」との定めをおいている。これは「承認」という用語がはじめて出現する協定である。当該協定は、前述した幾つかの協定よりはるかに明確で、且つ詳細な中身を備えているのである。ただし、「中国の法律、法規に基づき」に限定するのは、適当であるとはいえない。仲裁判断が中国で承認・執行される場合には、いわんや、中国法通りに行うべきである。逆の場合には、クウェートの法律に従って行わなければならないであろう。それゆえ、「判断の承認・執行を求められる国の法律に従って行う」という表現の使用は、もっと妥当であると思われる。また1988年の「中日投資

---

88 「中国とスウェーデンとの間の投資保護協定」第6条第5項参照。
89 「中国とルーマニアとの間の投資保護協定」第9条第3項参照。

保護協定」には、仲裁判断の相互承認・執行について、次の更なる詳しい内容を取り入れている。当該協定の第11条第6項の規定により、「……仲裁委員会の決定の執行は、執行が求められている領域の属する国で適用されている仲裁決定の執行に関する法令に従って行われる。仲裁委員会は、その決定の根拠を陳述し、かつ、いずれか一方の当事者の要求に応じその理由を明らかにしなければならない」である。それに1988年の「中国とオーストラリアとの間の投資保護協定」には、双方が投資紛争解決条約の締約国となるならば、紛争を投資紛争解決国際センター(International Center for Settlement of Investment Disputes, 以下ではICSIDと略称する)に付託することができる、ということに第1次に言及している[90]。加えて中豪間協定の付録Ⅰ第8条により、仲裁判断の執行は、執行が求められている国の法律に従って行われる。中日協定、中豪協定中には、「ニューヨーク条約」のことに触れなくても、両協定中の「執行を求められている国の法律、法令」という表現には、当該国が加入した国際条約も含まれることと解釈できる、と私は考えている。さらに、1991年の「中国とチェコスロヴァキアとの間の投資保護協定」第9条第4項には、「仲裁判断の承認及び執行は、1958年のニューヨーク条約により行われるべき」と明確に定めている。したがって、以上のこれらの二国間投資保護協定中に規定されている仲裁判断の承認・執行に関する内容を概観して、「中日間の投資保護協定」、「中国とオーストラリアとの間の投資保護協定」、及び「中国とチェコスロヴァキアとの間の投資保護協定」、この三つ協定中の仲裁判断の承認・執行に関する規定が、一番周到で、且つ適切であると分かっている。

(3) 二国間司法共助協定中の仲裁判断の承認・執行

　中国が締結した多くの二国間司法共助協定中には、仲裁判断の相互承認・執行についての規定をほとんど設けている。その中で、多数の

90　「中国とオーストラリアとの間の投資保護協定」第12条第4項参照。

二国間司法共助協定は、中国がニューヨーク条約に加盟する前に調印したものである。それゆえ、仲裁判断の相互承認・執行が中外二国間の司法共助協定中の関連規定に従って行われるのは、無難である[91]。中国がニューヨーク条約の加盟以降に締結した二国間司法共助協定には、大方に仲裁判断の相互承認・執行に関してニューヨーク条約の規定通りに行うべきであるという内容が定められている。例えば、1987年の「中華人民共和国とフランス共和国との間における民事、商事に関する司法共助の協定」第4章第25条の規定、と1987年の「中華人民共和国とポーランド人民共和国との間における民事、刑事に関する司法共助の協定」第3章第21条の規定である。

III. ニューヨーク条約下の仲裁判断の承認・執行

(1) 中国におけるニューヨーク条約の実施範囲

中国は、中国において行われる仲裁判断及びその執行に対して多くの外国企業が抱く危惧を払拭し、また中国との渉外経済契約に関して、外国で仲裁を行った場合、外国の仲裁判断が中国で承認・執行されるか否かについての不安を解消するために、ニューヨーク条約に加盟する決定をした。1986年12月2日に開催された第6期全国人民代表大会常務委員会第18回会議において、ニューヨーク条約に加盟することが採択され、同条約は、1987年4月22日に中国領域で発効した。条約加盟と同時に中国は、同条約の適用について「互恵留保」（相互主義）と「商事留保」[92]の声明を発表した。

まず、「互恵留保」により、中国は、当該条約の締約国（中国以外）の領域内においてなされた仲裁判断のみを承認・執行する。それゆえ、以下の二種類の仲裁判断は、ニューヨーク条約に基づき中国で

---

91 宋・注56前掲書243頁参照。
92 ニューヨーク条約第1条第3項の規定に基づき、中国は、条約の適用を「相互主義」によること、及び「商事紛争」に限ることの留保宣言をしている。

承認・執行できず、すなわち、① 非締約国の領域内においてなされた仲裁判断、② 非内国仲裁判断（non－domestic award）である[93]。また、同条約が中国民事訴訟法の規定と異なる部分について、条約の規定通りに取り扱うと中国は条約に加盟する際に、声明した[94]。この点に関しては、議論するに値すると考える。例えば、ニューヨーク条約第1条第2項の言う「仲裁判断」は、常設仲裁機関になされた仲裁判断と、ad hoc 仲裁判断を2種類含んでいる。これに対し、中国国内法は、前者の仲裁判断しか定めていない[95]。したがって、中国が ad hoc 仲裁判断に賛成するか否かは、明確ではないが、中国が同条約の締約国となったことに鑑みて、また多くのコンセッション協定に紛争を ad hoc 仲裁に付託するという条項を設ける[96]ので、明文で認めるよう法律を改正すべきであると思う。

次に、「商事留保」により、中国は、契約的性格又は非契約的性格のものにおける商事法的関係の紛争範囲に属する仲裁判断だけを、承認・執行する。1987年4月10日に最高人民法院が、各地方の高級人民法院、中級人民法院などに発布した「外国仲裁判断の承認と執行に関する条約の中国での承認の実行に関する通知」[97]に従って、契約的性格と非契約的性格のものにおける商事法的関係を有するものは、契約、不法行為或いは関連の法規定によって生じた経済的な権利と義務関係に関するものを指すのである。例えば、物品売買、財産リーシング、工事請負、加工受注、技術移転、合弁経営、合作経営、天然資源

---

[93] ニューヨーク条約第1条は「非内国仲裁判断」の基準を定めている。すなわち、ニューヨーク条約は、承認及び執行地国に認められた「非内国仲裁判断」にも適用するのである。これらの仲裁判断は、承認・執行の申立地国においてなされたが、判断中の当事者及び目的物は、承認・執行地国と関連していないのである。趙・注20前掲書226頁参照。

[94] 「外国仲裁判断の承認と執行に関する条約の中国での承認の実行に関する通知」第1条参照。

[95] 中国民事訴訟法第260、269条及び仲裁法第2章の関連規定参照。

[96] 韓健著『現代国際商事仲裁法的理論与実践』、法律出版社、1993年版、25頁。

[97] 「外国仲裁判断の承認と執行に関する条約の中国での承認の実行に関する通知」第2条参照。

の探査開発、保険,融資、役務提供、代理、コンサルティングサービスと海上、民間航空、鉄道、道路の客及び物品に関する運送、製造物責任、環境汚染、海上事故、並ぶに所有権に対する紛争である。ただし、外国投資者と投資受入国との間の紛争は含まれないのである[98]。

(2) 外国仲裁判断の承認・執行に関する申立期限

一方で、中国がニューヨーク条約に加入した以降、当該条約は、中国の人民法院が外国仲裁判断を承認・執行する主要な法的根拠となっている。他方で、その具体的な承認・執行に関する手続は、中国国内法の関連規定によって行われるのである。現行の民事訴訟法第219条は、判断執行に関する申立期限を次のように規定している。すなわち、国内仲裁判断と外国仲裁判断について、中国においてその執行を申立てる期間は、当事者双方又は一方が自然人であるときは1年とし、双方が法人又はその他の組織であるときは6ヶ月とする。この申立期間は、法律文書に定める履行期間の最後の日から起算する。法律文書が分割履行を定めるときは、定められた各回の履行期間の最後の日から起算するのである。

これらの申立期間は、特に、中国法がよく理解できない外国当事者にとって短すぎると、中国の学者によって指摘されている[99]。延長するのが適当であろう。

(3) 管轄裁判所

最高人民法院が発布した「外国仲裁判断の承認と執行に関する条約の中国での承認の実行に関する通知」第3条により、管轄裁判所は、以下の場所を管轄する中級人民法院である。① 被執行人が自然人であれば、その戸籍の所在地又は居所地、② 被執行人が法人であれ

---

[98] 当該種類の紛争解決は、中国で1992年に発効された投資紛争解決条約中の関連規定に基づき行うのである。

[99] 他国における仲裁判断の申立の期間と比べて、中国の期間は短すぎる。例えば、アメリカでは3年であり、イギリスでは、6年である。趙・注20前掲書215頁参照。

ば、その主な事業所の所在地、③ 被執行人が中国において、住所、居所又は事業所所在地がないが、財産が中国領域内にある場合、その財産の所在地である。

(4) 承認・執行の要件と手続

　ニューヨーク条約第4条によって、一方の当事者が中国で仲裁判断の承認・執行を申立てる場合には、次の二つの書類を提出しなければならない。① 仲裁判断の正本又は正当に証明されたその副本、② 仲裁合意の正本又は証明されたその副本である。また、仲裁判断もしくは仲裁合意が中国語で作成されていない場合には、判断の承認・執行を申立てる当事者は、これらの書類の中国語への訳本を提出しなければならない。そして当該訳本は、公のもしくは宣誓した翻訳者、外交官もしくは領事官による証明を受けたものでなければならない。

　中国の立法及び司法機関は、ニューヨーク条約下の仲裁判断の承認・執行に関する手続に対し何らの規定をしていないが、実務では、条約下の仲裁判断の承認・執行に関する手続は、国内仲裁判断の手続とまったく同じである。しかし、仲裁判断に対する当事者の不服申立の期限について、1991年民訴法は全然規定していないので、明確な期限を設けるべきであると思う。

(5) 人民法院の審査範囲

　ニューヨーク条約第5条及び「外国仲裁判断の承認と執行に関する条約の中国での承認の実行に関する通知」の付則Ⅰ第2条により、中国の管轄権限ある人民法院は、判断が不利益に援用される当事者の請求を受理した後に、承認・執行が申立てられたその仲裁判断を審査すべきである。審査の範囲は、ニューヨーク条約第5条に定められた事項に限定される。すなわち、① 被執行人の主張及び提供された証拠により、当該仲裁判断がニューヨーク条約第5条第1項に掲げられる

事由[100]を有するか否かに対し審査する。② 人民法院は、当該判断がニューヨーク条約第5条第2項に掲げられる事由[101]を備えるかどうかを、職権で探求する。①の場合には、被執行人の挙証が必要するのに対し、②の場合には、当事者の挙証が不要で、人民法院の裁量に委ねる、ということが分かる。

　仲裁判断がニューヨーク条約第5条に定められた瑕疵を有する場合、承認・執行地の裁判所は、当該仲裁判断を承認・執行するか否かに対し自由裁量権（discretion）を享有する。ニューヨーク条約第5条により、仲裁判断が該条文に掲げられる事由を有するとき、承認・執行地の裁判所が当該判断の執行を拒否する場合に、条文は「may」という用語を使用するが、「must」という言葉を使っていないのである。したがって、この点に鑑みて、ニューヨーク条約は承認・執行地の裁判所に自由裁量権を与えるといえるのである[102]。また、オランダの国際経済法専門家 Van den Berg 教授は、条約第5条に規定される事由が裁判所の自由裁量権に服すべきであり、当該仲裁判断が適当なものであると執行地の裁判所に認められる場合、判断に条約第5条に規定される事由が存在しても、執行地の裁判所も執行でき

100　ニューヨーク条約第5条第1項は、以下五つの判断の拒否事由を掲げている。1 第2条に掲げる合意の当事者が、その当事者に適用される法令により無能力者であったこと又は前述の合意が、当事者がその準拠法として指定した法令によりもしくはその指定がなかったときは、判断がされた国の法令により有効でないこと。2　判断が不利益に援用される当事者が、仲裁人の選定もしくは仲裁手続について適当な通告がなかったこと、又はその他の理由により防御することが不可能であったこと。3　判断が仲裁付託の条項に定められていない紛争もしくはその条項の範囲内にない紛争に関するものであること、又は仲裁付託の範囲を超える事項に関する判定を含むこと。ただし、仲裁に付託された事項に関する判定が付託されなかった事項に関する判定から分離することができる場合には、承認し、かつ執行することができるものとする。4　仲裁機関の構成又は仲裁手続が、当事者の合意にしたがっていなかったこと、又はそのような合意がなかったときは、仲裁が行われた国の法令にしたがっていなかったこと。5　判断が、まだ当事者を拘束するものとなるに至っていないこと、又はその判断がされた国もしくはその判断の基礎となった法令の属する国の権限のある機関により、取り消されたかもしくは停止されたことである。

101　1　紛争の対象である事項がその国の法令により、仲裁による解決が不可能なものであること。2　判断の承認及び執行が、その国の公の秩序に反することである。

102　趙・注20前掲書159頁参照。

る[103]、と指摘した。一般に各国の裁判所は、この問題を、具体的状況にしたがって個別に処理する。例えば、香港高等裁判所が、Paklito Investment Limited and Klockner East Asia Limited事件[104]に対するCIETAC (中国国際経済貿易仲裁委員会の英文略称) に下された仲裁判断を執行するときに、次の意見を述べた。すなわち、もし仲裁判断がなされる過程において手続に瑕疵が存在すれば、該瑕疵が判断結果の不公平に導いた場合を除外して裁判官は、当該仲裁判断に対し執行令を出すことができる[105]。しかし、ニューヨーク条約第5条中の執行拒否事由に関する柔軟性は、「外国仲裁判断の承認と執行に関する条約の中国での承認の実行に関する通知」という司法解釈にまったく体現できない。当該司法解釈第4条は、「……第5条第2項各号に該当すると認定すれば、または債務者が提出した証拠で第5条第1項各号に該当すると証明されれば、その申請を却下し、その仲裁判断の承認及び執行を拒否しなければならない」と規定している。条文の内容から見れば、中国は上記の自由裁量権を認めない。これも中国立法の硬直な特徴であるといえるであろう。

IV. 中国における判断の執行状況に対する外国の法律家の評価

最近では、中国における外国仲裁判断の執行に関する困難の報道は、国際社会に広く流れている。しかし、1991年までに、中国における仲裁判断の執行困難の報道は、あまり聞かれなかった[106]。なぜな

---

103 See Van den Berg, "The New York Arbitration Convention of 1958 Towards a Uniform Judicial Interpretation", Kluwer 1981, at 265.
104 詳細は、趙秀文編『国際商事仲裁案例評析』、中国法制出版社、1999年版、243~248頁参照。
105 韓健=宋連斌「論我国国際商事仲裁機構和法院的関係」、『仲裁与法律通迅』、1997年8月第4期、12頁。
106 Michael J. Moser "China and the enforcement of arbitral awards", Arbitration Journal of the Chartered Institute of Arbitrators (February 1995), p. 49.

らば、当時、中国の国際貿易は今ほど活発ではなかったからである。1991年前の外国仲裁判断の承認・執行の状況については、アメリカの弁護士 Stephen M. Snobe は、1983年の論文で、「中国がまだニューヨーク条約に加盟していないので、紛争解決の条項には執行に関する内容を入れるべきであり、そのほかに、中国で当事者が仲裁判断に規定された義務を履行しない場合、執行を申立てる当事者は、中国の政府関連機関に協力を請求することができる……、これらの政府機関は、当事者に判断執行への協力を提供する権限がある」[107]と述べている。ここからみれば、当時の中国における外国仲裁判断の承認・執行については、必要な法根拠が存在しないから、行政的な手段に頼らざるをえないのである。

　ニューヨーク条約が中国で発効する前には、外国仲裁判断を執行する実例が見えない[108]にもかかわらず、条約が中国で発効した後には、判断執行の状況が部分的に改善されたといえる。例えば、アメリカの Moser 弁護士は、中国の仲裁判断の承認・執行状況に関する論文に「最高人民法院が提供した情報により、今まで、すでに5件の外国仲裁判断は、中国の人民法院に承認・執行されたのである。ほかに、報道にしたがって、また十数件の外国仲裁判断執行の申立は、中国の関連法院に審理中にあるのである」[109]と書いた。ただし、中国で外国仲裁判断の承認・執行を申立てる当事者にとっては、順風満帆な道とはいえない。

　中国における外国仲裁判断の承認・執行状況に関する批判的な報道は、多く見えている。例えば、1992年に鮑智明弁護士は、「中国で仲裁判断を執行する状況が楽観視することができず、解決方法を

107　王生長「外国仲裁裁決在中国的承認和執行」、陳安編『国際経済法論叢（第2巻）』、法律出版社、1999年版、490頁。

108　Cheng Dejun, Michael J. Moser and Wang Shengchang, International Arbitration in the people's Republic of China：Commentary, Cases and Materials, Butterworths Asia, 1995, p. 84.

109　See Michael J. Moser, not 106, p. 134 (May 1995).

見つけることは、急務である」[110]と述べている。また1996年にスイスのチューリッヒで開催されたニューヨーク条約に関するシンポジウム[111]、及び同年に韓国のソウルで開催されたICCA (International Chamber of Commerce International Court of Arbitration) 中期会議[112]では、中国が執行西側諸国に非難された対象となった。1996年以降、ストックホルム仲裁院になされたRevpower Limited and Shanghai Far East Aero Technology Import & Export Corp事件[113]についての仲裁判断が、長期間にわたって中国で承認・執行されないということで、中国での外国仲裁判断の執行に関する状況については、さらに諸外国に質疑されるのである。上記の事件に関する詳細内容は後述することにする。

中国で仲裁判断の承認・執行の面において、存在する主な障害としては次のようなものが考えられる。① 1991年の中国民事訴訟法第260条は、仲裁判断の執行拒否に関する要件を定めているが、逆に、これらの文言は地方の人民法院にも仲裁判断の執行拒否を正当化する多くの機会と理由を提供すること[114]、② かつて裁判官は、無資格で、給与は安く、法的知識をあまり要求されなかったので、ニューヨーク条約の理解が不完全であったこと、及び中国は国際商事仲裁発展の趨勢に対し鋭敏に察知できなかったこと[115]、③ 中国では、裁判

---

110 王・注107前掲論文491頁参照。
111 この会議は1996年2月に開催され、会議の主題は、「1958年のニューヨーク条約について」である。趙・注20前掲書228頁参照。
112 この会議は1996年10月に開催され、会議の主題は、「国際紛争の解決—1つの国際的な仲裁文化を形成するように」である。趙・注20前掲書228頁参照。
113 Guiguo Wang, "One Country, Two Systems—Recognition and Enforcement of Arbitral Awards in Hong Kong and China", 14 Journal of International Arbitration (1997), pp. 27~28；趙・注104前掲書1~25頁。
114 See, Michael J. Moser, not 106, p. 50 (February 1995)；大隈一武「中国仲裁判断の承認および執行—ニューヨーク条約および中国法に基づく—(5・完)」、『JCAジャーナル』、1998年1月号、40頁。
115 Luming Chen, "Some Reflection on International Commercial Arbitration in China", 13 Journal of International Arbitration (1996, No. 2), p. 128.

所の独立性がなく[116]、④ 裁判所の人的・物的資源が地方政府によって決められることから生ずる地方保護主義[117]、並びに⑤ 国家主義的感情である[118]。

V．中国における外国仲裁判断の執行に関する調査状況

1997年8月から9月まで、中国国際商会所属の仲裁研究所は、外国仲裁判断の執行状況を調査した。その状況は、以下の表の通りである。

表ⅰは、仲裁判断の執行及び執行拒否の数に関するものである。

表ⅰ

年	申立数	執行数	拒否数
1990年以前	0	0	0
1990	3	3	0
1991	0	0	0
1992	1	1	0
1993	1	0	1
1994	2	1	1
1995	0	0	0
1996	1	1	0
1997年（1—8）	6	4	1

（以上のデータの出所は、1998年5月のパリ国際商事仲裁会議における中国国際経済貿易仲裁委員会副主任王生長氏の「Experience With National Laws on Enforcement of Abitral Awards ― Enforcement in the PRC」（中訳本）報告書である）

---

116 Michael J. Moser, not 106, p. 50 (February 1995) ; Luming Chen, not 115, 154~157.
117 Michael J. Moser, not 106, p. 50 (February 1995) ; Luming Chen, not 115, 154~157.
118 Luming Chen, not 115, p. 155.

表 ii は、執行の拒否事由に関するものである。

表 ii

拒否事由	事件数
仲裁契約の無効	0
適当な通知がなかった	0
当事者の案件陳述の不能	0
仲裁人の越権	0
仲裁廷構成の仲裁規則違反	0
仲裁手続の違反	0
鑑定報告の未提出	0
「社会公共の利益」の違反	0
執行相手の不存在	1
執行手続の欠缺	0
申立期限の超過	0
執行財産のなし	1
人民法院の管轄権なし	0
その他の執行不能の理由	1
状況不明	0

（データの出所は、同上）

　上記の二つの表によると、1990年から1997年8月までの期間、合計14件の外国仲裁判断の中で、執行完了件数は10件であり、1件は審理中であり、3件は執行拒否である。ただし、表 ii 中の「執行相手の不存在」と「執行財産なし」を除いて、実際の未執行数は1件だけである。中国における外国仲裁判断の未執行率は、全体の7．14％を占めている。この比率は、渉外仲裁判断の未執行率（8.79％）より、やや低いが、やはり国際標準の未執行率（5％）を越えた。

VI. 事例を通して中国における外国仲裁判断の承認・執行状況を見る

(1) Revpower Ltd and Shanghai Far East Corp 事件

　本事件の仲裁申立人 Revpower Ltd は、香港で登録した全部資本がアメリカ人に所持された会社であり、被申立人 Far East Corp は、中国で登録した会社である。1988年6月に双方は、中国の某電池工場で工業電池と電池極板を生産する補償貿易[119]の契約を締結した。この契約に基づいて、一方、申立人 Revpower Ltd は、契約の付録に所定された設備と原材料の購入、技術情報の提供、専門人材の養成と産品質の監督の義務を履行することになり、他方、Far East Corp は、工場の建物と補助設備を提供する義務を負うとされた。その他、Revpower Ltd は、Far East Corp に中国で同契約中の産品を販売する20年間の独占ライセンスを与えた。その代わりに、Revpower Ltd は、中国以外のマーケットに同契約中の産品を販売する20年間の独占的な権利を享受することになった。当該契約の第14条は、紛争解決の内容を定めていた。その概要は以下通りである。

　① 本契約に因んだ如何なる紛争と賠償も、当事者双方ができる限り友好協商の方式を通して解決を図るべきである。② 本契約の第12条、13条[120]のほかに、いずれかの契約違反により相手方に損害をもたらす場合、損害を蒙る側は、契約履行日から30日以内に必要な書証（documentary evidence）にしたがって加害側に損害賠償を求める権利がある。Revpower Ltd が出す書証は、AAA（American Arbitration Association の略称）に作成委託され、Far East Corp が出す書証は、CIETAC に作成委託される。一方が証拠にサインした後、相手方の賠償請求を受けない場合に、双方は次の条項通りに、紛争を仲裁に付託する。③ 紛争発生の60日後、いずれかが友好協商方式による

---

[119] 補償貿易とは外国側が機械設備を提供し、その見返りとして製品、その他の生産物で返済を受けるということである。

[120] Revpower Ltd の総裁 Robert R. Aronson は、1995年3月12日にニューヨーク大学のロースクールでの講演に、「第12条は Far East Corp の提案であり、内容は延期の荷渡し、及び許可できる延期の荷渡しに関するものである。第13条は Revpower ltd の提案であり、内容は不可抗力条項である」と言及した。趙・注104前掲書2頁参照。

解決できないと認めれば、当該方は、SCC（Arbitration Institute of the Stockholm Chamber of Commerceの略称）で該仲裁規則にしたがって仲裁解決を要求する権利がある。④　仲裁判断が終局的なものであり、当事者双方を拘束する。敗訴側は、仲裁判断が下された日から60日内に判断された金額通りに支払うべきであり、あるいは仲裁判断書のその他の規定にしたがうべきである。⑤　仲裁費用とその他の費用の負担は仲裁判断により決まる。⑥　協商又は仲裁期間において、いずれも契約中の義務を履行し続けるべきである。

1989年末、当該補償貿易契約の履行期間においては、双方に紛争が発生した。1991年6月29日に申立人Revpower Ltdは、SCCに仲裁を付託し、そしてJ. Gillis Wetterを仲裁人と指定した。SCCは該事件を受理したとともに、被申立人Far East Corpに回答を要求する通知を発した。1991年10月5日にFar East CorpはSCCに管轄権抗弁を提出した同時に、アメリカのJerome A. Cohen教授を仲裁人としていた。SCCは仲裁規則により、Wetter、Cohen及びLars. Rahmn3人からなる仲裁廷を成立した。その中でRahmnは、首席仲裁人である。

1992年7月11日に、仲裁廷は、当該仲裁院が事件に対し管轄権を有し、そして中国法を適用法律とし[121]、かつ英語を仲裁手続に使用する言語とする、という中間判断を出した。それにもかかわらず、1993年4月1日に、同一の紛争に基づき被申立人に提出された訴訟を、上海市中級人民法院は受理した。その受理の根拠は、中国法[122]に基づき上述した契約中の仲裁条項においてSCCを仲裁機関と明確に指定しなかったので、当該条項が無効であり、それゆえ、SCCの仲裁判断が当事者双方を拘束することができないからである。上海市中級

121　仲裁廷は、「……本契約履行の部分行為は中国以外の地方で行ったが、大部分の行為が中国で行っていたのに鑑みては、故に中国法を契約の準拠法とすべきである」と判断した。
122　1985年の『渉外経済契約法』第37条は、「……合意された仲裁契約書に従い、その紛争案件を中国の仲裁機関又はその他の仲裁機関に付託することができる」と規定している。

人民法院が当該事件を受理した後に、一方、申立人 Revpower Ltd は答弁期間内に当該法院に管轄権のない異議を出した。他方、被申立人 Far East Corp は同時に進んでいる SCC の仲裁に参加しないとの意思を表示した。1993 年 7 月 13 日に、SCC 仲裁廷は被申立人 Far East Corp が申立人 Revpower Ltd に 600 万米ドルほど賠償すべきだとの終局仲裁判断を下した。同年 12 月 29 日に、申立人 Revpower Ltd は上海市中級人民法院に当該判断の執行を申し立てた。しかし、上海市中級人民法院は、該事件の法院審理中を理由にして執行申立の受理を拒否した。

その後、上海市中級人民法院は、受理した当該事件をすべて審理していないままに、1995 年 5 月 18 日に、被申立人 Far East Corp の起訴を却下した。1995 年 5 月 23 日に、また被申立人 Far East Corp は上海市高級人民法院に上訴したが、同年 7 月 24 日に、上海市高級人民法院は、当該事件を棄却し、上海市中級人民法院の裁定を支持した判決を下した。

申立人 Revpower Ltd は、1996 年 2 月 29 日に改めて上海市第 2 中級人民法院[123]に執行を申し立てた。結局、1996 年 3 月 1 日に法院は当該事件に関する仲裁判断の承認・執行の裁定を下した。

ニューヨーク条約は、国際商事仲裁について、主な二つの面を含んでいる。一つは、仲裁契約の強制実施であり、もう一つは、仲裁判断の強制執行である。仲裁契約がニューヨーク条約に適用できる場合、当該仲裁契約の強制実施の申立を受理した締約国は、その仲裁契約が無効であるか、失効しているか、又は履行不能であると認定する場合を除外して、一方当事者の請求により、仲裁に付託すべきことを当事者に命じなければならない[124]。同時に仲裁契約の無効も執行拒否の 1 理由となるのである[125]。ただし、どのような法律により仲裁契約の

---

[123] 1995 年に上海市中級人民法院は、二つの法院に分けられた。すなわち、上海市第 1 中級人民法院と上海市第 2 中級人民法院である。

[124] ニューヨーク条約第 2 条第 3 項参照。

[125] ニューヨーク条約第 5 条第 1 項 (a) 参照。

無効と判定するかは、仲裁契約に適用する法律に頼らなければならない。ニューヨーク条約は、その法適用の統一的な抵触規則について具体的に規定している[126]。また、仲裁契約に適用する法律を選定するときに、この統一的な抵触規則は、その他何れの抵触規則、特に裁判所地国の抵触規則より優先すべきである[127]。

上述した事件において、ニューヨーク条約第5条第1項（a）により仲裁契約に適用すべき法律はスウェーデンの法律である。したがって、中国法にしたがい仲裁契約の効力を判定する上海中級人民法院のやり方は、明らかに妥当性を欠いた。その他、人民法院は本事件に関する仲裁判断を迅速に執行できず、不当に遅延させた現象は発生された。したがって、人民法院裁判官のニューヨーク条約に関する認識不足を示すものであることを指摘できる。Revpower事件について上海市中級人民法院の処理が中外世論にさまざまに批判された[128]にもかかわらず、上海第2中級人民法院の最終的判決は評価されるに値する。

(2) Guangzhou Ocean Shipping Co (China) v Marships of Connecticut Co Ltd (USA) 事件[129]

事件の被申立人Marships of Connecticut Co Ltdは、申立人Guangzhou Ocean Shipping Coから貨物船「馬関海号」、「康蘇海

---

126 ニューヨーク条約第5条第1項（a）は、「……当事者がその準拠法として指定した法令により若しくはその指定がなかったときは判断がされた国の法令により…」と定めている。

127 See Van den Berg, not 103, pp. 27~28. 李虎著『国際商事仲裁裁決的強制執行－特別述及仲裁裁決在中国的強制執行』法律出版社、2000版、158頁。

128 例えば、梶田幸雄「中国における渉外仲裁制度の現状（下）」、『JCAジャーナル』1996年2月号、28~29頁、大隈・注114前掲論文（4）、『JCAジャーナル』1997年12月号、19頁、Li Hu, "Enforcement of the International Commercial Arbitration Award in the People's Republic of China", 16 Journal of International Arbitration, 1999, pp. 28~29. 王・注107前掲論文516~519頁参照。

129 See Machael J. Moser, not 106, pp. 133~134 (May 1995)；王・注107前掲論文510~512頁参照。

号」及び「華銅海号」を3隻傭船した。そして1988年10月25日、11月7日及び11月19日に両当事者間で船舶ごとに傭船契約を締結した。3部の傭船契約には、同契約に関する紛争については、イギリスのロンドンでイギリス法を準拠法として仲裁によって解決する旨の仲裁合意が含まれていた。

　被申立人はその後、傭船料の支払を遅滞したため、申立人は、1989年6月にすべての傭船契約を解除し、かつ上述した仲裁条項に基づき、同年7月にロンドンにおいて当該事件の仲裁の申立を行った。そして、ロンドンad hoc仲裁廷は、同年8月7日、15日及び25日にそれぞれの傭船契約に関する紛争について3つの仲裁判断を下した。判断書の主なポイントは、以下通りである。すなわち、被申立人は、未払いの傭船料合計198万5975.21米ドル及びその利息並びに申立人に要した費用を申立人に支払うべきである。仲裁判断の効力発生後、被申立人は傭船料の一部を支払ったが、1990年2月から再びその支払を停止し、結局123万2112米ドル及びそれに対する年9%の割合による利息が未払いの状況となった。他方、申立人は、中国対外貿易運輸総公司が1989年3月に被申立人との間で申立人に所有される貨物船「康蘇海号」について傭船契約を締結しており、被申立人に対する傭船料及び延滞金合計25万3592.55米ドルが未払いとなっていて、その支払の準備をしていることを知るに至った。そこで、1990年7月6日に、申立人は中国広州海事法院に前記三つの仲裁判断の承認・執行、並びに中国対外貿易運輸総公司の被申立人に対する支払準備金を、自分に対する前記債務の一部として強制振替[130]することを申請した。

　広州海事法院は、申立人の申請を受理した後、合議廷を成立しこの事件の審理を行った。合議廷は、関連した書類の審査を経て次の見解を表した。すなわち、①　当事者双方間の仲裁条項は有効であるこ

130　ここでの強制振替とは、中国対外貿易運輸総公司の預金を強制的に引き落として申立人Guangzhou Ocean Shipping Coの口座に振り返る法院の処分という。中国語としては、「劃撥」である。

と、②　ロンドンad hoc裁判所の構成、仲裁手続及び下された三つの仲裁判断は、いずれも適正であり、仲裁判断は当事者双方に対し拘束力を有すること、③　被申立人は、すでに仲裁判断の内容を一部履行していることなどの事実を認定した後、中国の法律によれば、傭船契約における紛争は仲裁によって解決することができること、④　前記の三つの仲裁判断の承認・履行は、中国の「社会公共の利益」[131]に違反しないこと、⑤　この三つの仲裁判断の承認・執行の申請は、中国民事訴訟法（試行）第169条[132]に定められた執行申請期限を越えていないこと、⑥　中国対外貿易運輸総公司が支払を準備している傭船料及びその延滞金は被申立人が獲得することを期待できる財産であり、強制執行の目的物とすることができること、⑦　中国対外貿易運輸総公司が被申立人に支払準備をしている傭船料及び延滞金を被申立人が申立人に返済する債務の一部に強制振替せよという申請は理にかなったものであることである。

　1990年10月17日に、広州海事法院は上記の理由に基づいて申立人に有利な裁定をした。Marships事件に関する海事法院の裁定については、国内外に広範に賞賛された[133]。この事件の処理を通じて、以下2点のことが明確にされた。第一に、外国のad hoc仲裁判断は、中国で承認・執行することができる[134]。これは法院が『ニューヨーク条約』第1条第2項に定められている仲裁判断の範囲と国内法に規定されている範囲を正確に区分けできると示した。第二に、債務者中国対外貿易運輸総公司が被申立人に支払準備をしている傭船料及び延滞金を、申立人に強制振替せよという裁定について、法院が仲裁に対する支持の態度を表した。

131　1982年の中国民事訴訟法（試行）第204条参照。現行の民事訴訟法第260条第2項も同旨である。

132　前述した現行の民事訴訟法第219条に定められた期限とは同様である。

133　See Guiguo Wang, not 113, p. 17.

134　本事件に関する裁定がされたときに、中国法はad hoc仲裁の効力に対し何も規定しなかった。その後の制定された仲裁法第16条により、ad hoc仲裁は無効とされるのである。

168 | 第五章

　しかし、勝訴側は、中国の会社なので外国側の会社ではない[135]。したがって、この事件処理は中国の外国仲裁判断の承認・執行に対し積極的な態度が十分に証明できない。もし申立人が外国側の会社であれば、判断の承認・執行が本事件のように順調であるかは、予測しがたいのであろう。また、ニューヨーク条約第5条第1項により、判断の承認・執行は、求められた国の権限のある機関に対しその当事者が次の証拠を提出する場合に限り、拒否することができる。それゆえ、ニューヨーク条約の趣旨は、判断の敗者側の挙証を除いて、仲裁判断の承認・執行の拒否要件に対し、執行地裁判所が自主的に審査すべきではないのである。ただし、本事件において、海事法院が判断の敗者側の挙証を待たずに、判断に自主的に審査したやり方は、ニューヨーク条約の旨に背いたのであろう。司法権力が仲裁活動及び仲裁判断に介入しすぎるのは、適当ではなく、仲裁を通して紛争解決を図るこのメカニズムの安定性と信頼性に危害をもたらすのである[136]。

(3) 諾保克貨物運輸サービス有限公司（香港）と航海技術諮詢サービス公司（大陸）との紛争事件[137]

　1985年6月4日に、本事件に関する仲裁判断の承認・執行の申立人諾保克公司（船主）は被申立人航海技術公司（傭船者）と傭船契約を締結した。その後、双方間に延滞金と運賃に関する紛争の発生により、申立人は、傭船契約中の仲裁条項に基づき当該紛争をロンドン海事仲裁人協会に付託した。1990年1月8日に、ロンドン海事仲裁人協会はこの事件について終局仲裁判断を下した。判断の要点は、次のようなものである。① 傭船者は傭船契約に従い船主に12万3652.4米ドルの延滞金及び利息を支払わなければならない。そして延滞金の利息は年率11%であり、利息の計算日付は1985年12月1日から判

135　See Michael J. Moser, not 106, p. 134.
136　陳治東=藩偉「国際商事仲裁裁決承認与執行的国際化趨勢」、『中国法学』、1998年第2期、124頁。陳・注22前掲書335頁参照。
137　王・注107前掲論文513~514頁参照。

断がなされた日までである。②　傭船者は船主に1万4748.6米ドルの運賃及び利息を支払わなければならなく、利息は年率10%通りに計算し、計算日付は1989年9月19日から判断がなされた日までである。③　仲裁にかかった費用はすべて傭船者側に負担されるべきである。仲裁判断が発効した後、被申立人は自発的に当該判断を履行していない。したがって、1990年2月6日に、申立人は、被申立人の住所所在地中級人民法院、つまり北京市中級人民法院に当該判断の承認・執行の申請を出した。1992年8月26日に、北京市中級人民法院は申立人に有利な裁決を下した。その主要な内容は以下通りである。すなわち、ロンドン海事仲裁人協会にされた当該事件に関する仲裁判断は、ニューヨーク条約、及び「中国が加盟するニューヨーク条約に関する全国人民代表大会常務委員会の決定」中の執行に関する要件に適合し、それにニューヨーク条約第5条第1項及び第2項に掲げられた執行拒否要件に該当するものがないのであり、中国が当該条約に加盟する際の留保声明にも違反していないから、その効力を認めるべきである。以上のことに基づき法院は、被申立人が裁定書を受け取った日から15日以内に仲裁判断の義務を履行すべきであり、なおかつ申立人にその執行申請にかかった費用を支払わなければならないと命じた。執行過程において双方の間では、被申立人が申立人に合計で16万米ドルを支払う和解協議を達した。それによって紛争はすべて解決したのである。

　この事件は、中国国内のみならず、外国でも、中国がニューヨーク条約の義務を重大に履行する意図を示したものと広く歓迎されている。ここで、強調されるに値するのは、人民法院が外国当事者有利になされた仲裁判断の承認・執行を認めたのである。ある程度で諸外国の中国に対する不安感をを払拭することができるであろう。ただし、事件処理には2年間半かかったのであり[138]、その非効率性は、本事件

138　中国の法律は、法院にされる判断の執行に関する裁定の期限に対していずれも規定していないのである。

処理の欠点であると考えられる。

小括

　本節では、中国における外国仲裁判断を承認・執行する法規、状況及び問題点を検討した。

　外国仲裁判断の承認・執行に関する法律について、ニューヨーク条約の締約国の当事者は、当然にこの条約により直接、中国の管轄権を有する地方中級人民法院に承認・執行を申立てることができるが、ニューヨーク条約の非締約国が中国と締結した二国間協定中に仲裁判断の相互承認・執行に共助の条項があるときは、協定の規定に基づいて当該外国の裁判所が中国の人民法院に執行の共助を委託する。中国と何らの条約を締結しない外国においては、互恵の原則に従い、相手国の裁判所が中国に執行共助を委託し、または外交的手段などを通じ、中国に執行共助を請求する。ただし、ニューヨーク条約の普遍性に鑑みて、条約によらないでほかの手段を通して外国仲裁判断の承認・執行を行うのは、ますます機会が少ないのであろう。

　また、中国における外国仲裁判断の承認・執行に関する状況については、以下の問題点が存在している。

　第一に、人民法院の裁判官は、法的知識があまり高くはないから、ニューヨーク条約の理解が不完全である。したがって、如何に裁判官の質素を高めるかは、中国にとって重要な課題となる。

　第二に、Revpower事件に関する仲裁判断の承認・執行において、上海中級人民法院は、受理した当該事件を不当に遅延していたことは指摘されるべきである。それゆえ、如何にしてその現象を避けるかは、人民法院にとって解決しなければならない問題である。

　第三に、Marships事件において、中国広州海事法院は仲裁判断の当事者に挙証されない場合に、判断の実体に対し自主的に審査していた。このような取扱は、明らかにニューヨーク条約の趣旨に違反した

のではないか。裁判所の力が仲裁に過度に介入するのは、適切ではないと考えられる。

第四に、如何に事案処理の効率化を実現するかは、中国の人民法院の裁判官に迫りつつある問題である。

第五に、現行の民事訴訟法第三編の仲裁判断の執行手続に関する規定には、仲裁判断に対する不服申立の期限ついて、何らの定めも設けられなかった[139]。したがって、その点に関し整備する必要があると思われる。

第六に、ニューヨーク条約第5条に定められた仲裁判断の拒否事由について、中国は裁判所の自由裁量権を認めるべきであり、すなわち、仲裁判断に同条約に規定された事由があっても、執行可能となるべきである。

第四節　中国大陸及び香港・澳門・台湾における仲裁判断の相互承認と執行について

序説

中国大陸において、国際商事仲裁[140]の一部分をなす香港、澳門、台湾の商事仲裁判断はどのように承認・執行されるのか。他方、大陸の仲裁判断はこの3地域で何を根拠にして承認・執行されるのか。本節では、これらの問題を検討する。

中国が1978年に対内改革・対外開放という政策を実施して以来、中国大陸の経済は香港、澳門、台湾地域の経済と漸次一体化し、相

139　例えば、1998年ドイツ新仲裁法第1059条は、「仲裁判断の取消を求める申立は、3ヵ月の期間内に裁判所にしなければならない」と規定している。また、1999年スウェーデンの新仲裁法第34条には、同趣旨の規定を設けている。
140　中国にとっては、国際商事仲裁は三つの部分からなる。つまり、渉外商事仲裁、外国商事仲裁、港・澳・台の商事仲裁である。

互の投資、貿易は、活性化しつつある[141]。しかし、その反面、取引紛争も次第に増えている。香港と澳門の主権はすでに中国に返還された[142]。将来、台湾との問題も最終的解決が図られることが予想されないではない。この状況の下で、大陸と香港・澳門・台湾との間における商事仲裁判断の承認及び執行の問題を如何に解決するかは、現在のところ、「区際司法共助」[143]に頼るほかない。

1980年代の初期において、大陸側が香港、澳門、台湾との統一問題を解決するために、鄧小平氏が「一国二制度」という構想を提出した。この構想は、既に中英間の『香港問題に関する共同宣言』と、中葡間の『澳門問題に関する共同宣言』[144]に確認されている。また、1990年の香港特別行政区基本法と1993年の澳門特別行政区基本法は、「一国二制度」の構想を法的形式に確定した標識である。「一国二制度」の主な内容は、香港特別行政区基本法と澳門特別行政区基本法からみると、以下の通りである。香港と澳門に中央人民政府に直属する特別行政区を設置し、特別行政区は高度の自治権を享受し、従来の資本主義制度及び生活様式を保持し、50年間変更しない。外交と防衛事務が中央人民政府の管轄範囲に属するほかは、特別行政区が行政管理権、立法権、独立した司法権及び終審権を享有し、さらに、現行の法律が維持される[145]。

---

141 2000年1月から5月まで台湾から中国大陸への投資額は、8億ドルを越えた。1999年の同期と比べると、1.4倍に増えた（人民日報海外版2000年6月19日）。また、2000年まで中国の主要な貿易パートナーは日本、アメリカ、EUに次いで、香港が4位を占めている（人民日報海外版2001年1月14日）。

142 1997年7月1日にイギリスは「一国両制度」という原則の下で香港を中国に返還し、また1999年12月20日にポルトガルも澳門を中国に返還した。

143 ここでの区際とは中国大陸と香港、澳門、台湾との間を指すのである。中国大陸は香港・澳門・台湾と違う法システムが存在しているから、相互の司法共助が必要となる。

144 1984年12月9日には、中国政府とイギリス政府との間に『香港問題に関するSino－British Joint Declaration』を締結した。1987年4月13日には、中国政府とポルトガル政府との間に『澳門問題に関するSino－Portugal Joint Declaration』を締結した。

145 詳細な内容は『香港特別行政区基本法』と『澳門特別行政区基本法』の第2条、第5条、第8条、第12条、第13条及び第14条を参照。

このように、「一国二制度」の政策は、社会、政治、経済のみならず、法制度の分野にも密接に関連している。台湾問題については、もっとも、両岸の政治対立が激しいので、短期間に順調に解決されることは期待できないから、差し当たり、中国においては、大陸、香港、澳門、台湾という四つの異なる法域が存在しているといえよう。このため各地域の法律の相違によって、区際法律抵触の問題が生じることは避けられない。区際法律抵触の問題を解決するには、二つの手段がある。すなわち、第一の手段は、実体法を統一すること、第二の手段は、抵触法を通して解決することである[146]。第一の手段は、実行することが困難であるだけでなく[147]、「一国二制度」という理念に背馳すると考えられる。したがって、中国区際法律抵触の問題を解決する最善たる方法としては、二番目の手段しか残されないことになる。

本節で検討する四地域の仲裁判断の相互承認・執行は、区際司法共助の内容の一部であり、仲裁判断の相互承認・執行に関連する区際法抵触の問題を解決するには、これを規制する法制度をも整備しなければならない。これらの法域における仲裁判断の相互承認・執行という問題を解決することは、地域間における経済貿易の発展に対して重大な意義があると考える。

I．大陸と返還前の香港との間における仲裁判断の相互承認と執行

(1) 返還前の香港の仲裁関する概要

香港における仲裁は、仲裁令により規制される。この仲裁令は、

---
146 丁偉＝陳治東著『衝突法論』法律出版社、1996年版、410~411頁。
147 当面において、実体法を統一して区際法律抵触の問題を解決するとの考え方は現実性がないと、大部分の中国法学者は見なしている。理由は中国大陸、香港、澳門及び台湾の法制度の差異が大きく、特に大陸の法制度は社会主義の色彩が濃くて他の法域と質的な相違が存在しているから、短期間内に実体法を統一することは不可能である。丁＝陳・注146前掲書410頁参照。

1963年に制定されて以来[148]、数回の改正が行われている。そのうち、1989年と1996年の大幅な改正が注目される。

1989年の改正では、仲裁事件を国内仲裁（Domestic Arbitration）と国際仲裁（International Arbitration）とに分けた二重の規制システムが定められ、さらに、国際商事仲裁の分野では『UNCITRAL国際商事仲裁モデル法』を国内法化した[149]。

1996年に改正された仲裁令は、7つの編と6つの付表からなる。主な内容は以下のようにまとめることができる[150]。

a．第1編—総則の要点としては、国内仲裁と国際仲裁及びニューヨーク条約に基づく仲裁判断の執行に適用される仲裁令2条の定義に関する。

b．第1A編は、国内及び国際仲裁の双方に適用される規定である。たとえば、中間命令に関する仲裁廷の権限、費用の担保、手続の却下、利息と費用に関しては、香港で行われる国内仲裁及び国際仲裁に共通して適用される規定である。

c．第2編は、国内仲裁に関する規定である。

d．第2A編は、国際仲裁に関する規定である。香港でなされる国際仲裁にはUNCITRAL国際商事仲裁モデル法が、35条と36条を除いて[151]、適用されることを定める。

---

148 Robert J M Morgan（著）・金祥洙（訳）「香港における中国への統治権返還と仲裁体制（2）」『JCAジャーナル』、1997年7月号10頁参照。

149 小杉丈夫＝内田公志「香港における商事仲裁（2）」『JCAジャーナル』、1991年6月号10頁参照。松浦馨「香港仲裁法の沿革」、『民商法雑誌』（115—2—112、1996年）、288頁参照。

150 詳細は、Robert J M Morgan・金祥洙（訳）「返還後の香港仲裁—1996改正仲裁令—（1）、（6）」『JCAジャーナル』1998年5月号〜10月号、Derril Warren・Hong Ningning「英国1996年仲裁法、中華人民共和国仲裁法和香港仲裁条例的比較研究」魏振瀛＝王貴国編『中国内地与香港地区法律比較研究』（北京大学出版社、1998年版）などの文献を参照されたい。

151 UNCITRAL国際商事仲裁モデル法第35条と第36条の内容は、ニューヨーク条約の内容と似ている。したがって、香港はUNCITRAL国際商事仲裁モデル法を採択する時に、国際仲裁が、UNCITRAL国際商事仲裁モデル法第1章乃至第7章のみに拘束されると宣言した。モデル法の仲裁判断の強制執行に関する章節を削除する目的は、ニューヨーク条約との抵触を避けるためである。

e．第3編はニューヨーク条約の非締約国がなした仲裁判断の執行に関する規定である[152]。これは、過渡期の手続上の目的のためにあると考えられている。

 f．第4編は、ニューヨーク条約上の仲裁判断の執行に関する規定である。ニューヨーク条約に基づき、外国でなされた仲裁判断の香港における執行を定める。

 g．第5編は、香港政府が仲裁令第一編から第2A編に拘束され、参事会による総督に仲裁令の6つの付表を改正する権限を付与するということを定める。

 なお、香港1996年仲裁令は、香港返還後に中華人民共和国香港特別行政区基本法と合致させるために小幅な改正を行ったが、実質的な変化はなかった。

(2) 返還前の香港との仲裁判断の相互承認及び執行状況

 中国が香港に対する主権を回復する前は、大陸と香港との間においては、ニューヨーク条約を根拠にして、相互に仲裁判断の承認・執行が順調に行われた。理由としては、中国とイギリスは、ともにニューヨーク条約の締約国だからである[153]。

 大陸と香港との間における仲裁協力関係は非常に密接であった。1989年1月から1997年7月1日まで、香港高等法院が承認・執行した中国国際経済貿易仲裁委員会の下した仲裁判断の件数は、150件ほどに達している[154]。以上の数字からみれば、香港の法院は中国大陸でなされた仲裁判断を積極的に承認・執行していることを反映しているといえよう。大陸側の仲裁判断がニューヨーク条約によって香港で承

---

152 仲裁条項に関する1923年のジュネーブ議定書（仲裁令付表1）と外国仲裁判断の執行に関する1927年のジュネーブ条約（仲裁令付表2）。
153 イギリスは1975年9月24日にニューヨーク条約の締約国となって、また1977年4月21日に当該条約の適用をコロニーとしての香港にまで広げた。中国も1987年4月22日にニューヨーク条約の締約国となった。
154 詹礼願「内地与港澳台之間相互承認与執行仲裁裁決若干法律問題之探討」『中国国際私法与比較法年刊』中国国際私法学会編纂、法律出版社、2000年版、427頁。

認・執行されるのは、困難なことではない[155]。香港において条約上の仲裁判断の承認・執行が拒否されることは稀である。仲裁令第4編は、基本的には執行が認められる立場をとっており、仲裁廷あるいは承認・執行を求める当事者の請求により、執行を求められた当事者の権利に重大な侵害があると証明される場合[156]のみ、高等法院は、条約に基づく仲裁判断の執行を認めない。執行が拒否された実際の例として、以下のようなものがある。

（1）当事者の一方が仲裁廷に任命された専門家を反対尋問し、また専門家の証言に答弁する機会を認められなかった場合[157]。

（2）仲裁廷が仲裁判断を下す前に、かかる職権調査の結果を受け入れることを当事者に求めなかった場合[158]。

（3）仲裁判断の執行を求める当事者の不法および脅迫的な行為の結果として、不正がもたらされた場合[159]。

多くの場合、高等法院は、仲裁判断の執行を認容する判決を下している[160]。

香港の判例法は、次のことを明確にしている。すなわち、（1）ニューヨーク条約は、仲裁廷によりなされたと考えられるすべての手続上の誤謬を攻撃するために用いられることはない[161]。（2）仲裁令

---

155 Michael J. Moser, "China and the Enforcement of Arbitral Awards, Arbitration" Journal of the Chartered institute of Arbitrators (May, 1995), p. 135.

156 China Nanhai Oil Joint Service Corporation Senzhen Branch v Gee Tai Holdings Co Ltd [1994] 3 HKC 375. 大隈一武「中国仲裁裁断の承認および執行（4）」『JCAジャーナル』1997年12月号、16頁。

157 Paklito Investment Ltd v Klockner East Asia Ltd [1993] 2 HKLR 39. 趙・注104前掲書243~248頁。

158 Apex Tech Investment Ltd v Chuang's Development (Cina) [1996] 2 HKC 293, Court of Appeal. 王貴国「境外仲裁裁決在香港的承認及執行」魏＝王・注150前掲書、301頁。

159 J J Agro Industries (P) Ltd (a firm) v Texuna International Ltd [1994] 1 HKLR 89. Robert J M Morgan（著）・金祥洙（訳）・注148前掲論文、16頁。

160 Robert J M Morgan（著）・金祥洙（訳）・注148前掲論文、10頁。

161 Werner A Bock KG v The N's Co Ltd [1978] HKLR 281 ;

第 4 編の目的は、重要でない技術的な点に基づき執行に反対することを制限し、重要な主張がない限り条約上の仲裁判断を擁護する[162]。

(3) 執行拒絶事由たる公序が主張される場合を除き、法院は、事件の本案につき審理しない[163]。(4) 公序が主張される場合であっても、法院は、香港の基本的な社会倫理と正義の規範に反する場合、たとえば仲裁判断が詐欺、犯罪、強圧的またはその他の非良心的な行為により取得された場合[164]でない限り、執行を拒絶しない。

すなわち、1997 年香港返還前は、域外（中国大陸を含む）の仲裁判断は、香港で容易に承認・執行されていたということができる。

これに対して、中国大陸では、ニューヨーク条約への加入を決定した直後、中国の最高人民法院は、「外国仲裁判断の承認と執行に関する条約の中国での承認の実行に関する通知」を公表した[165]。その内容は、以下の通りである。

(1) 高級人民法院および中級人民法院は、ニューヨーク条約を適切かつ慎重に実行すること。

(2) 中国はニューヨーク条約における相互性と商事性を留保した事実に注意すること[166]。

(3) ニューヨーク条約と中国の民事訴訟法により定められた手続について争いがある場合には、前者の規定が優先的に適用されること。

(4) 中国が当該条約に加盟する際の商事留保声明により、中国は、

Qinhuangdao Tongda Enterprise Development Co v Million Basic Co ltd [1993] 1 HKLR
173. 魏＝王・注 150 前掲書（王・前掲論文）、296~309 頁。

162 Werner A Bock KG v The N's Co Ltd [1978] HKLR 281 at 285, per Huggins J A (Court of Appeal). 魏＝王・注 150 前掲書（王・前掲論文）、296~309 頁。

163 Qinhuangdao Tongda Enterprise Development Co v Million Basic Co ltd [1993] 1 HKLR 173. 魏＝王・注 150 前掲書（王・前掲論文）、296~309 頁。

164 J J Agro Industries (P) Ltd (a firm) v Texuna International Ltd [1994] 1 HKLR 89. Robert J M Morgan・注 148 前掲論文、16 頁。

165 1987 年 4 月 10 日付のもので、1987 年 6 月 20 日の中国最高人民法院の官報の 40 頁に公表された。

166 ニューヨーク条約第 1 条第 3 項参照。

中国法に規定した「契約上及び非契約上の商事法律関係」[167]により生じた紛争のみに対し当該条約を適用すること。

(5) 条約上の仲裁判断の執行を求める申立は、自然人の住所地、法人の本店所在地、または執行を求められた当事者の住所地でなくても財産所在地の中級人民法院に受理されるべきこと。

(6) 仲裁判断の執行を求める申立は、現行の民事訴訟法第269条に基づいてなされるべきこと[168]。

ニューヨーク条約を根拠にして、香港の仲裁判断が中国大陸で承認・執行されるのは、容易であった。1997年までに香港国際仲裁センター (Hong Kong International Arbitration Centre) が下した仲裁判断は、数件も大陸の人民法院で承認・執行されている[169]。中国大陸には、条約に基づく仲裁判断について承認・執行を奨励する傾向がうかがわれる[170]。総じていえば、香港返還前、大陸と香港との間における仲裁判断の相互承認・執行のメカニズムは平穏に機能していたのである。

Ⅱ．大陸と返還後の香港との間における仲裁判断の相互承認と執行

(1) 返還後の香港の仲裁に関する概要

2000年1月5日に改正された香港仲裁（改正）令 (the Arbitration

---

167 いわゆる「契約上及び非契約上の法律関係」とは具体的に契約、不法行為またはその他の法律規定によって生じた経済的な権利と義務関係である。例えば、商品売買、財産リース、工事請負、加工受注、技術移転、合弁、合作、天然資源の探査開発、保険、融資、役務提供、代理、コンサルティングサービス、海上・民用空港・鉄道・道路の客・貨物運送、商品品質、環境汚染、海上事故、所有権紛争などである。『中華人民共和国法令集（渉外編）』、朝日中央総合法律出版社、1998年版、121頁参照。

168 当事者双方が自然人であれば1年であり、双方又は一方の当事者が法人若しくはその他の組織であれば6ヶ月である。

169 李・注127前掲書168頁参照。

170 Cheng Dejun, M J Moser &Wang Sengchang, International Arbitration in People's Republic of China:Commentary, Cases and Materials (1995, Butterworths Asia , Hong Kong), p 84.

(Amendment) Ordinance 2000)は、香港立法委員会で採択され、2000年2月1日、施行された。以下では改正された新仲裁令の主な内容を紹介する。

(1) 新仲裁令の第3(a)条、8条、10条、13条及び14条
　これらの条文の修正は、香港が中国に返還され、もはやイギリスのコロニーではないという事実に基づき行われた。例えば、旧仲裁令の第2条2項では、「条約上の仲裁判断」の定義における「香港除外」という規制事項を「中国およびその如何なる地域除外」に代えられた(新仲裁令第3(a)条)。以前の「総督」(旧仲裁令第46条)から「行政長官」に変更された(新仲裁令第8条)。「総督及び行政局」の概念(旧仲裁令第48条)が「行政長官及び行政議会」に代えられている(新仲裁令10条)。旧仲裁令の第341章(付属法令)では、以前の「連合王国の香港」という用語を削除した(新仲裁令第13条)。また、旧仲裁令第341章第3条2項(a)中の「首席大法官」を削除し、「終審法院首席法官」に代えた(新仲裁令第14条)。
　これらは、香港返還に伴い、香港の政治、体制、立法等の変化に対応するために行わなければならなかった改正である。

(2) 新仲裁令のその他の条項
　① 旧仲裁令の「外国仲裁判断」(Foreign award)の定義を削除し、「大陸」(the Mainland)、「大陸の仲裁判断」(Mainland award)、大陸の仲裁機関(recognized Mainland arbitral authority)の定義に入れ換えた。また、旧仲裁令の第3編を削除した。
　旧仲裁令における「外国仲裁判断」の定義は、ニューヨーク条約に規定する仲裁判断ではなく、香港地域内の仲裁判断を指す意味でもない。それは1923年の仲裁条項に関するジュネーブ議定書、及び外国仲裁判断の執行に関する1927年ジュネーブ条約、または互恵関係により条約の非締約国でなされた仲裁判断を意味する定義である。中国

は上記の両条約の非締約国なので、返還後の香港仲裁令には、この部分の存在理由がない。

　新仲裁令が規定する「大陸仲裁判断」は、香港に「認可された大陸の仲裁機関」[171]が中華人民共和国仲裁法によって内地でなした仲裁判断を意味する。「認可された大陸の仲裁機関」とは、中華人民共和国国務院法制弁公室から提供された大陸仲裁委員会名簿の中から指名した仲裁委員会に限定されたものである。

　②　新仲裁令第5条には、「大陸仲裁判断」の強制執行に関し、第3A編が設けられた。
　その主な内容としては、以下の通りである。

A、適用範囲
　第3A編は、1997年7月1日以降に認可された大陸仲裁委員会が下した仲裁判断に適用される。ただし、ここでの仲裁判断は、1997年7月1日以前に、ニューヨーク条約に基づいて行われた仲裁判断、あるいは旧仲裁令第44条[172]により、承認・執行を拒否されたものを除く。

171　香港は中国大陸でおよそ100ほどの仲裁機関が下した仲裁判断の執行を認可した。詹・注154前掲論文、428頁。
172　仲裁令第44条の内容は次のような7つの部分が含まれている。すなわち、a. 仲裁契約当事者が準拠法に基づき無能力者であったこと（44条2項（a））、または仲裁契約は当事者が定めた準拠法に基づき、又はそのような定めがない時は当該仲裁判断がなされた国の法に基づき、無効である場合（44条2項（b））　b. 仲裁判断で負けた当事者が仲裁人の選定、又は仲裁手続きについて適正な通知を受けなかったこと、又はその他自己の手続権の保障を受けなかったこと（44条2項（c））　c. 仲裁判断が、仲裁付託契約の内容に従わない若しくはその範囲外の紛争を取り扱う、又は仲裁付託契約の範囲を越える事項に関する決定を含むこと（44条2項（d））　d. 仲裁の審判権又は仲裁手続が当事者の契約と一致しないこと、又はそのような契約がない場合には仲裁が行われた国の法と一致しないこと（44条2項（e））　e. 仲裁判断が、当事者を拘束するに至っていないこと、又は仲裁判断がなされた国の管轄裁判所により、又は当該国の法により取り消されたかまたは係属していること（44条2項（f））　f. 紛争の目的が、執行が求められた国の法に基づき、仲裁により処理することができないこと（44条3項）　g. 仲裁判断の承認と執行がそれが求められた国の公序に反すること（44条3項）である。

B、証拠の提供

新仲裁令第40D条の規定により、大陸仲裁判断の強制執行を申立てる当事者は、以下の書類を提出しなければならない。すなわち、（a）認証された当該仲裁判断書の正本又は副本、（b）仲裁契約書の正本または認証された副本、（c）仲裁判断書あるいは仲裁契約書が二つの法定言語により書かれたものではない場合は、公の宣誓を経た翻訳者又は外交官あるいは領事官により証明された法定言語の翻訳文、である。

③　強制執行拒否の要件

新仲裁令第40E条の規定により、以下の事由が存在する場合を除いて、香港は大陸の仲裁判断の強制執行を拒否してはならない。（a）仲裁契約に適用される法律によって、当事者の一方が行為能力の欠如者である場合、（b）当事者双方が仲裁契約について、ある法令に制限すべきとの合意に達したときは、その法令により仲裁契約が有効でない場合、あるいは、仲裁契約について法令を指定しなかったときは、大陸の法律により仲裁契約が有効でない場合、（c）当事者の一方が仲裁人の委任または仲裁手続に関する適当な通知を受けなかった場合、または、その他の原因により挙証できない場合、（d）当該仲裁判断で処理された紛争は当事者と無関係、またはその紛争が仲裁契約の範囲を超えたこと、もしくは仲裁判断の内容が仲裁範囲外の決定を含んでいるものの場合、また第40E条4項に規定された事項[173]に属すれば、この限りでないこと、（e）仲裁廷の構成または仲裁手続が当事者の合意にしたがっていなかったこと、またはそのような合意がなかったときは、大陸の法律にしたがっていなかったこと、（f）

173　第40E条4項の規定は、次の通りである。すなわち、仲裁に付託された事項に関する判定が付託されなかった事項に関する判定から分離することができる場合には、仲裁に付託された事項に関する判定を含む判断の部分は、強制執行することができる。

仲裁判断が、まだ当事者双方を拘束するものとなるに至っていないこと、またはその判断が大陸の権限のある機関あるいは大陸の法律により、取り消されたか、若しくは暫時に停止されたこと、である。そのほか、例えば大陸の仲裁判断の中で、紛争の対象である事項が香港の法令により仲裁による解決が不可能なものであること、または仲裁判断の強制執行が、香港の公の秩序に反する時は、強制執行を拒否することができる。

④　大陸仲裁機関の認可に関する問題

新仲裁令第40F条によって、香港律政司長官（Secretary for Justice）は、常に大陸仲裁機関を認可する名簿を官報に公表しなければならない。

⑤　1997年7月1日、新仲裁令の効力が発生するまでに、香港に拒否された大陸仲裁判断の強制執行についての問題の処理は、以下の通りである。

新仲裁令第40G条により、第40A条2項の規定を除いて、仲裁判断はひきつづき、第3A編によって強制執行される。

(2) 返還後の香港と大陸の間における仲裁判断の相互承認及び執行状況

香港返還後の仲裁判断の承認・執行に関する問題は、4つに分けられる[174]。すなわち、①ニューヨーク条約の締約国（中国を除く）領域内でなされた外国仲裁判断の香港特別行政区での承認と執行、②ニューヨーク条約の非締約国領域内でなされた外国仲裁判断の香港特別行政区での承認と執行、③香港特別行政区域内でなされた外国仲裁判断の香港地域での承認と執行、④大陸、返還後の澳門特別行政区及び台湾でなされた仲裁判断の香港特別行政区での承認と執行である。

174　王生長「内地和香港特別行政区相互執行仲裁裁決的問題結症及其突破」『仲裁与法律通迅』1999年10月号、13頁。

まず、①に対して、JLG[175]は『中英共同宣言』の関連条文に基づき、1997年7月1日以後、ニューヨーク条約が引き続き香港特別行政区に適用されるとの合意に達した。しかし、この合意は香港特別行政区が他の締約国の仲裁判断を承認・執行する場合に限られ、中国大陸と香港特別行政区との間における仲裁判断の相互承認・執行に及んでいない。その合意を実施するために、中国政府とイギリス政府は、それぞれ1997年6月6日と10日、国連事務総長にニューヨーク条約を香港特別行政区で引き続き適用することについての立場を表明した。

1997年6月6日に、中国政府が国連事務総長へ発した通知は、以下の通りである。

「中華人民共和国が1987年1月22日で加入した1958年『ニューヨーク条約』の効力は、1997年7月1日より、互恵留保を前提にして、香港特別行政区において引き続き適用される。当該期日より、中華人民共和国政府は、香港特別行政区域内におけるニューヨーク条約の適用により生ずる国際権利および義務について責任を負う。」[176]（試訳）。

また、1997年6月10日に、イギリス政府が国連事務総長へ発した

---

175 JLGは「中英連合連絡グループ」という英文の略称である。全称はSino-British Joint Liaison Groupである。

176 原文は以下の通りである。
"The [1958 New York Convention], to which the Government of the People's Republic of China acceded on 22 January 1987, will apply to the
Hong Kong Special Administrative Region with effect from 1 July 1997. The Government of the People's Republic of China also makes the following declaration : The Convention will be applied in the Hong Kong Special Administrative Region only to the Recognition and enforcement of awards made in the territory of another Contracting State.
The Government of People's Republic of China will assume responsibility for the international rights and obligations arising from the application of the convention to the Hong Kong Special Administrative Region."
王・注174前掲論文、13頁。

通知は、以下の通りである。

「1997年7月1日より、イギリス政府は香港の主権を中華人民共和国に返還する。当該期日より、イギリス政府は、香港におけるニューヨーク条約の適用により、生ずる国際権利および義務に対し、責任を負わない。」[177]（試訳）。

中国政府は、1997年7月1日以降に、香港特別行政区において、ニューヨーク条約が引き続き適用されることを表明したことにより、香港とその他のニューヨーク条約締約国との間における仲裁判断の相互承認・執行にとっては、実質的な障害が存在しないことになると考えられる。したがって、②と③の仲裁判断の承認・執行について、香港特別行政区裁判所が「互恵の原則」及び香港特別行政区仲裁令により取り扱うことは容易になる。

問題は、④の仲裁判断の承認・執行である。特に大陸と香港特別行政区との間における仲裁判断の相互承認・執行に関して、明確な法的根拠が欠けている。1997年7月1日以降、香港にとって、香港地域以外の中国地域は、もはや別の国家ではなく、単に同一国家内で法域が異なるにすぎなくなったので、大陸の仲裁機関が下した仲裁判断はニューヨーク条約の適用対象[178]に該当しなくなったからである。返還後の香港と大陸との間における仲裁判断の相互承認・執行という問題

177　原文は以下の通りである。
"In accordance with the Joint Declaration of the Government of the United Kingdom of the Great Britain and Northern Ireland and the Government of the People's Republic of China on the Questions of Hong Kong signed on 19 December 1984, the Government of the United Kingdom will restore Hong Kong to the People's Republic of China with effect from 1 July 1997. The Government of the United Kingdom will continue to have international responsibility for Hong Kong until the date. Therefor, from the date Government of the United Kingdom will cease to be responsible for the international rights and obligations arising from the application of the [1958 New York Convention] to Hong Kong."
王・注174前掲論文、13頁。

178　ニューヨーク条約第1条第1項によって、外国仲裁判断についての解釈は「その国以外の領域内においてなされた仲裁判断」、又は「その国において内国判断と認められない仲裁判断」である。しかし返還後の香港にとってはいずれにも該当しない。

を如何に解決するかに関して、中外法学者たちからはさまざまな見解が表明されている。

Robert J M Morgan 弁護士は、「…別段の表示がなければ、中国でなされ香港において執行される（そしてその逆）仲裁判断は、内国仲裁判断として取り扱われる」[179]と予測した。

粟津光世弁護士は、「…中国側としては、『一国両制』の安定を目指して、香港法院と区際司法共助の協定を締結するか、または最高人民法院が、相関した司法解釈を早急に発するか」[180]と推断した。

中国国際私法学会理事を務めている劉衛翔博士は、いままで、大陸と香港双方は、ニューヨーク条約に基づき、仲裁判断の執行に関する面において良好的な協力関係を保っていたのみならず、多くの経験も積んできたのであり、ニューヨーク条約は双方ともに受け入れられているから、1997年7月1日以降において、双方の仲裁判断の相互承認と執行については、ニューヨーク条約の内容に基づくことはできるが、形式的には当該条約を依拠にすることはできない[181]、と述べていた。

私は劉衛翔博士の見解に賛成する。両地域がニューヨーク条約を基にして「区際司法共助」により仲裁判断の相互承認・執行に関する協定を締結するのが、疑いなく最善の選択肢だからである。

両地域の仲裁判断の相互承認・執行という問題は、決して理論上の討論にのみ止まるものではない。1998年1月18日に、香港特別行政区高等法院は、N g Fung Hong Limited. v ABC [1998] 1 HKC213 事件[182]（以下はABC事件と略称する）において、大陸のCIETACによっ

---

179 Robert J M Morgan「香港における中国への統治権返還と仲裁体制（3・完）」『JCAジャーナル』1997年8月号、14頁。
180 粟津光世「日本、中国、台湾、香港の判決、仲裁判断の相互承認と執行の現況」『国際商事法務』Ｖｏl. 26, Ｎｏ. 11（1998）、1156頁。
181 羅楚湘「中国内地与香港仲裁制度之比較—兼論両地相互承認与執行仲裁裁決的有関問題」『法学評論』、1999年第2期、88頁。
182 See Li Hu, "Enforcement of the International Commercial Arbitration Award in the People's Republic of China", in Ｖｏ, 16

てなされた仲裁判断書の執行申立てを拒否した。この事件の仲裁判断は返還前に CIETAC によって下されたものであるが、執行の申立ては返還後に香港高等法院において行った。以上の事実のもとで、CIETAC が下した仲裁判断について、香港高等法院は、現にニューヨーク条約に基づく承認・執行はできないとして、以下の理由を述べた。すなわち、原告は香港特別行政区仲裁令第 2GG 条の規定を援用して香港で当該仲裁判断の執行を申し立てたが、事案を審理した Findlay 裁判官は、仲裁令第 2GG 条は本地域の仲裁判断、ニューヨーク条約下の判断及び仲裁令第 3 編に規定された外国仲裁判断にのみ適用されるのであり、大陸の仲裁判断はいずれの範囲にも属さないので、裁判官は「特例」を許可する権限がないという理由である[183]。

　その反面、1998 年 7 月 31 日に、大陸の山西省太原中級人民法院も、RAB Karcherkokel GmbH v.Shanxi sanjia Coal Chemistry Company Limited 事件[184]において、香港国際仲裁センターが下した仲裁判断書の執行を拒否した。太原中級人民法院が下したこの事件に関する否決の判決書には、香港高等法院に否決された ABC 事件に関する仲裁判断の執行に対する報復的な要素が含まれるにもかかわらず、納得できる理由も存在する。すなわち、両地域では、仲裁判断の相互承認・執行に関する問題を妥当に解決するまでは、大陸の人民法院が香港特別行政区の仲裁判断を承認・執行することについて、確かに法的な根拠が存在しないのである。香港返還後、有効な法的根拠がなく、両地域の間では仲裁判断の相互承認・執行が空白状態となった。この状態が続いたら、香港及び大陸の商取引、仲裁事業の発展に障害をもたらすことは必至である。したがって、この窮状を抜け出すために、「区際司法共助」を通じて仲裁判断の相互承認・執行に関する法規の制定は、双方にとって焦眉の急ともいうべき課題であったのであ

Journal of International Arbitration (1997), p. 37.
183　王・注 174 前掲論文、15 頁。
184　See Li Hu, footnote. 182, p. 37.

る。

　ABC事件後、1998年2月、CIETACは、大陸と香港間の仲裁判断の相互承認・執行という問題を重要視するよう、全国人民代表大会常務委員会、最高人民法院及び国務院の港・澳事務弁公室に書簡を投じた。CIETACの書面提案に基づいて、最高人民法院は、香港と大陸の仲裁判断の相互承認・執行という問題について解決案を出した。主な内容は次のようである[185]。①一方当事者の請求によって、香港特別行政区の仲裁機関が下した仲裁判断（ad hoc仲裁を含む）は、内地の被執行者の住居地、又は財産所在地の中級人民法院で強制執行を申し立てることができる。②執行請求者は、ニューヨーク条約第5条と類する文書を提出しなければならない。③執行請求者の申し立てる期限は1991年民事訴訟法第219条の規定によるべきである。④この期限は、仲裁判断の相互執行の具体的状況により適切に延長することができる。⑤執行を許可するか否かいずれにせよ、管轄権のある裁判所は期限通りに判決を下さなければならない。⑥執行拒否の理由は、ニューヨーク条約第5条に規定されている内容と一致すべきである。⑦1997年7月1日以前に、香港でなされた仲裁判断は依然としてニューヨーク条約により承認及び執行を行うべきである。

　これとは別に、香港特別行政区律政司（the Department of Justice）は、商業界が両地域において仲裁判断の相互承認・執行という問題が一日も早く解決されると期待していることに応じて、また、香港が世界の金融、貿易および仲裁センターとしての地位を維持するためにも、大陸の最高人民法院、全国人民代表大会常務委員会の法律事務委員会、中国国際経済貿易仲裁委員会などの機関とともに積極的に解決策を検討していた。

　双方の長期にわたる努力を経て、1999年6月21日に、大陸の最高人民法院副院長瀋徳咏氏と香港特別行政区律政司長官Elsie Leung女史は「香港特別行政区と内地間の仲裁判断の相互執行に関する最高

185　李・注127前掲書、171~172頁参照。

人民法院の按排」(以下では執行按排と略称する)[186]にようやく相互調印するに至った。このようにして、両地域間の仲裁判断の相互承認・執行は、法的な方式で確定されたのである。

　執行按排内容のポイントは、以下の通りである。a．香港法院または大陸の人民法院は、お互いに相手方の仲裁判断の執行を受理し、一方の当事者は大陸あるいは香港の仲裁判断を履行しない場合、相手方の当事者は、被申立人の住所地または財産所在地と関連した法院に強制執行を申立てることができる[187]。b．内地の被執行人の住所地又は財産所在地の中級人民法院、及び香港特別行政区の高等法院は、仲裁判断の執行申立てを受理することができる機構に限定される[188]。c．仲裁判断に関する執行手続は、執行申立地の法手続により処理される[189]。d．大陸で仲裁判断の執行を申し立てる場合には、中国語を必要とする[190]。e．被申立人が両地域に住所、又は財産を有した場合、同時に両地域の法院に執行を申したてることはできず、例外として、一つの地域の法院に裁決された金額が債務償還に足りない場合にのみ、申立人は不足部分について他地域の法院に執行を申し立てることができる[191]。f．執行拒否の理由は、ニューヨーク条約第5条と同様であり、なお仲裁判断の執行が大陸の社会公共利益又は香港のパブリック・ポリシー（公序）と抵触する場合、大陸または香港の裁判所は、執行を拒否することができる[192]。g．当事者は執行地の法令に規定された期限通りに関連法院に執行を申し立てなければならない[193]。h．

186　当該法令は1999年6月18日に、最高人民法院審判委員会1069回会議で採択され、2000年1月24日に、中華人民共和国最高人民法院に公表され、2000年2月1日に施行された。法釈（2000）3号。
187　執行按排第1条参照。
188　執行按排第2条参照。
189　執行按排第6条参照。
190　執行按排第2条参照。
191　執行按排第7条参照。
192　執行按排第7条参照。
193　執行按排第5条参照。

1997年7月1日から執行按排の施行までの間に、特別事由[194]により執行を申立てなかった仲裁判断について、申立人は法人またはその他の組織である場合には、執行按排が施行された後の6ヶ月以内に申し立てること。自然人の場合には、1年以内に執行を申立てることができる。そのほか、この期間内に、両地域の裁判所に執行の受理又は執行を拒否された事件について、当事者は執行を再申請することができる[195]。ⅰ．1997年7月1日以降は、両地域の仲裁判断の執行は、執行按排により行うことになる[196]。

　執行按排が公表されたことを受けて、香港特別行政区は、再度仲裁令を改正した。具体的な内容は、前述した通りである。

　大陸と香港は、過去150年にわたってそれぞれ異なる法制度を実施してきたにもかかわらず、さらに「一国二制度」の下で、この相違は依然として続いていくとしても、同じ文化、歴史、伝統を背景にした密接な経済往来によって両地域は一体のものとして繋がっている。両地域に法制度の差異があることは、相互の司法共助にいささかも不利な影響をもたらすものではない。双方が相互協力の原則に基礎をおく限り、如何なる分岐であっても統一することはできると考えられる。

Ⅲ．大陸と澳門との間における仲裁判断の承認と執行

（1）澳門の仲裁制度に関する概要

　澳門の歴史上、仲裁に関する法令は、これまでに3つのものが公布されている。第一は、1962年にポルトガルで施行された民事訴訟法である。この第四編が仲裁についての規定である。澳門では、その時点

194　特別事由は「1997年7月1日から執行按排の発効までの間に、ニューヨーク条約が両地域間で適用されないことに鑑み、両地域間の仲裁判断の相互承認・執行は、明確な法根拠がないのにより完全にストップとなった。」を指す。
195　執行按排第10条参照。
196　執行按排第9条参照。

から仲裁法制度が確立した[197]。第二は、第29／96／M号令であり、1996年5月29日に澳門総督ビエイラの審査、許可を経由して、同年6月11日に公布された。この法令は、民事訴訟法典第4編に規定された仲裁制度を修正して、澳門での新しい仲裁制度を実施するものであった[198]。第三は、1998年11月23日に「澳門政府公報」で公布された澳門政府第55／98／M号令である。この法令によって、澳門の渉外商事仲裁が規律され、澳門の渉外商事仲裁制度を樹立した[199]。

(2) 澳門の域内仲裁制度について

　澳門の第29／96／M号令は、澳門の域内仲裁についての法律であって、国際仲裁に適用することができない。この法令の構成は、3章44条からなる。その最も注目される特徴は、広範に「当事者自治」という原則を採り入れて、そして「公の秩序」に関する規定を最小限度に減らした。この法令が「当事者自治」の原則を重視していることは評価されるが、その反面、仲裁にあまり熟知しない澳門[200]にとっては、一方的に「当事者自治」の原則を強調するだけで、政府が積極的に協力しない場合、健全な仲裁制度の確立には不利な影響をもたらすであろう[201]。その意味で、澳門の第29／96／M号令は、完備した立法であるとはいえない。その不足なところは、以下の通りである。

（一）この法令は「紛争の目的物が明確でなく、仲裁人を指定せず、または仲裁人の指定方式を約定しない仲裁契約は無効である」[202]と規定している。（二）法令第2章には、ある種類の紛争について強

197　王文英「澳門仲裁制度浅析」『仲裁与法律通迅』1999年4月号、12頁。
198　黄進「澳門本地仲裁制度初探」『仲裁与法律通迅』1998年10月号、40頁。
199　王・注197前掲論文、12頁参照。
200　16世紀中ごろに澳門は開港した。時間の推移につれて、澳門は漸次的に繁栄する商業社会となっているが、澳門人が仲裁を通して商事紛争の解決を求める意欲は、アジアその他の経済発達の地域と比べて、強烈ではない。しかし、一旦紛争が生じれば、澳門人が訴訟を利用して解決を求める傾向は強い。王・注197前掲論文、18頁参照。
201　黄・注198前掲論文、48頁参照。
202　澳門第29／96／M号令第7条参照。

制的な仲裁を定めている[203]。(三)現地の仲裁において、仲裁判断に不服のある当事者は、二審仲裁に上訴することができるし、澳門高等法院にも直接に訴えることができる[204]。(四)何れの利害関係人あるいは検察官公署は、いつでも仲裁判断の無効を主張でき、また法院は職権により、いつでも仲裁判断の無効を宣告[205]することもできる。

(3) 澳門の渉外仲裁制度について

仲裁という手段を利用して国際あるいは渉外的商事紛争を解決するのが日増しにグローバルな趨勢となるという現況に鑑みて、また、有効な外資導入および対外取引を促進するめに、澳門政府は、新しい域内の仲裁制度を樹立してから2年後に、渉外仲裁制度を確立する第55／98／M号令を制定した。この法令の構成は、9章38条からなる。条文の内容は、ほとんど1985年のUNCITRAL国際商事仲裁モデル法を参照して制定されている。第55／98／M号令は、第29／96／M号令より相当に前進しているといえよう[206]。

仲裁判断の承認・執行面においては、一方で、澳門に属する仲裁判断は、第29／96／M号令の規定により、元来の「ポルトガル民事訴訟法典」の関連規定に基づいて承認・執行を行うのであり、他方で、第55／98／M号令により国際的な仲裁判断の承認・執行は、UNCITRAL国際商事仲裁モデル法と同様な手続に基づいて行うものである。したがって、大陸の渉外機関によりなされた渉外仲裁判断は、第55／98／M号令に依拠にして、かつ対等条件の下で澳門域内において承認・執行が可能であることになる。

(4) 返還後の澳門と大陸の両地域間における仲裁判断の相互承認と

---

203 澳門第29／96／M号令第40条参照。
204 澳門第29／96／M号令第34条参照。
205 澳門第29／96／M号令第35~39条参照。
206 澳門第55／98／M号令は、第29／96／M号令中に存在された欠陥を逐一に修正した。

第五章

執行

　返還後の澳門と大陸の間における仲裁判断の相互承認・執行については、議論の必要がある。

　まず、ポルトガルは、1995年にニューヨーク条約に加盟したが、条約の適用効力を澳門に拡張していなかった[207]。そのために、理論的なアングルから見れば、澳門の仲裁判断は、ニューヨーク条約により大陸で承認・執行を行うことができない。したがって、澳門の仲裁判断の大陸における承認・執行に関しては、1991年の中華人民共和国民事訴訟法第269条の規定[208]にのみ基づいて、「相互主義」に頼るほかない。もっとも、近時に至るまで、澳門と大陸との間における仲裁判断の相互承認・執行に関する実例はみられない。

　両地域の仲裁判断の相互承認・執行について、明確な法的根拠が欠けており、単に「相互主義」のみに依拠する現状は、決して双方に望ましいものではないだろう。したがって、澳門返還後、大陸側は二つの作業をする必要がある。第一に、中国政府は、ニューヨーク条約の効力を澳門特別行政区にまで拡大して、ニューヨーク条約の要件を澳門に適用すべきである。これは、澳門とその他の締約国（中国大陸を除く）との間において、仲裁判断の相互承認・執行に関する事案の処理について意義を有する。第二に、澳門と大陸との間において、香港と締結した「執行按排」のように、両地域間の仲裁判断の相互承認・執行に関する区際司法協定を締結するべきである。これによって、両地域間の仲裁判断の相互承認・執行をスムーズに行うための法的な保障が提供される。

207　趙・注20前掲書229頁参照。
208　具体的な内容は次のようである。すなわち国外の仲裁機構の判断は、中華人民共和国人民法院の承認と執行を必要とするときは、当事者が直接に被執行者の住所地、または財産所在地の中級人民法院に申立てなければならず、人民法院は中華人民共和国が締結若しくは加盟した国際条約に従い、または互恵の原則により処理しなければならない。

IV. 大陸と台湾との間における仲裁判断の相互承認と執行

(1) 台湾地域の仲裁に関する概要

1961年1月20日、台湾は、商事仲裁に関する法令—台湾商務仲裁条例(the Commercial Arbitration Act of the Republic of China)を公布した。この仲裁条例は、2回の改正[209]を経て、1998年12月24日に新台湾仲裁法に代えられた。これはUNCITRAL国際商事仲裁モデル法を参照した上で制定されたのである。商務仲裁条例と比べて、仲裁法は、大幅に躍進したといえるであろう[210]。しかし、台湾1998年仲裁法は、域内仲裁と国際仲裁について区分けしなかった。この点で、その他の仲裁先進国と明らかに異なる[211]。

台湾1998年仲裁法の構成は、8章56条項からなる。

まず、仲裁契約について、仲裁法は商務仲裁条例の仲裁契約に関する書面必須についての規定を承継している[212]。書面の内容については、「当事者間の往来文書、書簡、ファクシミリ、電報またはその他類似方法による通信」など、一層明確に定めた[213]。商務仲裁条例と

---

[209] 1982年6月11日に台湾はこの仲裁条例に対し第一次の改正を行った。改正の主なポイントは、外国仲裁判断の承認・執行についての規定の追加である。道垣内正人「台湾」小島武司＝高桑昭編著『注解・仲裁法』、1988年版、625頁。また1986年12月26日に台湾は第2次の改正を行った。この改正では、渉外貿易紛争において仲裁契約が締結されていない場合でも調停を進行でき、調停成立後は仲裁と同一の効力を有するとする規定を新設した。『JCAジャーナル』、1996年6月号増刊、61頁参照。

[210] 早川吉尚＝陳一「台湾仲裁法の改正動向(2)」『JCAジャーナル』1998年6月号、30頁参照。

[211] 例えば、フランス1981年民事訴訟法典第1492条は、「凡そ…国際商事利益と関係を有する仲裁は国際仲裁である」と規定している。1989年スイス国際私法典第176条は、「…スイスに住所または常居所がない当事者の一方が提起した仲裁は国際仲裁と呼ばれる」と規定した。イギリス1979年仲裁法第3条第7項も類似の規定をした。1961年国際商事仲裁に関するヨーロッパ条約第1条第1項は、「異なる締約国に恒常的住所または所在地を有する自然人または法人の間の国際取引から生じる紛争を解決するためにそれらが仲裁契約を締結した時に、その締結された仲裁契約」と規定している。

[212] 台湾1998年仲裁法第1条第3項参照。

[213] 台湾1998年仲裁法第1条第4項参照。

異なり、仲裁法は、仲裁条項の分離性・独立性を認めている[214]。ただし、当該仲裁法は、仲裁条項の法律適用に関し、何も規定していない。

仲裁人の資格については、仲裁法は厳格、かつ明確に規定している[215]。仲裁人になることができる者は、法律または他の業種の専門知識あるいは経験を有し、信望が高い公正な人でなければならない。それには、以下の条件を備えていなければならない。一、裁判官又は検察官を務めたことがある者。二、本地あるいは国外仲裁機関の仲裁人。三、弁護士などの関連職業の業務を5年以上務めたことがある者。四、教育部の承認する本地または国外の大学において助教授以上の職務を5年以上務めたことがある者。五、特殊分野の専門知識又は技術を有し、かつ、当該特殊分野において5年以上勤務した者。

また、仲裁廷の構成については、当事者双方に特別の約定を除いて、一般的に、仲裁廷は3人の仲裁人からなり、当事者が各1名の仲裁人を選び、双方が選定した仲裁人が3人目の首席仲裁人を推薦する[216]。

仲裁判断については、仲裁手続が開始した日から6ヶ月以内に仲裁廷に下されなければならない。必要なときは、期限を9ヶ月まで延長できる[217]。

さらに、仲裁判断の取消および強制執行については、仲裁法は商務仲裁条例の関連規定を引き続き保留し、わずかな変更しかしなかった[218]。この部分は UNCITRAL 国際商事仲裁モデル法の関連した規定と大きく相違している。とりわけ、仲裁判断の取消について、仲裁法は、「仲裁に付託した事項に関して仲裁廷が管轄権をもたないこと」、および「公の秩序の違反」を、仲裁判断の取消事由として規定していな

---

214 台湾1998年仲裁法第3条参照。
215 台湾1998年仲裁法第6条参照。
216 台湾1998年仲裁法第9条参照。
217 台湾1998年仲裁法第21条参照。
218 早川=陳・注210前掲論文(5・完)『JCAジャーナル』1998年9月号、13頁参照。

い。同様に、域内仲裁判断の執行に関して「公の秩序の違反」を執行拒否の事由として同法にも定めていない。

外国仲裁判断については、仲裁法47条は、「台湾域外においてなされた仲裁判断又は域内において外国の法律によりなされた仲裁判断は、外国仲裁判断とする」と規定している。ただし、「外国の法律」という用語は、必ずしも明確ではない。「外国の法律」が、外国の実体法を指すのか、また外国の手続法を指すのか、曖昧だからである。さらに、そもそも外国法によりなされた仲裁判断を外国仲裁判断とする判定基準は、適切ではないのでないか。例えば、商人法[219]（Lex Mercatoria）によりなされた仲裁判断が、外国仲裁判断に当るか否かという問題が生じるからである。

(2) 台湾と大陸における両地域間の仲裁判断の相互承認と執行

台湾と大陸との間における仲裁判断の相互承認・執行という問題は、香港、澳門より更に複雑である。その原因としては、中台間において、現在でもなお政治的敵対状態が続いていることがあげられる。したがって、中台間の仲裁判断の相互承認・執行は、両地域の関係が正常化するまで、政治的な要因に左右されることになる。ただし、双方の努力を通して、仲裁判断の相互承認・執行に関する法制定は、ある程度進展している。

1992年7月31日に、台湾側は、「台湾地区と大陸地区人民関係条例」（以下では両岸関係条例と略称する）を公布し、同年9月18日に施行した[220]。両岸関係条例第74条は、「大陸で出された民事確定裁判、民事仲裁判断は、台湾地区の公の秩序または善良の風俗に違反

---

[219] 国際取引活動が拡大し、国際商業社会とも呼ぶべきものが成立してくると、それを規律すべき法規範として、商人法（Lex Mercatoria）が生まれ、仲裁判断の基準は善と衡平である。澤木敬郎「内国仲裁・外国仲裁・国際仲裁」松浦馨＝青山善充編『現代仲裁法の論点』、有斐閣、1998年版、400頁。
[220] 林俊益＝呉松枝「台湾における外国仲裁判断の承認と執行について（4・完）」『JCAジャーナル』1994年2月号、10頁。

しない限り、台湾の法院に認可されることができる。その前提条件として、大陸の人民法院が、台湾の判決と仲裁判断を承認・執行しなければならない」、と規定している。「公序良俗」に違反するか否かを唯一の審査基準とするのは、国際的にも、台湾しかないであろう[221]。表面的に見れば、それは承認・執行の要件が省略されたといえるが、実際には、非常に確実性が欠如していると思われる。長期間にわたって、台湾には一つの仲裁機関しかない。つまり「中華民国商務仲裁協会」である[222]。台湾の仲裁判断は一般的に「中華民国商務仲裁協会」でなされたものである[223]。しかし、大陸側の主唱している「一つの中国」という原則の下で、「中華民国」という用語を使った台湾の仲裁判断は、いうまでもなく大陸で承認と強制執行が得られない。

実例として、台湾の某公司と深圳某実業公司との間の売買契約紛争に関する事件がある。大陸の人民法院は、契約中の当該台湾公司の名称に「中華民国」という字句を発見して、即時に当該事案の審理を断った[224]。「名称の使用」は、両地域間の仲裁判断の相互承認・執行の障害となったのである。当事者が台湾の仲裁判断をもって、大陸の人民法院に承認・執行を求めることを希望するならば、台湾側は「名称変更」をしなければならない。結果として、台湾の「中華民国商務仲裁協会」は1999年7月1日に、「中華仲裁協会」と名称変更した。これにより、台湾地域の仲裁判断が大陸で承認・執行を受けるための一つの障害は排除されたことになる。

他方で、1998年5月26日、大陸の最高人民法院は「人民法院が台湾地区関係法院の民事判決を認可することに関する規定」[225]（以下で

---

221 宋連斌「我国内地承認和執行台湾地区仲裁裁決的若干問題探討」『中国国際私法与比較法年刊』1999年版、404頁。
222 大貫雅晴「東南アジアの国際仲裁（4・完）―台湾―」『JCAジャーナル』1993年6月号、25頁。
223 李・注127前掲書、181頁参照。
224 宋・注221前掲論文、403~404頁参照。
225 「中華人民共和国最高人民法院公告」、法釈[1998]11号。

は「台湾判決の認可規定」と略称する）を公布し、人民法院が台湾地域の民事判決を認可することを定めた。台湾地域の仲裁機関でなされた仲裁判断の承認・執行を大陸で申立てる場合にも、当該規定が適用される[226]。統計によれば、1999年7月1日以来、3件の台湾の商事仲裁判断が「台湾判決の認可規定」に基づいて内地で承認・執行されている[227]。

上述したように、両地域が公布した二つの法令[228]の中では、例外なく、「認可」という用語が用いられていることがわかる。何故双方は「承認」という用語を避けているのか。相互に相手は自己の主権内に属すると主張しているからである。「承認」と「認可」の意味は近いものの、その性格には違いがある。前者は国家と国家との条約、協定でよく使われ、平等関係を反映することができるのに対して、後者は「主」と「従」との関係を反映する性質を含めている[229]。用語をめぐる両地域の攻防は、お互いの非正常的関係を示しているのである。

それでは、「台湾判決の認可規定」の主な内容はどうなっているのか。ａ．台湾地域関係法院の民事判決（仲裁機関の仲裁判断を含む）は、当事者一方の住所地、常居所地または財産所在地が大陸にある場合、相手方は管轄権のある人民法院に認可を申し立てることができる[230]。ｂ．被執行人の住所地、常居所地または財産所在地の中級人民法院は、受理する権限がある[231]。ｃ．申立人は、申込書を提出し、かつ「一つの中国」という原則に違反していない台湾地域関係法院の民事判決書（仲裁機関の仲裁判断書を含む）正本又は誤りがないという認証を経た副本、およびその他の証明文書を添付しなければならな

---

226 「台湾判決の認可規定」第19条参照。
227 李・注127前掲書、183頁参照。
228 「両岸関係法例」と「台湾判決の認可規定」を指すのである。
229 宋・注221前掲論文、403頁参照。
230 「台湾判決の認可規定」第2条参照。
231 「台湾判決の認可規定」第3条参照。

い[232]。d．当事者が台湾地域関係法院の民事判決（仲裁機関の仲裁判断を含む）の認可を申し立てる場合、当該判決（仲裁判断を含む）の効力が発生後、1年以内に提出しなければならない[233]。e．「台湾判決の認可規定」第9条は、拒否事由について以下のように規定している。

1、認可の申立が受理されたが、なお効力を認められていない民事判決であること。

2、被告が欠席した場合、または法院の適式な呼出しがされていない場合、あるいは、被告に訴訟行為能力がなく、適当な代理がなされていない状況でなされたものである場合。

3、案件が、人民法院の専属管轄に属する場合。

4、案件の双方当事者が、仲裁合意をなしていた場合。

5、本案について、すでに人民法院、または外国、国外地域の裁判所が判決をし、あるいは国外仲裁機関が仲裁判断をし、かつ人民法院が承認している場合。

6、認可を申し立てた判決が、国家の法律の基本原則に違反し、又は社会公共の利益に損害するおそれがある場合。

　問題は、「台湾判決の認可規定」第9条に定められている六つの拒否事由が、第19条によって、仲裁判断にもそのまま適用されるのかどうかということである。

　第9条に定められた拒否事由を詳しく分析すれば、その中にはいくつか仲裁判断には適合しないものがみられる。

　すなわち、第9条に列挙された6つの拒否事由の中で2、5、6は適合するが、4は、仲裁判断の承認・執行に関する認可拒否の事由ではなくて、むしろ仲裁判断の承認・執行の認可に必要な要件である。また、3についても検討する必要があり、中国の関連法規定に基づいて、案件が人民法院の専属管轄に属する場合、当事者は他国の裁判

232　「台湾判決の認可規定」第4条参照。
233　「台湾判決の認可規定」第17条参照。

所を選択することはできなくても、仲裁を選ぶ可能性はある[234]。さらに、仲裁判断書は、民事判決に関する効力が確定していないものに属すると考えれば、1は、仲裁に適用できないであろう。

　以上のような矛盾を解決するには、立法として、仲裁判断と民事判決を区別しなければならない。「台湾判決の認可規定」は、台湾仲裁機関がなした仲裁判断の大陸での承認・執行のために、はじめて法的な基礎を築いたのであると評価することができるとしても、仲裁判断の承認・執行の面からいえば、健全な法令とは言えない。この点については、中国国内の法学者からも批判されている。その修正案として、ある法学者は、台湾地域の仲裁判断の承認・執行拒否に関する要件を単独に規定し、具体的な内容は1991年民事訴訟法第260条[235]を基準にすべきであると主張している[236]。私見としては、台湾の仲裁判断の執行認可についての規定を「台湾判決の認可規定」から削除し、人民法院が単独の司法解釈の法文書を公表するほうが妥当であろうと考える。

小括

　本節では、中国大陸、香港、澳門及び台湾の4地域における仲裁判

234　例えば、1991年民事訴訟法第246条は、「中国における中外合弁企業契約などの履行により紛争を生じ提起された訴訟は、中国人民法院が管轄する」と規定している。ただし、1990年中外合弁経営企業法第14条は、「紛争が生じた場合、合弁双方は協商を通して紛争解決を中国仲裁機関又は外国仲裁機関に付託することができる」と規定した。当該法令は2001年3月15日に全国人民代表大会第四回会議で修正案が採択され、改正後の新法第15条は同様の内容を規定している。2001年3月21日の「人民日報（海外版）」参照。

235　1991年民事訴訟法第260条に規定された拒否事由は、①当事者が契約中に仲裁条項をおかず、又は事後に書面による仲裁合意に達していないとき、②仲裁人を指定する、若しくは仲裁手続を行う通知を被申立人が得ていない、又は非申立人の責任に属さないその他の原因により意見を陳述できなかったとき、③仲裁廷の構成又は仲裁の手続が仲裁規則に合致しないとき、④判断された事項が仲裁の合意の範囲に属さず、又は仲裁機構に仲裁する権限がないとき、⑤人民法院が当該判断の執行が社会公共の利益に違背すると認定するときである。

236　趙・注20前掲書、231頁参照。

断の相互承認・執行に関する状況、法規定とそれについての問題点を検討した。現時点で、四地域間の関係を比較すれば、大陸と香港との間における状況が最も良好であるという結論を見出すことができる。

しかし、前述した執行按排にもやはり問題点が存在している。

第一に、大陸と香港において、承認される仲裁判断の範囲について相違がある。

大陸においては、香港で機関仲裁およびad hoc仲裁を通して出された仲裁判断の承認・執行は申し立てることができるが、他方、香港で承認・執行を求めることのできる大陸の仲裁判断の範囲には一定の制限が設けられている。つまり、大陸の法律により設立した仲裁機関になされた仲裁判断に限り、承認・執行の申し立てが認められるのである[237]。大陸のad hoc仲裁判断、また外国仲裁機関が大陸を仲裁地にしてなした仲裁判断の執行は、この範囲に含まれていないから、これらについて香港で承認・執行を求めることは不可能である[238]。したがって、この点については修正が望まれる。

第二に、執行按排第6条は、「…執行地の法的手続に基づいて、仲裁判断の相互執行を処理すべきである」と規定している。これは、原則として、ニューヨーク条約第3条[239]の趣旨に一致するが、しかし、両地域の仲裁判断の執行に関する法的手続は明らかに相違しているために不合理が起こりうる。例えば、仲裁判断の執行に関する請求が香港の一審法院で否決された後に、申立人は、依然として、上訴の権利を有する[240]。しかし、大陸では仲裁判断の執行に関する申立が人民

---

237 執行按排の前文部分参照。

238 王・注174前掲論文、17頁参照。

239 第3条は「…その判断が援用される領域の手続規則に従って執行するものとする…」と規定している。

240 香港仲裁令第2GG条及び『香港最高裁判所規則』第73条10項参照。また事例は次通りである。1998年3月10日に、POLYTEK ENGINEERING CO. LTDと河北輸出入公司の紛争事案において、敗者POLYTEKの請求により、香港上訴法院は「香港の公の秩序の違反」を理由にして一審法院Findlay裁判官が下した仲裁判断の執行についての決定を取り消した。その後、1999年2月29日に、香港終審法院は不服する当事者の請求により、改めて審理し、上訴法院の決定を差し戻した。劉文仲「CIETAC—仲

法院に却下されたら、当事者は判決の結果について上訴できない[241]。利益衡平の見地からは、香港と大陸の当事者に均等の機会を与えるべきであろう。

大陸と澳門との間の承認・執行について、大陸側は、早急に二つ問題を解決しなければならない。第一に、ニューヨーク条約は適用を澳門に拡大することである。第二に、香港と締結した執行按排のように、仲裁判断の相互承認・執行に関する区際司法協定の締結することである。

ニューヨーク条約は、「国際仲裁というビルディングを支えている一番堅実な柱石」であると評価されている[242]。現状として、1997年9月4日まで、ニューヨーク条約の締約国数は、既に136ヶ国に達している[243]ことからみれば、ニューヨーク条約は、現存する国際条約の中で、最も成功した条約であるといえる。したがって、大陸と台湾との間では、双方がニューヨーク条約を基礎として、それぞれ「両岸関係条例」および「台湾判決の認可規定」に規定された仲裁判断の相互承認・執行に関する内容を改めて整備することで、両地域間における経済貿易の発展および民商事紛争の迅速な解決に大きく寄与することが期待されよう。

裁裁決在香港得到承認」『仲裁与法律通迅』1999年6月号、2頁。
241 中国仲裁法第64条参照。
242 See Alan. Redfern & Martin Hunter, Law and Practice of International Commercial Arbitration, (2 n d. Sweet & Maxwell, London 1991), p. 457.
243 序章第三節参照。

終章　国際商事仲裁判断の承認・執行に関する主要な課題

第一節　国際商事仲裁判断の承認・執行の発展趨勢

　21世紀に入って、国際商事仲裁判断を容易に承認・執行するためには、まだ多くの課題が残っている。国際商事仲裁に関する態様は、以下の通りに要約することができる。

　第一に、国際仲裁の国際性に関する認定について、「紛争の性格が国際商取引の利害と関連する」と「異なる締約国に恒常的住所または所在地を有する」を調和する混合基準は世界各国で受け入れられている[1]。

　第二に、仲裁の法的な性格について、一方では、仲裁の基礎は、当事者間の仲裁合意であるが、他方では、仲裁合意は、その効力が国の法令により確認され、また仲裁判断の承認・執行は裁判所でしなければならない。したがって、仲裁の性格はその「契約」的、「訴訟」的、及び「自治」的な統合の「三者統合説」を採用すべきである。

　第三に、ニューヨーク条約中の「相互主義」と「商事留保」は、現在のところ、締約国数の増加にともなって、その存在意義がますます

1　第一章第一節のI参照。

なくなってきている。1997年4月までその締約国総数は、136ヶ国に達した。その中で、相互・商事両者の留保を採っている国家は、34ヶ国であり、単なる「相互主義」を留保している国は、28ヶ国であり、単なる「商事留保」の国は、一国もなく、「普遍主義」を採っている国数は、63ヶ国である[2]。そして今後、全世界すべての国はニューヨーク条約の締約国となることが十分に予測でき、また「商事」について、すべての関係から生ずる事項を含むように広く解釈することは、各国ではほとんど共通している[3]ので、ニューヨーク条約の二つの留保は、存在意味が薄くなっていると考えられる。

第四に、ニューヨーク条約の締約国はほとんど、当該条約に加入するときに、立法を行っている。また、国内仲裁法中の仲裁判断の執行要件は、ニューヨーク条約とほぼ一致しているので、ニューヨーク条約の国内法化の傾向が窺われる。

第五に、仲裁判断の承認・執行手続について、世界のほとんどの国は、内外の区別をしない一元化を採っている。

第六に、ニューヨーク条約適用の通用性に鑑みて、差し当たり、国際商事紛争解決において、二国間条約を適用する機会はますます減少していくと思われる。

第七に、公序についての狭く解釈は、国際的な趨勢である。

第八に、内外仲裁判断の区別については、「属地主義」が圧倒的な優性を占めている。伝統的な大陸法系の国家ドイツが、「手続準拠法主義」を放棄し、「属地主義」を採用したことは、他の大陸法系の国々へ強い影響を与えると考えられる。

第九に、仲裁判断の性質について、各国の立法から見れば、ほとん

---

2 「連合国《関於承認及執行外国仲裁裁決公約》締約国名単」、『仲裁与法律通迅』、1998年8月号、71~74頁。
3 UNCITRALモデル法の採択国は、すでに31の法域に及んで、そしてその拡大傾向も見られる。したがって、「商事」に対する広く解釈は、国際社会において意見がほぼ一致となるであろう。宋航著『国際商事仲裁裁决的承認与執行』、2000年版、9頁、佐藤安信「紛争処理の民営化？－実務家のための1996年英国仲裁法概説（1）」、『JCAジャーナル』、1998年6月号、2頁。

どの国は、仲裁判断を既判事項とみなし、「判決説」を採っている。

　第十に、紛争の実体に適用されるべき法規については、実体法だけでなく、「善と衡平」、または「正義と公平の一般原則」及び「商慣習法」も含み、多くの国の仲裁法は、これらを明文で規定している。

　第十一に、UNCITRAL モデル法の影響を受けた法制度の潮流は、国際商事紛争の処理における「当事者自治の原則」の拡大、強化とその無国籍化（国家主権からの逃避）に向かうようになる[4]。

　第十二に、多くの国は、UNCITRAL モデル法を受容し、モデル法の国内法化の趨勢は強くなりつつある[5]。これは、世界各国の国際商事仲裁に関する立法の近代化と統一化へ大きく寄与できるといえる。

第二節　今後の課題

　まず、仲裁を要求する当事者の行為能力の法律の適用について、ニューヨーク条約にせよ UNCITRAL モデル法にせよ、いずれも具体的な規定を設けておらず、この問題の解決を関連国家の国内法に委ねている。将来、如何にこの問題を解決するかは、注目に値する。

　次に、仲裁契約の書面性について、ニューヨーク条約第2条第2項の規定は範囲が狭すぎる。それと比べて、UNCITRAL モデル法第7条第2項の規定は、適当であると考える。すなわち、隔地通信手段で仲裁合意の記録は有効な仲裁合意とみなされるべきである。現在、通信手段の躍進に伴って、仲裁契約の書面性に関しては、もっと広く解釈すべきである。

　第三に、国際商事仲裁判断の取消事由としては、ニューヨーク条約第5条の規定する事由以外の理由で取消される可能性がある。このよ

---

[4] See Alan Redfern & Martin Hunter, Law and Practice of International Commercial Arbitration, (2 n d . Sweet & Maxwell, London 1991), p. 82, 宋・注3前掲書21頁、佐藤・注3前掲論文（1）2頁参照。

[5]　第一章第四節参照。

うな欠点を補うために、ニューヨーク条約をヨーロッパ条約第9条第2項の規定、及びUNCITRALモデル法第36条第1項の規定のように、適当に改正する必要があると思われる。

　第四に、文書の翻訳文について、ニューヨーク条約第4条第1項の規定は厳しい。これに対し、UNCITRALモデル法第35条第2項の規定は、「公の若しくは宣誓した翻訳者または外交官若しくは領事官による証明を受けたものでなければならない」ことを要求しない。したがって、UNCITRALモデル法のような規定を設ける方が、妥当であろう。

　最後に、国際商事仲裁判断の承認・執行に関する手続について、ニューヨーク条約もUNCITRALモデル法もなんらの規定をおいておらず、当事者の行為能力の法律適用と同様に、判断が援用される各国の国内法に委ねている。したがって、国際商事仲裁を統一する観点から、具体的な規定を設けることは、適当であると考えられる。

第三節　仲裁判断の承認・執行に関する中国法上の問題点

　中国における国際商事仲裁判断の承認・執行については、いろいろな問題が存在している。以下ではその主要なポイントをまとめてみよう。

　第一に、仲裁判断の承認・執行の申立期限は短いので[6]、適当に延長することが望まれる。

　第二に、仲裁判断の承認・執行に関する手続規定については、内外区別を撤廃し、統一的に規律する改正を行うべきである。

　第三に、「渉外仲裁」については、国際上通用の「混合基準」を採用することが望ましい。

6　中国における国際仲裁判断の承認・執行の申立期限は、自然人の場合は、1年で、法人の場合は6ヶ月である。

第四に、「社会公共の利益」という用語を「公序」に改正することを期待する。また「公序」に関する狭い解釈を採るべきである。すなわち、国際商事仲裁判断の承認・執行は、求められた国のもっとも基本的な道徳及び正義の理念に違反する場合にのみ拒否されるのである。

　第五に、現行の民事訴訟法第3編の仲裁判断の執行に関する規定には、仲裁判断に対する不服申立の期間についての規定を設けなかったのに鑑みて、整備すべきであると考えられる。

　第六に、中国現行仲裁法は ad hoc 仲裁を認めない。これは国際仲裁の発展方向と背馳していると思う。国際仲裁の大勢に順応して、ad hoc 仲裁だけでなく、友誼的仲裁も認めるべきである。

　第七に、現行の中国仲裁法は、仲裁手続準拠法に対する当事者の選択自由を制限している[7]。これは当事者自治の原則に違背すると思う。当事者に仲裁規則及び仲裁手続準拠法を自由に選択させるべきである。

　第八に、中国仲裁法第64条は、「一方の当事者が仲裁判断の執行を申立て、他方の当事者が仲裁判断の取消を申立てた場合、人民法院は仲裁判断の執行を中止する裁定をしなければならない……」と規定している。この点について、国際通常のルールと比べて、立ち遅れていると思われる。例えば、ニューヨーク条約第6条は「判断の取消または停止が、……判断が援用されている機関は、適当と認めるときは、判断の執行についての決定を延期することができ、かつ判断の執行を求めている当事者の申立があるときは、相当な保障を立てることを相手方に命ずることができる」と規定している。したがって、ニューヨーク条約の規定のように修正したほうがよいと考えられる。

　第九に、中国大陸と澳門との間の仲裁判断の承認・執行について、大陸と香港との執行按排のように、早急に両地域間における判断の相互承認・執行に関する協定を締結することが望ましい。

---

[7] 中国仲裁法第32、41条。

第十に、大陸と台湾との間の「台湾判決の認可規定」については、その仲裁判断の相互承認・執行に関する内容を改めて整備する必要があると思われる[8]。

　第十一に、中国社会における調和を維持するために伝統的に採られてきた調停と仲裁とを連係させること[9]は、その実効的であることに懐疑を抱くと思われる。少なくとも、仲裁及び調停という概念を前提とするかぎり、これら二つの紛争処理手続が異なる性格を有するものであることは承認せざるをえない。そうであるならば、仲裁と調停を連係させるとしても、仲裁人と調停人とは、そこで果たすべき役割ないし機能は同じではなく、むしろ対立するとさえいうことができる以上、同一人がこれを兼任して、その職務を両立させることは困難であり、しかも矛盾ものとなる。調停が、友好的な当事者間の関係将来にわたって維持し、自発的に和解を成立させることができるよう、当事者が主体性をもって交渉する場であることから、必ずしも対論主義的手続構造はとられず、例えば、コーカスにおいて内密情報なども提供されることがあるのに対して、仲裁では、あくまで当事者が自己に有利な事実を主張しつつ、第三者の判断を仰ぐという手続構造とられるのであるから、自己に不利な事実に対して反駁を加えることはあっても、自ら提出することは一般的には考えにくい。にもかかわらず、調停を仲裁に連係させ、同一人が調停人と仲裁人を兼任するとなると、調停における内密が守られないばかりか、調停で提供された事実や情報によって予断をもち、これが不当に流用され、不正な仲裁判断がなされてしまうおそれを否定できず、その結果、そのような仲裁判断は取り消され、または、その承認・執行が拒否される、といった事態になりかねないのである[10]。したがって、仲裁法に定められた調停を仲

8　詳細な内容は、第五章第三節のⅣ参照。
9　中国仲裁法第51条は、当事者が任意に調停を求める場合、仲裁廷は仲裁判断を行う前に調停を試みることができ、調停が不調に終わった場合は仲裁判断を迅速に出さなければならないと規定している。
10　猪股孝史「仲裁と調停の連係許容性とその限界（三・完）」、『桐蔭法学』第6

裁に連係させる条項について、適切な改正の必要[11]があると考えられる。

小括

ニューヨーク条約の発効から40余年を経過した。同条約を実施するため、各締約国は自国の国内法を整備している。現在、世界のほとんどの国は、当該条約に加入しているので、国際商事仲裁判断の承認・執行においては、大きな障害が存在しないといえる。また UNCITRAL モデル法の誕生をきっかけにして、国際商事仲裁は、統一法の道へ進みつつあり、しかも UNCITRAL モデル法を国内法化する国が増加しつつあるので国際商事判断の承認・執行を容易ならしめる。本論文は、国際商事仲裁判断の承認・執行についてのみ、ニューヨーク条約、UNCITRAL モデル法、仲裁判断の承認・執行と関連した国際条約、主要国の国内立法及び同条約の適用に関する中外の判例の検討を試みた。

ニューヨーク条約第7条に定められた最も有利な条項によると、同条約が締約国の国内法及び他の条約の適用を排除しないために、具体的な承認・執行事件について、適用する条約または国内法が競合する場合がある。また同条約及び UNCITRAL モデル法は、主に承認・執行に関する拒否事由を規定するにすぎず、承認・執行の手続は各国の国

巻2号（2000年）、72~73頁。

11 中国仲裁法は、調停人と仲裁人が同一人であることを許すか否かについて、一切触れていない。もし許すとするならば、如何に仲裁段階における仲裁手続の公正さが十分に確保されるか、という疑問が残っている。学説上、仲裁人がそのまま調停人として行動することができるのかどうかについては、三つに大別している。すなわち、①同一人が仲裁人と調停人を兼任することを許す立場、②当事者の同意があれば同一人でもよいとする立場、③別人でなければならないとする立場である（小島武司著『現代法律学全集59　仲裁法』、青林書院、2000年版、23~24頁）。そのうち、①説と②説の立場に立つならば、次の問題が出る可能性はあり、つまり、調停で取得した情報が相手方の反論に曝されるおそれがあるばかりではなく、手続的に適切なコントロールを欠いたままで仲裁判断のために不当に流用されてしまう疑いも存在する。したがって、私は、③説のほうが妥当であると考えている。

内法に委ねている。また当事者の行為能力に関する法律適用も同様である。したがって、各国の承認・執行手続、及び当事者の行為能力に関する規定は多様化であり、国際立法のカテゴリーで如何にこれらの問題を解決するかは、焦点となる。ニューヨーク条約とUNCITRALモデル法は、以上の問題点が存在しているにもかかわらず、多くの国は、仲裁判断の承認・執行を容易ならしめるために、国内法を改正し、または新たに立法するような積極的な対策を採っており、また各締約国の裁判所もニューヨーク条約の適用について、好意的な解釈を行っている。

例えば、1981年フランス新民訴法及び1998年ドイツ新仲裁法は、内外の仲裁判断の判定について、「属地主義」を採用したのがその例である。また、国内法により、ニューヨーク条約の適用する範囲を拡大することも可能であろう。例えば、同条約への加盟に際して、同条約の第1条の相互主義留保を宣言しても、国内法で同条約の規定内容をすべての外国仲裁判断に対して適用する旨を規定することができると思われる[12]。

UNCITRALモデル法制定後、主要な商業国家の仲裁法につき多くの改正がなされ、特に、1996年のイギリス仲裁法及び1998年ドイツ仲裁法の改正内容は、ほとんどモデル法を受容したので[13]、将来、中国仲裁法の改正にとって、参考に値する点が多い。経済発展を外資導入及び貿易輸出入に依頼する中国の国際貿易情勢に鑑み、ニューヨーク条約の適用ができない外国仲裁判断について、承認しないまたは中国民訴法第269条の規定を適用して承認・執行するのは厳しすぎるのではないか。商取引を促進するため、中国はむしろドイツ新仲裁法のような緩和の承認・執行要件を採用すべきではなかろうか。今こそ、中

---
12 ドイツ新仲裁法第1061条第1項は、すべての外国仲裁判断がニューヨーク条約に適用すると規定している。
13 佐藤安信「紛争処理の民営化?―実務家のための1996年英国仲裁法概説(1)―(4)」、『JCAジャーナル』、1998年6月号―9月号、春日偉知郎「ドイツの新仲裁法について(上)・(下)」、『JCAジャーナル』、1999年7月号―8月号参照。

国において、仲裁に関する法整備を全面的に検討する時期であると思われる。

主要参考文献の一覧

I．和文類（著作と論文）

1. 喜多川篤典著『国際商事仲裁の研究』、東京大学出版会、1978年版。
2. 小山昇著『新版　仲裁法』、有斐閣、1983年版。
3. 小島武司・高桑昭編『注解・仲裁法』、青林書院、1988年版。
4. 大隈一武著『国際商事仲裁の理論と実務』、中央経済社、1996年版。
5. 松浦馨・青山善充編『現代仲裁法の論点』、有斐閣、1998年版。
6. 小林秀之著『国際取引紛争』、弘文堂、2000年版。
7. 高桑昭著『国際商事仲裁法の研究』、信山社、2000年版。
8. 山内惟介編『国際手続法』、中央大学出版部、1997年版。
9. 中村達也著『国際商事仲裁入門』、中央経済社、2001年版。
10. 澤田寿夫編『国際取引法令集』、三省堂、1994年版。
11. 国際法学会編『国際関係法辞典』、三省堂、1995年版。
12. 貝瀬幸雄著『国際化社会の民事訴訟』、信山社、1993年版。
13. 「国際商事仲裁システム高度化研究会報告書」、『JCAジャーナル』（社団法人　国際商事仲裁協会）、1996年6月増刊号。
14. 石黒一憲「スイスの新国際仲裁法について」、仲裁研究所の委託論文、（社団法人　国際商事仲裁協会）、1989年版。

15. 春日偉知郎「ドイツの新仲裁法について（上）・（下）」、『JCAジャーナル』、1999年7－8月号。
16. 佐藤安信「紛争の民営化？ 実務家のための1996年英国仲裁法概説（1）－（4・完）」、『JCAジャーナル』1998年6－9月号。
17. 小川秀樹「ニューヨーク条約の適用範囲について（1）－（5・完）」、『JCAジャーナル』、1985年8－11月号。
18. 黒田秀治「ICSID仲裁判断の承認・執行の法構造」、早稲田法学会誌44号（1994）。
19. 呉松枝「外国仲裁判断の承認と執行―1958年6月10日のニューヨーク条約を中心として―（1）－（11・完）」、『JCAジャーナル』、1988年6月号－1989年5月号。
20. 萩原金美「スウェーデン新仲裁法（上）・（下）―全訳と解説など―」、『JCAジャーナル』、2000年6－7月号。
21. 猪股孝史「外国仲裁判断の執行」、『比較法雑誌』、23巻第2号（1989年）。
22. 田中信行「中国の仲裁とその展望―国際商事仲裁制度を中心として―（1）－（4・完）」、『JCAジャーナル』、1986年7－10月号。
23. 上野泰男「ドイツにおける仲裁法の1986年改正について」、仲裁研究所の委託論文、（社団法人 国際商事仲裁協会）、1991年3月版。
24. Whitmore Gray, 岩崎一生（訳）「最近の米国における商事仲裁をめぐる法的諸問題」、『国際商事法務』、Ｖｏｌ．8．
25. 道垣内正人「カナダの国際商事仲裁法（上）・（下）」、『JCAジャーナル』、1989年3－4月号。
26. 関口晃「フランスの仲裁法に関する研究」、仲裁研究所の委託論文、（社団法人 国際商事仲裁協会）、1978年3月版。
27. 田中斎治「イタリアの商事仲裁制度」、仲裁研究所の委託論文、（社団法人 国際商事仲裁協会）、1982年版。

28. 小杉丈夫＝蓑原建次「英国仲裁法―1979年改正法中心として―」、仲裁研究所の委託論文、(社団法人　国際商事仲裁協会)、1980年版。
29. ドナルド・デービス「1979年仲裁法はどのように機能しているか―仲裁人の観た1979年仲裁法―」、研究所の委託論文、(社団法人　国際商事仲裁協会)、1982年版。
30. 中田淳一「外国仲裁判断の承認と執行」、『法学論叢』、37巻。
31. 三井哲夫「非訟事件手続に関する一般理論―その比較法的考察」、『法曹時報』、21巻。
32. 飯塚重男「イタリアにおける仲裁法の改正 (上)・(下)」、『JCAジャーナル』、1996年10月号。
33. 柏木邦良「ニューヨーク条約に関する西ドイツの判例の研究」、仲裁研究所の委託論文、(社団法人　国際商事仲裁協会)、1983年版。
34. 小口彦太＝木間正道＝田中信行＝國谷知史著『中国法入門』、三省堂、1991年版。
35. 斎藤明美著『現代中国民事訴訟法』、晃洋書房、1992年版。
36. 松岡博著『国際取引と国際私法』、晃洋書房、1993年版。
37. 広江健司『国際取引における国際私法』、国際書院、1995年版。
38. 山田鐐一＝佐野寛著『国際取引法』、有斐閣、1996年版。
39. 土井輝生著『国際取引法基本判例』、同文館、1994年版。
40. 梶田幸雄「中国の渉外仲裁の管轄権に関する諸問題」、『JCAジャーナル』、1998年10月号。
41. 長谷川俊明＝劉健微「中国国際経済貿易仲裁委員会規則改正 (1)―(3・完)」、『JCAジャーナル』、1999年1―3月号。
42. 村上幸隆「中国仲裁法施行後の仲裁機関の再編と仲裁規則」、『国際商事法務』、国際商事法研究所、Ｖｏｌ．25, Ｎｏ．9号 (1997年)。
43. 何天貴「中国の商事仲裁制度」、仲裁研究所の委託論文、(社団

法人　国際商事仲裁協会）、1982年版。
44. 河村寛治「中国の事例からみた仲裁制度」、『JCAジャーナル』、1999年6月号。
45. 王勝明＝張清華「中国仲裁法の立法経緯及びその主要な内容（上）・（下）」、『JCAジャーナル』、1995年2—3月号。
46. 王勝明＝張清華「中国仲裁法逐条解説（1）—（8・完）」、『JCAジャーナル』、1995年6月—1996年1月号。
47. 梶田幸雄「中国における渉外仲裁制度の現状（上）・（下）」、『JCAジャーナル』、1996年1—2月号。
48. 松浦馨＝林克敏「中国の国際商事仲裁の現状と課題（上）・（下）」、国際商事法務』、国際商事法研究所、Ｖｏｌ．22, Ｎｏ．9号（1994年）。
49. 大隈一武「中国仲裁判断の承認及び執行—ニューヨーク条約及び中国法に基づく—（1）−（5・完）」、『JCAジャーナル』、1997年9月—1998年1月号。
50. Robert　J　M　Morgan, 金祥洙（訳）「返還後の香港仲裁—1996改正仲裁令—（1）〜（6・完）」、『JCAジャーナル』、1998年5—10月号。
51. Robert　J　M　Morgan, 金祥洙（訳）「香港における中国への統治権返還と仲裁体制（1）−（3・完）」、『JCAジャーナル』、1997年6—8月号。
52. 小杉丈夫＝内田公志「香港における商事仲裁（1）−（5・完）」、『JCAジャーナル』、1991年5—9月号。
53. 『中華人民共和国法令集（渉外編）』、朝日中央総合法律出版社、1998年版。
54. 粟津光世「日本、中国、台湾、香港の判決、仲裁判断の総合承認と執行の現況」、『国際商事法務』、国際商事法研究所、Ｖｏｌ．26, Ｎｏ．11号（1998年）。
55. 大貫雅晴「東南アジアの国際仲裁（1）−（4・完）」、『JCA

ジャーナル』、1993 年 3—6 月号。

56. 林俊益＝呉松枝「台湾における外国仲裁判断の承認と執行について（1）－（4・完）」、『JCA ジャーナル』、1993 年 11 月—1994 年 2 月号。

57. John B. Dorter, Tom Davie, 斎藤隆広「オーストラリアにおける国内及び国際商事仲裁（1）－（10・完）」、『JCA ジャーナル』、1993 年 11 月—1994 年 8 月号。

58. 岩崎一生「国際商事仲裁の最新動向—英国仲裁法の改正を中心として—」、『国際商事法務』、国際商事法研究所、Ｖｏｌ．7．

59. 江口拓哉「中国における執行に関する新しい規定について（上）・（下）」、『国際商事法務』、国際商事法研究所、Ｖｏｌ．26，Ｎｏ．9 － 10（1998）．

60. 早川吉尚＝陳一「台湾仲裁法の改正動向（1）－（5・完）」、『JCA ジャーナル』、1998 年 5—9 月号。

61. 小林秀之「外国仲裁判断の承認・執行についての一考察」、『判例タイムズ』468 号。

62. 小林秀之「国際仲裁に関する序説的考察—国際民訴法研究その一—」、『上智法学論集』、第 23 巻第 4 号。

63. 松浦馨「香港仲裁法の沿革」、『民商法雑誌』、（1996、115－2）。

64. 松浦馨「論説　香港仲裁法の特徴と問題点（1）－（3・完）」、『民商法雑誌』、（1997、115－3、4、5、6）。

65. 小島武司＝猪股孝史「〈総合判例研究〉仲裁判断の効力・取消および執行判決（1）・（2）・（3）・（4）」、『判例タイムズ』、761、763、764、765 号。

66. 猪股孝史「仲裁と調停の連係許容性とその限界（1）・（2）・（3）」、『桐蔭法学』、第 2 巻 2 号、第 6 巻 1、2 号。

67. 金子宏＝新堂幸司＝平井宜雄編集『法律学小辞典　第 3 版』、有斐閣、1999 年版。

68. 中村達也「仲裁判断の取消と執行との関係について—ニューヨー

ク条約を中心として―（1）―（3・完）」、『JCA ジャーナル』、1997 年 3―5 月号。
69. 小島武司著『現代法律学全集 59　仲裁法』、青林書院、2000 年版。
70. 多喜寛著『国際仲裁と国際取引法』、中央大学出版部、1999 年版。
71. 谷口安平＝井上治典編『新・判例コンメンタール民事訴訟法 6』、三省堂、1995 年版。
72. 石黒一憲著『国際民事紛争処理の深層』、日本評論社、1992 年版。
73. 柏木邦良「スイスの仲裁法に関する研究―スイス仲裁制度概説―」、仲裁研究所委託論文、国際商事仲裁協会、1978 年版。
74. 粟津光世「十分な陳述の機会が与えられなかったとして、人民法院に仲裁判断取消しの申立てを起こした例」、『JCA ジャーナル』、2000 年 11 月号。

II．英文類（著作と論文）

1. A. J. Van den Berg, The New York Arbitration Convention of 1958 : Towards A Uniform Judicial Interpretation, Deventer, The Netherlands : Kluwer Law and Taxation Publishers, 1981.
2. Alan Redfern & Martin Hunter, Law and Practice of International Commercial Arbitration, Sweet & Maxwell, 1991.
3. Cheng Dejun, M J Moser &Wang Sengchang, International Arbitration in People's Republic of China : Commentary, Cases and Materials, 1995, Butterworths Asia , Hong Kong.
4. Rene David, Arbitration in International Trade, Deventer, The Netherlands : Kluwer Law and Taxation Publishers,

1985.
5. Editorial — The New German Arbitration Law, Arbitration International, (Vo 14. 1, 1998).
6. Chen Min, The Arbitration Act of the People's Republic of China — A Great Leap Forward, 1 Journal of International Arbitration (1997).
7. Michael J. Moser, CIETAC Arbitration : A Success Story? 15 Journal of International Arbitration (1998).
8. An Chen, On The supervision Mechanism of Chinese Arbitration involving Foreign Elements and its Tallying International Practices, 4 Journal of International Arbitration (1997).
9. M. J. Mustill, Arbitration : History and Background 6 Journal of International Arbitration (1989).
10. Michael J. Moser, China and the Enforcement of Arbitral Awards, 2／1995, the Journal of the Chartered institute of Arbitrators.
11. Michael J. Moser, China and the Enforcement of Arbitral Awards (Part 2), 5／1995, the Journal of the Chartered institute of Arbitrators.
12. Luming Che, Some Refletions on International Commercial Arbitration in China, 13 Journal of International Arbitration (1996).
13. Guiguo Wang, On Country, Two Systems — Recognition and Enforcement of Arbitral Awards in Hong Kong and China, 14 Journal of International Arbitration (1997).
14. Matthew D. Bersani, Enforcement of Arbitration Awards in China:Foreigners Find the System Sorely Lacking, 19 The China Business Review (1992, Ｎo. 3).

218 | 主要参考文献の一覧

15. Li Hu, Enforcement of the International Commercial Arbitration Award in the People's Republic of China, 16 Journal of International Arbitration (1999).
16. A. J. Van den Berg, Recent Enforcement Problems under The New York and ICSID Convention, Arbitration International, (Vol．5, 1989).
17. M. Saville, The Origin of the New English Arbitration Act 1996：Reconciling Speed with Justice in the Decision − making Process, 3 (1997) Arbitration International (Vol．13).

Ⅲ．漢文類（著作と論文）

1. 陳治東著『国際商事仲裁法』、法律出版社、1998年版。
2. 朱克鵬著『国際商事仲裁的法律適用』、法律出版社、1999年版。
3. 李井杓著『仲裁協議与裁決法理研究』、中国政法大学出版社、2000年版。
4. 趙健著『国際商事仲裁的司法監督』、法律出版社、2000年版。
5. 邵景春著『国際合同法律適用論』北京大学出版社、1997年版。
6. 宋航著『国際商事仲裁裁決的承認与執行』、法律出版社、2000年版。
7. 李虎著『国際商事仲裁裁決的強制執行－特別述及仲裁裁決在中国的強制執行』、法律出版社、2000年版。
8. 趙秀文編『国際商事仲裁案例評析』、中国法制出版社、1999年版。
9. 周暁燕編『解決渉外経済糾紛的法律与実務』、中信出版社、1999年版。
10. 楊栄新編『仲裁法理論与適用』、中国経済出版社、1998年版。
11. 黄進著『中国国際私法』、法律出版社、1998年版。
12. 韓徳培編『国際私法』、高等教育出版社＝北京大学出版社、2000

年版。
13. 丁偉＝陳治東編『衝突法論』、法律出版社、1996年版。
14. 高言＝劉璐編著『仲裁法理解適用与案例評析』、人民法院出版社、1996年版。
15. 魏振瀛＝王貴国編『中国内地与香港地区法律比較研究』、北京大学出版社、1998年版。
16. 許昌著『澳門過度期重要法律問題研究』、北京大学出版社、1999年版。
17. 劉智中編著『関於中外二国間経済貿易条約及協定概述』、中国政法大学出版社、1988年版。
18. 高菲著『中国海事仲裁的理論与実践』、中国人民大学出版社、1998年版。
19. 韓健著『現代国際商事仲裁法的理論与実践』、法律出版社、1993年版。
20. 李玉泉編『国際民事訴訟与国際商事仲裁』、武漢大学出版社、1994年版。
21. 王一平編『企業渉外常用経済法規選輯』、中国検察出版社、1991年版。
22. 趙健「論公共秩序与国際商事仲裁裁決的承認与執行」、『中国国際私法与比較法年刊』、中国国際私法学会編纂、法律出版社、1999年版。
23. 李万強「外国直接投資的法律待遇与我国外資法的転型」、陳安編『国際経済法論叢（第1巻）』、法律出版社、1998年版。
24. 陳敏「外国人関心的中国仲裁問題」、陳安編『国際経済法論叢（第2巻）』、法律出版社、1999年版。
25. 陳安「再論中国渉外仲裁的監督機制及其与国際慣例的接軌」、陳安編『国際経済法論叢（第2巻）』、法律出版社、1999年版。
26. 譚兵著『中国仲裁制度研究』、法律出版社、1995年版。
27. 韓健＝宋連斌「論中国国際商事仲裁機構和法院的関係」、『仲裁

与法律通迅』、1997 年 4 月号。
28. 王生長「外国仲裁裁决在中国的承認和執行」、陳安編『国際経済法論叢（第 2 巻）』、法律出版社、1999 年版。
29. 陳治東＝潘偉「国際商事仲裁裁决承認与執行的国際趨勢」、『中国法学』、1998 年第 2 期。
30. 詹礼願「内地与港澳台之間相互承認与執行仲裁裁决若干法律問題之探討」、『中国国際私法与比較法年刊』、中国国際私法学会編纂、法律出版社、2000 年版。
31. 王生長「内地和香港特别行政区相互執行仲裁裁决的問題結症及其突破」、『仲裁与法律通迅』、1999 年 10 月号。
32. 羅楚湘「中国内地与香港仲裁制度之比較－兼論両地相互承認与執行仲裁裁决的有関問題」、『法学評論』、1999 年第 2 期。
33. 王文英「澳門仲裁制度浅析」、『仲裁与法律通迅』、1999 年 4 月号。
34. 黄進「澳門本地仲裁制度初探」、『仲裁与法律通迅』、1998 年 10 月号。
35. 宋連斌「我国内地承認和執行台湾地区仲裁裁决的若干問題探討」、『中国国際私法与比較法年刊』、中国国際私法学会編纂、法律出版社、1999 年版。
36. 劉文仲「CIETAC－仲裁裁决在香港得到承認」、『仲裁与法律通迅』、1999 年 6 月号。
37. 黎曉光「香港《2000 年仲裁（修訂）条例》評述」、『仲裁与法律通迅』、2000 年 4 月号。
38. 宋連斌著『国際商事仲裁管轄権研究』、法律出版社、2000 年版。
39. 李宗鍔＝潘慧儀編『英漢法律大辞典』、法律出版社、1999 年版。
40. 田靖「論渉外仲裁裁决的司法審査」、法制日報、1998 年 11 月 17 日。
41. 陳治東「我国仲裁裁决撤銷程序若干法律問題之剖析」、『法学』、1998 年 11 月号。

あとがき

　拙著は、平成14年度の博士学位の申請として、日本国立新潟大学に提出された論文に基づいたものである。当時、拙稿を学位論文にするには、非常に恐縮を禁じえない。浅学非才なのにあえて本論文の執筆に取り掛かり、かつ出版しようと思いたった次第であり、くれぐれもご批判とご叱正を仰ぎたい。

　拙著は筆者の博士論文をベースにして完成したものである。本当に完成するまでは、多くの先生方のお世話になった。特に、主指導教官泉田栄一先生（新潟大学現代社会文化研究科・法学部教授）からは、博士課程に進学して以来、3年間にわたり学問から論文の作成方法まで、丁寧、周到、親切な指導をいただいた。今まで学問上の最大の収穫は、何よりも、泉田教授の熱心な教示に由来していると考えている。学恩に対する謝意は、言葉では表されない。

　また、副指導教官國谷知史先生（新潟大学現代社会文化研究科・法学部教授）と沢田克己先生（新潟大学現代社会文化研究科・法学部教授）には、博士コースの講義その他を通してご指導と有益なコメントをいただいた。

　さらに、修士時代の恩師（桐蔭横浜大学法学部教授）―猪股孝史・近藤龍司両先生にも、ご多忙にもかかわらず、論文の草稿を訂正していただいた。学位論文としての本稿を提出することができるのは、諸

あとがき

先生方のおかげであり、深甚なる感謝の意を表する。この学恩に報いる気持ちで、将来帰国後、一層学問の専念に努めたい。

　平成17年、筆者は広東外語外貿大学東方語言学院に就職し、ずっと陳多友先生、丁国旗先生両先生の面倒を見てくださった。今回拙著の出版については、両先生のおアドバイスのおかげである。

　最後に、拙著の出版を快くお受けくださったクロスカルチャー出版の方々に心より御礼を申し上げたい。

平成27年8月　広州にて
楊　曄

著者　楊　曄（よう　よう）

1969年生まれ。1997年日本の桐蔭横浜大学法学部卒業（法学学士学位取得）。1999年当大学大学院法学研究科修士課程終了（法学修士取得）。2002年日本国立新潟大学大学院現代社会文化研究科国際社会文化論博士課程終了（法学博士取得）。

現在は、中国広東外語外貿大学東方言語文化学院日本語学部専任教師、准教授、副学部長担任。

教材編集参与は、『商务谈判日语』（暨南大学出版社）、『商务交际日语』（暨南大学出版社）、『日语经贸谈判』（対外経済貿易大学出版社）など。

論文も「中国大陸及び香港・澳門・台湾における仲裁判断の相互承認と執行について」（桐蔭法学第8巻第2号）、「以"本国利益最大化"为基轴的日本战后初期外交政策之分析―以吉田茂主义为出发点，以战后日本缔结的旧金山和约及日本对中关系为中心―」（广东外语外贸大学学报2013年7月号）など多数。

国際商事仲裁判断の承認及び執行に関する序説的研究
―― 国際立法動向及び先進国の内国法、その中国への示唆 ――

2015年10月10日　第1刷発行

著　者　楊　曄
発行者　川角功成
発行所　有限会社　クロスカルチャー出版　事業部
　　　　〒101-0064　東京都千代田区猿楽町2-7-6
　　　　電話 03-5577-6707　　FAX 03-5577-6708
　　　　http://www.crosscul.com
印刷・製本　石川特殊特急製本株式会社

Ⓒ You You 2015
ISBN 978-4-905388-98-2 C3032 Printed in Japan